세계사
수업

진노 마사후미 ∣ 김대환 옮김

잇북
it BOOK

"역사로부터 교훈을 배우지 못하는 사람은 과거만 되풀이하다 죽는다."

— **영국 수상, W. 처칠**

"어리석은 자는 경험에서 배우고, 지혜로운 자는 역사에서 배운다."

— **독일 재상, O. 비스마르크**

"전차복후차계前車覆後車戒, 앞사람의 실패는 뒷사람에게 좋은 교훈이

된다."— **전한 박사, 가의**

"역사에서 배워라. 그럼으로써 사람의 행동을 읽을 수 있다. 무엇이 바

뀌고, 무엇이 바뀌지 않는지 알 수 있다."— **일본 수상, 요시다 시게루**

동서양을 불문하고, 고금을 불문하고, 역사에 이름을 남긴 위인들이

한 목소리로 하는 말이 "역사에서 배워라."이다. 여기에서 주의해야 할 것은 '역사를 배워라'가 아니라는 것이다.

안타깝게도 현재 학교 교육의 현장에서는 역사(용어)를 통째로 암기시키는 데에만 열중하고 있다. 이러한 환경에 놓인 학생들도 '역사는 암기과목'이라고 믿어 의심치 않는 듯하다.

역사 용어의 통암기 등은 결국 '등수를 높이기 위해서만 특화된 훈련'에 지나지 않기 때문에 그렇게 얻은 지식은 시험이 끝나고 나면 아무 도움이 되지 않는다. 그렇기 때문에 많은 사람들이 학창시절에 '역사(용어)를 배운' 적은 있어도 '역사에서 배울' 기회를 빼앗긴 나머지 그러한 비극도 깨닫지 못한 채 이렇게 투덜댄다.

"역사는 지루해!"

"역사를 배워봐야 그게 나한테 무슨 도움이 되는데?"

아아, 이 얼마나 큰 인생의 손실이란 말인가.

역사는 지식의 축적 자체로는 의미가 없다. 역사를 체감하고, 그 흐름이나 의미를 이해하고, 자신이 처한 상황과 비교하여 거기에서 인생의 교훈을 얻는 것에 의미가 있다.

세계사야말로 최강의 성공철학서

세상에 태어나서 한 번도 실패하지 않고 인생을 마무리할 수 있는 사람은 단 한 명도 없다. 아무리 재능이 뛰어난 사람이라도, 위인이라도,

영웅이라도, 성공은 반드시 실패를 거듭한 후에야 이뤄낼 수 있다. 바꿔 말하면 "실패를 하지 않으면 성공도 할 수 없다."고도 말할 수 있다.

그러나 이런 말도 있다.

"사람에게 주어진 시간은 잠깐 떴다 사라지는 무지개와 같다." — **고대 로마 철학자, L. 세네카**

이 말처럼 지금보다 나아지고자 하는 사람, 무언가를 이루려고 하는 사람에게 인생은 너무 짧다.

그렇긴 해도 지금 자신이 처한 상황에서 어떻게 생각하고, 어떻게 행동하면, 어떤 결과가 기다리고 있을지는 궁금하다. 그러나 그 '답'을 아는 사람은 없다.

그래서 등장하는 것이 '역사'다.

역사를 들여다보면 모든 입장, 온갖 상황에 놓인 사람들이, 갖가지의 성공과 실패를 반복하고 있다. 어떻게 행동해서 실패했는지, 어떻게 판단해서 성공했는지. 선인先人들의 성공과 실패 속에는 반드시 '답'이 숨겨져 있다.

역사는 인생훈의 보고다.

실패를 성공을 위한 '제물'로 삼는 것은 필요하지만, 그것을 굳이 자신이 직접 경험할 필요 따위는 없다. 선인들이 이미 무수한 실패를 해주었으니 그 실패를 배우고 체감한 뒤 자신의 인생과 비교하며 '의사 체험'함으로써 실제로 실패한 것과 같은 효과를 얻을 수 있다.

하물며 앞으로의 세상은 확실히 혼돈의 시대로 돌입한다는 것이 기정사실이다. 평화로운 시대에는 다소 실패해도 '다시 할 수 있는' 기회가 주어지지만 혼돈의 시대는 다르다. 전국戰國시대가 그러했듯이 혼돈이 깊어지면 깊어질수록 단 한 번의 실패가 돌이킬 수 없는 실태失態로 이어지는 경우도 많아진다.

앞으로 다가올 시대에는 '유비무환'의 비책으로서 '역사에서 배운다.'는 자세는 실로 그 중요성이 더욱 커질 것이다.

이 책은 그런 이유에서 만들어졌다. 이 책은 전 세계의 역사 속에서 이것만은 최소한 알아두었으면 하는 열다섯 가지의 인생훈을 끄집어내서 실제로 그러한 시련에 직면한 위인들의 대처법을 체감함으로써 그들의 실패나 성공을 자신의 인생에 받아들일 수 있게 하기 위한 것이다.

앞으로 나아가려고 하는데 발목이 잡혀서 좀처럼 앞으로 나아가지 못하고 초조해하고 있다면 거기서 빠져나오는 힌트를 찾을 수 있을지도 모른다.

이 책이 그 일비一臂가 되어주기를 바라마지 않는다.

차

례

1장

역경은 도약을 이루어주는 양식

불우한 시대를 어떻게 보내는가.
그것이 미래의 도약을 결정한다.

사람은 자신에게 불행한 일이 연속으로 일어날 때 다음과 같이 생각하게 된다.

'난 운이 나빠.'

'나에겐 기회가 없었어.'

소위 '성공한 사람'이라 불리는 사람들을 보면 그들에겐 예외 없이 행운이 찾아왔고, 요소요소에서 기회가 굴러들어왔으니 그런 생각이 드는 것도 충분히 이해할 수 있다. 그러나 역사를 들여다보면 이러한 사고방식 자체가 운을 나쁘게 만들고 행운을 쫓아버리고 있다는 것을 알 수 있다.

그리스신화에 이런 이야기가 있다.

전지전능한 신 제우스의 막내아들 카이로스는 기회의 신이다. 이 신은 '앞머리는 있지만 뒷머리가 없고, 누구 앞에서나 평등하게 모습을 나타내지만 양어깨와 양다리에 날개가 달려 있어서 질풍처럼 한순간에 앞질러간다'는 특이한 신. 카이로스가 모습을 드러낸 그 한순간을 포착하여 그를 붙잡을 수 있다면 그 사람에겐 큰 행운이 따르게 된다.

그러나 그를 붙잡기가 매우 어렵다. 그를 붙잡을 수 있는 것은 그가 자신의 손이 닿는 범위까지 최대한 가까이 접근한 바로 그 짧은 순간에 그의 '앞머리'를 붙잡았을 때뿐이다.

카이로스의 몸에는 닿을 수 없다. 그 한순간을 놓치면 카이로스는 순식간에 자신의 곁에서 사라져버린다.

그의 '앞머리'만이 인간이 기회를 잡을 수 있는 유일한 접점이지만 그의 앞머리는 동시에 그의 모습을 위장해주는 카무플라주이기도 하기 때문에 그가 자신을 향해 접근하고 있을 때 인간은 카이로스의 모습을 좀처럼 알아채지 못한다.

그러나 그가 눈앞을 지나갔을 때 반짝이는 뒤통수가 너무 눈에 잘 띄어서 대부분의 사람들이 그제야 행운이 눈앞에 찾아왔었다는 것을 깨닫는다.

"아! 행운이다!"

그러나 그때는 이미 손을 뻗어봐야 잡을 수 없다. 뻗은 손은 벗어진 뒤통수에 주르르 미끄러져버릴 테니까.

그리고 인간은 후회막심한 목소리로 이렇게 말한다.

"아아, 아깝다! 조금만 더 빨랐으면 기회를 잡을 수 있었는데!"

그러나 이런 말을 하는 사람은 아무것도 모르는 사람이다. 이 다음도 그 다음도 기회를 놓치게 될 것이다.

"기회의 신은 뒷머리가 없다!"

기회의 신이 뒷모습을 보이면 이미 너무 늦었다. 아까워할 것이 전혀 없다. 기회를 놓쳤을 때 그것은 '도망갈 만해서 도망간' 것이다. '아깝다'고 할 필요가 없다.

고대 그리스인들은 이러한 '기회'라는 것의 성질을 잘 이해하고 그것을 카이로스의 모습에 빗댄 것이리라. 즉, 불우한 사람이란 '기회가 오지 않은' 것이 아니라 '다른 사람과 같은 수만큼의 기회는 왔지만 매번 그것을 놓쳤을 뿐'이라는 것이다.

그럼 기회를 붙잡을 수 있는 사람과 붙잡을 수 없는 사람은 어디에 차이가 있을까? 그 답은 역사 속에서 찾아낼 수 있다.

이번 장에서는 두 인물을 통해 그 답을 찾아보도록 하겠다.

01
나폴레옹 보나파르트

1769~1821

혁명기 프랑스의 군인·정치가.
맨몸뚱이에서 몸을 일으켜
프랑스 제1제정의 황제에 즉위한다.

나폴레옹 보나파르트.

18세기 말 혼돈에 빠진 프랑스에서 혜성처럼 나타나 순식간에 프랑스를 수습하고, 뿐만 아니라 전 유럽에 위세를 떨친 '작은 거인'[1]이다.

사이고 다카모리나 요시다 쇼인 같은 일본 막부幕府 말기의 유신 위인들도 앞 다투어 《나폴레옹 전》을 읽으며 그의 인생에서 교훈을 배웠다고 한다.

첫 번째 교훈은 그의 인생에서 배워보기로 하자.

서른다섯 살의 젊은 황제가 보낸 역경의 시대

그는 열여섯 살 때 군인 양성 학교를 졸업하고 맨몸뚱이에서 몸을 일

---

1 나폴레옹의 신장은 167센티미터 정도. 당시 프랑스 성인 남자의 평균 신장과 비교하면 무척 작았기 때문에 '꼬마 하사'라는 별명으로 불렸다. 그러나 그 작은 신체에 감춰진 기량과 기지는 너무나 컸다.

으켜 소위少尉[2]부터 시작해 황제의 자리까지 오른 파격적인 인물이다.

이 정도로 어마어마한 출세는 일본으로 치면 최하급 병졸인 아시가루
足輕에서 다이코太閤[3]까지 오른 도요토미 히데요시가 떠오르지만, 그는
열네 살 때 처음 관직에 오른 뒤로 일본을 평정하기까지 약 40년이 필요
했다. 그에 비해 나폴레옹은 그 절반인 20년도 되지 않은 서른다섯 살의
젊은 나이에 황제의 자리까지 올랐으니 그의 빠른 출세에서 언뜻 순풍
만범順風滿帆[4]의 인생을 걸었던 것처럼 생각할 수도 있겠지만 실은 그렇
지 않다.

그가 스무 살 생일(1789년 8월 15일)을 맞이하기 한 달쯤 전에 프랑스
혁명이 일어났다(7월 14일). 게다가 스물세 살 생일을 닷새 앞두고는 튈
르리 궁전 습격 사건(1792년 8월 10일)을 눈앞에서 목격했다. 그는 그야말
로 프랑스 혁명이라는 격동의 한가운데에서 살고 있었다.

나폴레옹도 그때는 한창 혈기왕성한 젊은이였으니 이렇게 눈앞에서
일어나는 갖가지 역사적인 사건을 보며 추측건대 피가 끓고 가슴이 뛰
었을 것이다.

그러나 이상하게도 그는 혁명에 흥미를 나타내지 않았다.

왜 그랬을까?

이 점에 대해 알기 위해서는 그가 살아온 인생의 역정을 알아둘 필요
가 있다.

---

2 장교 중 최하급. 당시 프랑스의 장교 계급은 소위부터 시작해 중위→대위→소령→중령→대령
   →장군.
3 당시 일본의 군신 중 최고위. 천황 다음 가는 지위.
4 뒷바람을 받아 배가 잘 달리는 모습.

젊은 나이에 인생의 목표를 잃다

그는 원래 코르시카 섬[5] 출신이었기 때문에 혈통적으로는 이탈리아계이지 프랑스인이 아니다. 그런 그가 아직 어머니에게 한창 어리광을 피울 나이인 아홉 살 무렵, 이런저런 사정으로 부모님 곁을 떠나 혼자 프랑스로 건너왔다.

브리엔느 유년 육군 학교[6]에 입학한 그는 새로운 환경에 좀처럼 적응하지 못했고, 남들은 알아듣지 못하는 코르시카 사투리를 썼기 때문에 '촌놈'으로 취급받으며 동급생들에게 따돌림을 당했다.

"라파이유오네[7]야!"

"코르시카 놈은 코르시카로 돌아가라!"

이러한 따돌림은 어느 시대, 어느 나라에나 있었던 것이다.

초등학교 시절 따돌림을 당하는 아이였던 그가 그로부터 25년 후 황제로 군림하게 될 줄은 아무도 상상조차 할 수 없었을 것이다.

처음부터 마음을 닫고 있었던 탓인지, 따돌림을 당한 탓인지, 그는 사교성이 나빠지고 말이 없어지면서 혼자 말없이 책을 읽는 소년이 되어갔다. 그러한 고립된 학교생활을 하면서 '여기 프랑스는 내가 있을 곳이 아니다! 언젠가 코르시카로 금의환향하고 말겠다!'라는 생각이 고통스럽게, 그리고 깊숙이 그의 마음에 침투하게 되었다.

그가 눈앞에서 전개되는 프랑스 혁명에 아무런 관심을 보이지 않았던 이유는 그러한 내력 때문이었다.

---

5 남프랑스 해안에서 남동쪽으로 170㎞ 정도 떨어져 있는 면적 8,681㎢의 작은 섬. 당시는 제 네바령이었다.
6 현재의 초등학교.
7 직역하면 '콧구멍에 처박힌 지푸라기'라는 의미이지만 말뜻 자체에는 거의 의미가 없고, 나폴레옹의 이탈리아어 발음 '나폴레오네'를 빗대 놀리는 말이다.

또 당시 프랑스의 장성급은 모두 상급 귀족이 차지하고 있어서, 하급 귀족인 데다 혈통 자체가 프랑스인이 아닌 나폴레옹이 프랑스에서 출세할 가능성은 거의 없었다. 그러한 현실도 나폴레옹이 프랑스에 관심을 나타내지 않았던 이유 중 하나였을지도 모른다.

'흥! 혁명 따위야 어떻게 되든 무슨 상관이냐. 내 관심은 그것이 코르시카에 어떻게 영향을 주느냐는 것뿐이다!'

그러던 참에 영국으로 망명 갔던 파올리 장군이 코르시카로 돌아온다는 소식을 듣게 된다.

"뭐!? 파올리 장군이 코르시카로 돌아오신다고? 좋아! 나도 당장 고향으로 돌아가자!"

파올리 장군은 나폴레옹이 태어나기 전에 코르시카 독립전쟁에서 활약하며 '조국의 아버지'라 칭송받던 코르시카의 영웅으로 나폴레옹은 그를 무척 존경하고 있었다.

그는 파올리 장군을 흠모하여 프랑스 육군 대위라는 지위를 미련 없이 내던지고[8] 코르시카로 돌아왔다. 그러나 그는 현실 앞에 좌절하게 된다.

오랫동안 영국에서 망명생활을 한 노장군(파올리)과 프랑스에서 청춘을 보낸 청년 장교(나폴레옹)는 정치적인 이념이 너무나 달랐던 것이다.

나폴레옹과 파올리 장군의 관계는 금세 악화되었고, 나폴레옹은 그에 의해 코르시카에서 추방되어 간신히 목숨만 구한 채 프랑스로 돌아올 수밖에 없었다.

---

8 나폴레옹은 바로 3개월 전에 대위로 승진했다.

프랑스에 돌아온 뒤 나폴레옹은 가까스로 원대로 복직할 수 있었다.[9]

그러나 어렸을 때부터 늘 마음속에 그리고 있던 '코르시카로 금의환향한다.'는 꿈은 깨졌고, 존경하던 파올리 장군에게는 실망만 안은 채 인생의 목표를 잃어버렸을 뿐만 아니라 그 일로 보나파르트 가문의 전 재산이 몰수되었다.

어머니와 세 남동생, 세 여동생을 부양해야 했던 나폴레옹은 하루아침에 끼니를 걱정할 정도로 가난해졌다.

좌절이 행운을 불러들인다

정신적으로나 경제적으로나 큰 타격을 입은 나폴레옹은 절망감에 시달리며 허무주의자가 되어도 이상할 것이 없었다.

그러나 자신이 굶주리는 것은 참을 수 있지만 어머니와 동생들을 굶주리게 할 수는 없었다. 이처럼 나폴레옹에게 비탄에 빠져 있을 틈이 주어지지 않았던 것이 오히려 다행이었는지도 모른다.

"실의에 빠져 있을 때야말로 새로운 목표를 세우고 움직인다!"

'코르시카로 금의환향한다는 꿈은 깨졌지만, 그렇다면 이번엔 이 프랑스에서 새롭게 시작하겠다!'

---

9 당시 프랑스 육군은 만성적인 장교 부족에 시달리고 있었기 때문에 멋대로 사표를 내던지고 코르시카로 돌아갔음에도 이를 불문에 부치고 원래 지위로 복직할 수 있었던 것은 불행 중 다행이었다.

코르시카에서 맛본 좌절로 인해 비로소 그는 '프랑스'로 눈을 돌리게 되었다. 만약 이때 코르시카에서 어설프게 성공했다면 그는 평생을 코르시카에 봉사하며 코르시카라는 작은 섬 안에서 매몰되어 그의 이름이 역사에 새겨질 일은 없었을 것이다.

좌절도 때로는 행운이 된다.

다행인지 불행인지 그가 코르시카에 건너가 있던 짧은 기간 동안 프랑스의 정세는 격변하고 있었다. 그가 떠나 있는 동안 혁명은 급속하게 과격화하여 국왕 루이 16세가 처형당했고, 상급 귀족들이 속속 망명하기 시작했던 것이다. '위'가 모조리 사라지자 코르시카로 건너가기 전까지 막혀 있던 출세 길이 갑작스럽게 그의 눈앞에 활짝 열렸다.

"화와 복은 마치 꼬아놓은 새끼와 같다. 항상 기회를 주시하라."

인생이라는 것은 희한하게도 나쁜 일 뒤에는 반드시 좋은 일이 있다.

'화와 복은 마치 꼬아놓은 새끼와 같다.'

'인간만사 새옹지마.'

그러나 많은 경우 인간은 실의에 빠져 있는 상태에서는 자신의 불행을 저주하는 데 마음을 빼앗겨버려서 행운이 굴러들어오는 것을 알아채지 못한다.

나폴레옹은 그것을 놓치지 않았다.

'지금 군공軍功만 세울 수 있다면 출세는 생각한 대로 이루어질 것이다! 프랑스에서 출세 길이 열린다면 코르시카에 연연할 필요도 없어!'

기회를 스스로 만들어낸다

나폴레옹을 둘러싼 어둠 속에서 한 줄기 광명이 비치기 시작했다고는 해도 어느 시대나 실력보다 우선하는 것이 연줄이다. 아무리 '실력'이 있어도 그것을 발휘할 수 있는 장이 주어지지 않으면 어쩔 도리가 없다. 연줄이 있어야 비로소 기회가 주어지고, 기회가 주어져야 비로소 '실력'을 발휘할 수 있으니까.

그는 혈통이 프랑스인이 아니기 때문에 프랑스에 어떤 연줄이나 연고가 있을 리 없었다.

"연줄이 없으면 스스로 움직여서 만든다!"

여기서 많은 사람들은 '결국, 뭐니 뭐니 해도 세상은 연줄이야! 아무리 재능이 뛰어나도 연줄이 없으면 영원히 출세하지 못해. 어차피 나 같은 놈은!' 하고 좌절하는 경향이 있다.

그러나 여기서 나폴레옹이 왜 대단한지를 알 수 있다.

나폴레옹은 바로 책상 앞에 앉아 불과 한 달 만에 《보케르의 야식》이라는 작은 책을 써냈다.

이 책은 당시 그가 살고 있던 마르세유에서 불과 80킬로미터 떨어진 북서쪽 마을, 보케르의 여인숙을 무대로 군인과 시민[10] 사이에 의견이 오가던 중 "로베스피에르의 방법밖에는 프랑스가 살아남을 길이 없다!"는 결론을 기록한 것이다.

요컨대 당시의 최고 권력자인 로베스피에르에게 '아첨'한 것인데, 그가 이 《보케르의 야식》을 자비 출판한 직후 그의 인생이 백팔십도로 달라지는 사건이 일어난다.

그가 사는 마르세유에서 불과 50킬로미터밖에 떨어지지 않은 툴롱에서 정부 타도를 표방하는 왕당파의 반란이 일어났던 것이다. 이를 진압하기 위해 즉각 정부군이 툴롱에 파병되었지만 포병대장을 갑자기 잃고 만다.

"즉각 새 포병대장을 보충하시오! 적임자로 누구 떠오르는 사람 없소?"

마침 이곳에 부임해 있던 살리세티 의원은 나폴레옹이 코르시카로 건너갔을 때 함께 파올리 장군과 싸운 동지였다.

"저에게 한 명 떠오르는 사람이 있습니다."

"음, 어떤 자요?"

"전에 제가 코르시카에 부임해 있을 때 알던 자인데 꽤 유능한 사내입니다."

"아니, 군인으로서의 재능보다 내가 걱정하고 있는 것은 그자가 혁명

---

10 군인은 '나폴레옹의 의견을 대변하는 역할'이고, 시민은 '일반적인 의견을 대변하는 역할'이다.

군인으로서 신뢰할 수 있는지 어떤지요."[11]

"그 점이라면 걱정 마십시오. 그는 이런 소책자를 자비 출판했을 정도로 열렬한 자코뱅파[12]입니다!"

이때의 추천 자료로 제출된 것이 바로 《보케르의 야식》이다.

"음, 과연! 좋소, 당장 그자를 불러오시오!"

이렇게 추천 자료로서 《보케르의 야식》이 효과를 발휘하여 아무 실적도 없던 나폴레옹이 갑작스럽게 포병대장으로 발탁되게 된다.

나폴레옹은 이 귀중한 기회를 손에 넣었던 것이다.

"기회가 오고 나서 그제야 부랴부랴 노력하기 시작하는 것은 늦다."

하나의 꿈이나 목표를 향해 노력한다. 그런 것이라면 누구나 하고 있다.

관건은 그 꿈이 깨졌을 때 실의에 빠지지 않고 금방 정신을 차려서 '다음'을 향해 노력을 게을리 하지 않고 꾸준히 할 수 있느냐다.

실의에 빠져 있어도 기회가 찾아오지 않는지 계속해서 주시하고 있을 수 있는가?

이것이 인생의 기로가 된다.

많은 사람들은 그런 상황에서는 의기소침해져서 자신의 불행을 저주하며 한동안 아무것도 할 마음이 생기지 않게 되는데, 그런 때일수록

---

11 당시에는 군인 중에도 반혁명파가 많았고, 그들은 내부로부터의 정부 전복을 기도하는 사자 몸 속의 벌레였기 때문이다.
12 당시의 권력자 로베스피에르가 이끌던 당파.

'기회의 신(카이로스)'은 눈앞을 지나쳐 사라져버린다.

나폴레옹이 실의에 빠져서 코르시카에서 도망쳐 프랑스로 돌아온 것이 6월. 그러나 곧바로 다음 목표를 세우고 《보케르의 야식》을 완성한 것이 7~8월. 나폴레옹의 출세의 발판이 되는 '툴롱 항 반란'이 일어난 것이 9월이다.

만약 이때 나폴레옹이 프랑스에 돌아온 뒤 단 한두 달이라도 무위로 보냈다면 어떻게 됐을까? 나폴레옹은 이 기회를 거머쥘 수 없었을 테고, 그대로 이름도 없는 가난한 장교로서 역사 속에 매몰되어버렸을지도 모른다.

"인생이라는 시합에서 가장 중요한 것은 휴식시간의 득점이다."

이것은 나폴레옹이 직접 한 말이다.

기회의 신의 앞머리를 잡을 수 있었던 나폴레옹은 이것을 발판으로 삼아 1년도 채 되지 않는 기간에 대위에서 소령, 대령, 준장, 소장으로 출세의 계단을 순조롭게 뛰어올라갔다. 나폴레옹의 인생에는 그 후 한두 번의 파란은 있었다 해도 이때의 도약이 있었기 때문에 그의 앞에 '왕좌'가 기다리고 있었던 것이다.

스물네 살 때 툴롱에서 명성을 높이며 출세의 발판을 마련한 나폴레옹은 그로부터 불과 6년 후 서른 살이라는 젊은 나이에 제1통령(왕권제의 수상에 해당)의 지위에 오른다. 그로부터 5년 후에는 황제가 되었고, 다시 10년 후에는 몰락. 파란만장한 인생을 거쳐 센트 헬레나로 유배되었을 때 그는 이렇게 말했다. "꽤나 낭만적인 인생을 걸어온 사람도 그리 많지는 않아!"

나폴레옹 보나파르트

영화를 누리다 몰락으로 간 전환점

그는 확실히 재능이 뛰어난 인물이었지만 재능만으로 그러한 위업을 달성할 수 있었던 것은 아니다. 그 이유는 몇 가지가 있는데, 큰 이유 중 하나가 자신의 정복 전쟁을 '해방 전쟁'으로 바꾸는 데 성공한 것이다.

그는 스스로를 '프랑스 혁명의 후계자'로 칭하며 정복 전쟁에 "혁명 정신인 자유 · 평등 · 박애를 제외국민들에게도 누릴 수 있게 하기 위한 전쟁이다."라고 의미를 부여했다.

이것이 사람들에게 신뢰를 주고 있는 동안 그에게는 내외로부터 폭넓은 협력자가 모여들었고, 그 덕분에 유례를 찾을 수 없는 출세가 가능해진 것이다.

그런데 그가 황제에 즉위하자 이내 그 가면이 벗겨진다. 지금까지 '해방자'로 믿고 협력하던 사람들이 연이어 그의 곁을 떠났고, 그때부터 모든 톱니바퀴가 헛돌기 시작했다.

그러한 그의 실패가 '성공이라는 것은 주변 사람의 협력 없이는 있을 수 없다.'는 것을 가르쳐준다.

02

유비 현덕

161~223

후한 말, 전란기 중국의 군인·정치가.
돗자리 장수에서 출세하여
촉한의 초대 황제에 즉위한다.

한 명 더 예를 들겠다.

지금으로부터 1800년쯤 전, 중국의 후한 왕조 말기에 태어난 유비[1]라는 인물이다. 그 역시 맨몸으로 뜻을 세우고 나서 결국에는 황제의 자리에까지 오른 인물이므로 그 점에서는 나폴레옹과 조금 비슷하다.

그가 뜻을 세운 것은 기이하게도 나폴레옹과 같은 스물세 살 무렵이라고 하니 그런 공통점까지 있었다.

전쟁에 져서 쫓겨 다닌 반평생

그런데 나폴레옹이 불완전하나마 귀족 축에 끼는 사람이었고, 버젓이 프랑스의 군인 양성 학교를 졸업한 정규 군인으로서 기존 계급을 이용

---

1   자字는 현덕. 중국에서는 가벼이 이름을 부르는 것을 싫어했기 때문에 통칭과 같은 형태로 쓰인 이름을 자라고 한다.

하여 출세한 것과는 달리 유비는 돗자리 장수라는 미천한 신분에다 정규병도 아무것도 아닌 단순한 잡병 출신이었다.

게다가 유비는 나폴레옹처럼 특기할 만한 전술을 갖고 있었던 것도 아니고, 오히려 '전쟁에 서툰 사람'으로 유명해서 굳이 그의 '무기'를 들자면 '한나라의 중산정왕, 유승의 원손'이라는 사실 여부가 의심스러운 내력과 어깨까지 닿는 긴 귀[2] 정도였다. 출세의 출발점에서는 나폴레옹에 비해 유비 쪽이 압도적으로 불리한 입장에 있었다고 할 수 있다.

그런 연유였기 때문에 그는 스물세 살 때 군사를 일으킨 뒤로 무턱대고 각지를 전전하며 많은 희생을 치렀음에도 겨우 손에 넣은 직책이 고작 '현위縣尉(시 경찰서장)'였다. 하물며 그렇게 고생해서 손에 넣은 직책도 상관과 크게 싸우고 나서 깨끗이 내던지고, 다시 전장을 전전하다 다음으로 '현승縣丞(부시장)'의 지위를 손에 넣었지만 이 또한 곧 실직(이유 불명)했다. 이후 또다시 전장을 전전하다 마침내 '현령縣令(시장)'까지 출세했지만 이번엔 전쟁에 져서 다시 실직했다.

실로 '삼보 전진하면 삼보 후퇴한다.'는 인생을 되풀이하며 산전수전 다 겪은 셈이었다.

그 후 어렸을 때부터 친분이 있는 공손찬과 도겸에게 몸을 의탁하면서 인고의 10년 세월을 보낸 뒤 겨우 손에 넣은 직책이 '서주목徐州牧'[3]이었다. 이때 유비는 이미 서른세 살. 앞에서 비교한 나폴레옹은 서른 살 때 이미 통령,[4] 서른다섯 살 때는 황제의 자리에까지 오른 것을 생각하면

---

2 이것은 《삼국지》 중 《연의》의 표현이다. 《정사》에서는 '자기 귀를 볼 수 있었다.'로 되어 있다. 그 외에도 '무릎 아래까지 닿는 팔' 등 그는 기이한 모습을 가진 사람으로 묘사된다. 이는 '성인군자는 기이한 모습을 하고 있다.'는 중국인 특유의 가치관 때문이다.
3 '목'이라는 것은 복수의 현을 통솔하는 지사와 같은 관직.
4 현재의 수상에 해당하는 직위로 《삼국지》에서 말하면 조조가 취임한 승상에 해당한다.

그 차이는 확연하다.[5]

게다가 유비는 겨우 손에 넣은 이 '목'이라는 관직조차 머지않아 여포에게 쫓겨나고, 조조에게 쫓겨나서 모든 것이 수포로 돌아갔다. 다시 방랑자의 신세가 되어버린 것이다.

역경 속에서도 결코 노력을 게을리 하지 않다

오랜 방랑 끝에 겨우 그가 정착할 수 있었던 것은 동족인 유표를 찾아가 그의 객장客將[6]이 되었을 때였다. 유표의 환대를 받으며 형주[7] 북쪽 끝의 시골 마을인 신야성을 맡았을 때 그는 이미 마흔 살이었다.

40이라는 나이는 당시 노년에 접어들었다고 여겨지는 나이이다. 그가 이 나이까지 노력을 게을리 한 것은 아니다. 게을리 하기는커녕 그야말로 죽기 살기로 치열하게 노력하며 살았다고 하는 편이 맞을 것이다.

그러나 현재 그의 처지를 보면 사람들이 흔히 말하는 "노력은 반드시 보상받는다."는 말은 거짓말이다. 현실을 외면하지 않고 자세히 들여다보면 오히려 보상받지 못하는 쪽이 많을 정도다.

"성공하는 사람은 모두 마땅히 노력하고 있다."[8]

그러나 이 말 또한 사실이다.

노력이 허사가 되는 경우는 없다. 노력하는 것을 멈춘 순간 그때까지

---

5   원래 이것은 유비의 출세가 늦었다기보다 나폴레옹의 출세가 너무 빨랐다고 하는 것이 맞는 표현일 것이다.
6   오늘날의 체인점 점장과 같은 것.
7   현재 중국의 후베이성 일대에 있는 행정구. 위치적으로 중국의 한가운데에 해당한다.
8   악성 루트비히 베토벤의 말.

30

의 노력이 허사가 될 뿐이다.

유비 역시 이곳 신야에서 낙심하지 않고 계속 노력했다.

예를 들면 그가 거점으로 삼은 신야는 원수 조조가 다스리는 허도의 코앞에 있었다. 당시 조조는 북쪽에 있는 원소와의 전쟁[9]에 열중하고 있었기 때문에 그의 등 뒤를 칠 절호의 기회가 온 것이었다.

"지금이야말로 역신 조조를 죽일 천재일우의 기회! 유표 님! 부디 출병을 허락해주십시오."

그러나 정작 유표에게는 천하를 도모할 야심이 없었다. 그는 조조와 일전을 치르는 데 어정쩡한 태도를 보였다. 유비는 수없이 진언하며 설득했지만 아무리 해도 움직여주지 않았다. 객장의 신분으로는 유표의 허락 없이 멋대로 움직일 수도 없고, 결국 귀중한 시간만 흘러갔다.

비육지탄

세월은 화살과 같다.

시간이 흐르는 것은 정말 빠르다.

"인간 50년, 하늘 아래의 세월과 비교하면 한낱 꿈과 같도다." —**오다 노부나가**

"이슬로 와서 이슬로 가는 이내 몸이여. 나니와(오사카의 옛 지명)의 영광도 꿈속의 꿈이런가." —**도요토미 히데요시**

"덧없는 세상의 꿈은 새벽하늘과 같도다." —**도쿠가와 이에야스**

---

9 관도대전 등.

"49년이 한순간의 꿈이더라. 일생의 영화는 한 잔의 술과 같구나."

— 우에스기 겐신

옛날에는 쉰 살까지 살면 '천수를 누렸다'고 하는 시대였다.

이렇게 형주에 틀어박혀 있는 동안 유비도 어느덧 50을 바라보는 나이가 되어버렸다. 그는 아직 20대 때[10] '흔들리는 한 왕조를 재건한다.'는 큰 뜻을 세우고 4반세기에 걸쳐 싸워왔다.

아무런 꿈도 희망도 목표도 뜻도 갖지 않고, 그저 아침이 왔으니까 먹고, 마려우니까 싸고, 졸리니까 잔다는, 그런 나날을 보내는 자와 달리 대망을 품고 있는 자에게 시간만 덧없이 흘러가는 것은 너무나도 초조한 일이었다.

그런 정체를 알 수 없는 초조감만이 팽배해지던 어느 날 그가 변소에 갔을 때 자신의 허벅지에 군살이 붙어 있는 것을 알고 아연해진다. 말을 타고 전장을 누비면 절대로 붙을 수 없는 군살.

"아! 이게 무슨 꼴이란 말이냐! 한 왕조의 재건이라는 큰 뜻을 세웠건만 눈 깜빡할 사이에 늙어버린 데다 지금은 이런 곳에서 살며 군살이나 붙어버렸구나!"

유비는 자신의 나이를 상기하며 절망감에 휩싸였다.

이것이 그 유명한 '비육지탄髀肉之嘆'[11]이다.

기회를 잡을 수 없는 상태, 옴짝달싹 못하는 상태가 계속되는 것은 너무나 괴로운 일이다. 그러나 나폴레옹의 경우에서도 보았듯이 그처럼

---

10 유비가 천하의 호걸인 관우, 장비와 의형제를 맺은 도원결의를 한 때가 스물세 살 전후.
11 비육이란 '허벅지에 붙은 군살'을 말한다.

암흑의 시기를 어떻게 보내느냐에 따라 다음에 도약할 수 있는지 없는 지가 결정된다.

때를 기다리며 숨어 지낼 때 해놓아야 할 것

유비가 허벅지에 군살이 찐 것을 한탄하고 얼마 후 그에게 '재앙'이 찾아왔다. 조조가 북쪽의 원씨를 멸망시키고, 마침내 그 이빨을 남쪽의 유비에게로 돌린 것이다. 이때의 위나라 수장은 외눈의 맹장으로 그 이름을 떨치고 있는 하후돈. 게다가 유비군의 10배에 달하는 대군을 동원하여 공격해왔으니 그야말로 절체절명의 위기였다.

그러나 박망파에서 무참한 대패를 당한 것은 의외로 위군, 하후돈이었다.

유비는 어떻게 하후돈을 물리칠 수 있었을까?

그 비밀은 신야에서 숨어 지낸 7년에 있었다. 유비는 7년이라는 세월을 그저 군살만 한탄하고 있었던 것은 아니었다.

"막다른 길에 몰렸을 때야말로 지금 할 수 있는 것을 필사적으로 생각한다."

유비는 꼼짝도 할 수 없는 신야에서의 7년 동안 지금 자신이 무엇을 할 수 있는지를 필사적으로 생각했다.

관우, 장비, 조운이라는 천하에 그 이름을 떨치고 있는 많은 호걸들을 데리고 전장을 이리저리 뛰어다녀도 지금까지 좀처럼 싹수가 보이지 않던 유비. 무엇 때문에 그의 노력이 성과를 내지 못하는 것일까? 그것은 다름 아닌 그 호걸들을 제대로 쓸 줄 아는 뛰어난 인재, 즉 '군사軍師'가 없었기 때문이다.

조조에게는 순욱, 가후, 곽가, 사마의 같은 쟁쟁한 군사들이 그를 보좌하고 있었지만, 유비에게는 그렇게 '의지할' 존재가 없었다.

관우나 장비 같은 호걸들은 전장에서는 매우 믿음직했지만 평소에는 "형님." "형님." 하며 금붕어의 똥처럼 유비의 꽁무니만 그저 따라다닐 뿐이었다. 모든 결단과 책임이 유비의 양어깨에 걸린 채 그에게 의지만 할 뿐 그가 상의할 수 있는 인물이 없다는 압박감은 그의 정신을 좀먹게 된다. 유비는 어떻게든 '장량과 진평에 뒤지지 않는 군사'[12]를 손에 넣어야 했다.

그런 점에서 보면 유비가 머물던 형주는 당시의 전란을 피해 많은 인재들이 모여 있다는, 유비에겐 인재 수집의 최적의 장소였다. 이렇게 그는 '숨어 지내는 7년 동안'을 인재 수집에 진력했다.

그러나 뛰어난 인재를 얻기가 그리 쉽지만은 않았다. 온갖 수단을 다해서 사방을 돌아다니며 인재 수집에 노력했지만 좀처럼 만족할 만한 인재를 만나지 못하고 시간만 흘러갔다.

노력은 하고 있는데 성과가 나오지 않는다. 이런 때가 가장 힘들고 괴

---

12 유방이 한나라를 세우는 데 절대적인 공을 세운 인물.

롭다. '비육지탄'도 그런 상황에서 무심코 흘러나온 탄식이었다.

그러나 여기서 포기하는 자에게는 '도약'이 찾아오지 않는다.

유비는 빈말로도 '재능이 풍부한 인물'이라고는 할 수 없었지만, 그러나 인간적인 매력에 더해 꾸준히 노력할 수 있는 '재능'만은 있었다.

"꾸준히 노력하는 자가 천재를 이긴다."

역사를 들여다보면 천재가 반드시 성공한다고는 단정할 수 없다. 고등 교육을 받은 자가 성공한다고도 단정할 수 없다.

왜일까?

그것은 가령 천부적인 재능이 있어도, 교양과 지식을 갖춰도, '기회를 자기 것으로 만들 수가 없었기' 때문이다. 그러나 끈기 있게 노력하고 있으면 기회는 반드시 찾아온다.

기회의 신은 모든 인간에게 평등하게 찾아오니까.

실적도 없는 무명의 서생에게 고개를 숙이다

유비는 성과가 오르지 않아도 포기하지 않고 인재 발굴에 진력하던 차에 마침내 우연한 경위로 '수경'이라는 이름의 인물을 알게 되었다. 그리고 그 인물에게서 기다리고 기다리던 정보를 마침내 얻게 되었다.

"귀공이 와룡과 봉추 중 한 명이라도 얻을 수 있다면 천하를 손에 넣는 것도 쉬울 것이오."

"누운 용에 봉황의 새끼! 그 두 사람의 이름이 무엇입니까? 지금 어디에 계시는지요!? 이제야 겨우 찾았습니다, 군사를."

유비는 들뜬 마음을 진정시키지 못하고 집에 있는지 확인하지도 않은 채 부랴부랴 '와룡'의 집으로 찾아갔다. 그러나 안타깝게도 그가 갔을 때는 부재중이었다. 그래서 이번에는 집에 있는지 확실히 확인하고 나서 귀가 떨어져 나갈 것 같은 한겨울의 혹한을 뚫고 찾아가보았지만 이번에도 길이 엇갈려서 만나지 못했다.

그러다가 해가 바뀌고 따뜻해졌을 때 세 번째 방문으로 겨우 '와룡'인 제갈량[13]을 만날 수 있었다.

이때 유비는 마흔여섯 살, 객장이라고는 해도 이미 이름이 알려진 장군이다. 제갈량은 아직 스물여섯 살로 아무 실적도 없는 무명의 서생이다. 사회 통념상 이런 상황에서는 손윗사람이 손아랫사람을 불러내기 마련이다.

그러나 유비는 굳이 그렇게 하지 않고 스스로 찾아갔다. 그것도 세 번이나!

이것이 유명한 '삼고초려'[14]인데, 유비의 이런 행동에는 관우와 장비도 불만을 털어놓을 정도였다.

관우 "아무리 그래도 형님께서 그렇게까지 하실 필요는 없습니다!"

장비 "내가 가서 놈의 목에 삼노끈을 묶어 끌고 오겠수!"

---

13 자는 '공명'. 다른 한 명인 '봉추'는 방통(사원)이다.
14 '정사에 기록되어 있지 않다.'는 이유로 "사실史實이 아니다."라고 주장하는 사람도 있는데, 정사에 '쓰여 있지 않다.'는 이유만으로 '부정'되는 것도 아니고 애초에 정사가 올바르다고 할 수도 없고, 그 외 여러 가지 상황 증거로 판단해봐도 '삼고초려'는 사실로 보인다.

그러나 원하는 것이 바로 눈앞에 있는데 체면이니 이목이니 따지다가 놓치고 마는 경우는 종종 있는 일이다. 그것을 반드시 손에 넣어야 할 것일 때는 체면불고하고 무작정 가지러 가야 한다.

"체면불고하고 하더라도 수단은 가려라."

물론 '수단을 가리지 않고 어떤 더러운 수를 써도 된다.'는 것은 아니지만, 유비는 그것을 잘 알고 있었다. 유비는 지금까지의 고생이 보상받는지 보상받지 못하는지의 갈림길에 있었기 때문에 체면이나 이목 따위에 얽매일 수 없었던 것이다.

이렇게 '수어지교水魚之交'[15]를 맺은 직후, 앞서 말했던 박망파 전투가 시작된 것이다.

간발의 차이였다.

만약 유비가 이 '불우한 7년의 세월'을 무위로 보냈다면?

만약 유비가 인재 수집에 조금이라도 노력을 게을리 했다면?

만약 유비가 체면에 얽매여 '삼고초려'를 하지 않았다면?

유비는 박망파에서 패해 역사에 이름을 남기지도 못하고 그냥 사라졌을 것이다.

그리고 유비의 도약은 바로 이때의 승리로부터 시작되었다. 이 승리를 기점으로 같은 해(208년)의 장판 전투, 적벽대전. 그 이듬해(209년)에

---

15 물과 물고기의 사이처럼 잠시도 떠나서는 살 수 없는 친밀한 관계를 나타내는 말. 원래 이때의 유비와 제갈량의 관계를 나타낸 말이다.

는 형주목, 그로부터 5년 후(214년)에는 익주목을 겸직하고, 다시 그로부터 5년 후(219년)에는 한중왕, 2년 후(221년)에는 마침내 제위에 오를 수 있었던 것이다. 이 모든 것은 신야성에서 '숨어 지낸 7년 동안' 노력을 게을리 하지 않았던 결과가 그 꽃을 피운 것이었다.

이번 장에서는 나폴레옹과 유비를 예로 들었지만 이 두 사람뿐만 아니라 역사를 들여다보면 '위대한 도약'을 이루기 전에는 반드시라고 해도 좋을 정도로 '역경'과 '정체'라는 불우한 시대가 있었다. 바꿔 말하면 이러한 불우한 시대에 힘을 비축할 수 있었던 자만이 그것을 폭발시킬 수 있는 기회가 찾아왔을 때 '위대한 도약'을 이룰 수 있었던 것이다.

"역경과 도약은 표리일체."

역사는 그렇게 가르쳐준다.

그러나 대부분의 사람에게 '역경'은 있어도 그 후의 '도약'이 찾아오지 않는다. 역경만이 연달아 계속되어 인생을 비관하는 사람이 왜 이렇게 많은 것일까?

도약을 거머쥘 수 있는 사람과 그렇지 못한 사람의 차이. 그것은 역경에 빠졌을 때 풀이 죽어서 '난 어차피 안 돼.' 하고 체념하며 노력을 게을리 하느냐 그렇지 않느냐의 차이라고 역사는 가르쳐준다.

"눈보라를 이겨낸 매화꽃 아름답도다."

이것은 사이고 다카모리가 쓴 한시의 한 구절이다.

한겨울의 눈보라와 추위를 이겨냈기에 봄이 되었을 때 매화는 아름다운 꽃을 피우고 향기로운 향기를 내뿜을 수 있다.

겨울이 없으면 매화꽃은 피지 않는다.

혹독한 '겨울'을 보내는 동안 좌절하지 않고 매일 오늘 할 수 있는 일에 최선을 다하며 묵묵히 노력할 수 있는 사람만이 머잖아 찾아올 '봄'을 구가할 수 있다.

익히 알다시피 《삼국지연의》의 주인공. 통설에 따르면 약 173센티미터(7척 5치)의 적당한 키에 살이 알맞게 찐 체구인데, 양귀는 어깨까지 닿는 복귀이고, 양팔은 무릎 아래까지 닿을 정도로 길었다고 한다. '황실의 후예'를 자처했지만 어떠한 증거도 없다. 다만 '위대한 재능은 없는데 인망만은 있었다.'는 점은 한 고조 유방을 닮지 않은 것도 아니다.

유비 현덕

두 가지 《삼국지》

400년이라는 긴 세월을 안일하게 보낸 한 왕조도 결국 황혼의 시대를 맞이한다. 그로부터 진나라의 재통일까지 약 1세기 동안을 '삼국시대'라고 하는데, 이것을 진수가 정사로 정리한 것이 《삼국지》다.

당시 진수는 진나라의 가신이었기 때문에 '진을 정통'으로 역사가 편찬된다.

그러나 이것은 너무 간소하여 현장감이나 재미가 없고, 더구나 이해하기 어려운 기술 형식이었기 때문에 150년쯤 지났을 무렵 배송지라는 인물이 방대한 사료를 조사하여 이것에 '주석'을 단다(배주裴注). 이때 그가 기초로 삼은 사료는 약자의 편에 선 것이 많아서 자연스럽게 《배주》도 '촉이 정통'이라는 서술 방식이 될 수밖에 없었다.

그리고 그로부터 다시 1000년. 《배주》를 기초로 한 소설 《삼국지연의》가 탄생한다. 원래의 정사 《삼국지》와는 달리 《삼국지연의》는 소설이므로 '허구가 30%'라고 하지만 읽어보니 너무 재미가 있어서 세상에 퍼진 것은 이 《연의》 쪽이다.

2장

하늘은 스스로 돕는 자를 돕는다

어떤 절망에 빠져도 포기하지 않는다.
행운의 여신은 그 사람에게만 미소를 짓는다.

❖

　앞 장에서는 '좀처럼 기회를 만나지 못해서 제자리걸음만 하고 있는 인생의 정체기'에 역사 속 위인들은 어떻게 생각하고 행동했는지에 대해 알아보았다.

　정체라는 것은 '행운도 찾아오지 않지만, 재액在厄도 엄습하지 않는' 상태이므로 어느 정도 멍하니 하루하루를 보내도 평범하게 살아갈 수 있다. 그런 생활은 '큰 뜻이 있는 사람'에겐 그저 제자리만 맴돌고 있는 답답한 시기다. 그러나 그렇지 않은 사람에게는 '특별히 노력하지 않아도 되는 편안하고 평화로운 나날'이고, 오히려 그런대로 괜찮다고 생각하곤 한다.

　그러나 거기에는 큰 함정이 있다.

"게으름은 인간의 마음을 좀먹는다."

　일단 그렇게 게으른 나날을 보냈다면 결국 장마 때 빵에 퍼지는 곰팡

이처럼 게으름은 인간의 마음을 좀먹고, 기력을 없애고, 기회를 포착할 시력도 빼앗아서 그 사람의 인생은 서서히 쇠퇴의 길로 향하게 된다는 말이다. 본인도 알아채지 못하는 사이에. 혹여 본인이 알아챘다 해도 이미 늦은 경우가 많다.

그리고 또 하나의 함정.

그것은 그런 '안일한' 상태의 생활이 계속 이어지지 않는다는 것이다. 머지않아 큰 뜻이 있는 사람에게도 없는 사람에게도 평등하게 '지금의 생활을 모두 백지화시키는 재액'이 찾아온다. 다만 그것은 '행운'을 꾀어 들인다.

이때 인간은 좋든 싫든 바라든 바라지 않든 그것과 마주서야 한다.

그러나 인간의 마음은 나약하다. 큰 벽이 자신의 앞을 가로 막으면 이내 '도망치고 싶다!'는 유혹이 고개를 들게 되는데 일단 이 유혹에 지면 결국 그 이후에는 도망쳤을 때의 시련 이상으로 괴로운 인생이 기다리고 있게 된다.

그렇다 해도 자신의 힘으로는 도저히 무너뜨릴 수 없을 것 같은 '거대한 벽'을 앞에 둔다면 어떻게 해야 될까?

"신은 넘을 수 없는 벽을 주지 않는다."

이 말이 객관적인 사실인지 어떤지는 차치하고 '(그렇게 믿고) 벽을 향해 돌진할 수 있는' 사람만이 벽을 뛰어넘을 수 있다. 그것은 얼핏 '콘크리트 덩어리로 된 강고하고 큰 벽'으로 보이지만, 실제로는 골판지로 만든 벽일지도 모른다. 벽이 '콘크리트'인지 '골판지'인지는 몸으로 부딪쳐 보지 않으면 모른다.

"하지만 그것이 정말로 '콘크리트로 된 강고한 벽'이라면!?"

"만약 그렇다면 전력으로 부딪쳤다간 벽은 무사하고 내가 큰 부상만 입을 뿐이잖아!"

이치로는 그렇다.

그런데 희한하게도 그런 상황이 되면 행운의 여신이 미소 지으며 상식적으로는 생각할 수 없는 기적과 우연이 일어나서 이치로는 결코 무너질 것 같지 않은 '강고한 콘크리트 벽'이 맥없이 무너져버린다.

그래서 이번 장에서는 역사 속 위인들이 어떻게 '벽'에 대처하고, 이를 극복했는지 구체적으로 살펴보기로 하겠다.

03
유스티니아누스 대제
483~565

동로마 제국의 황제.
동로마 제국 1000년에 이르는 역사상
유일하게 '대제'라 불리는 인물.

유럽에서 고대를 대표하는 대제국이 '로마 제국(278 B.C.~A.D. 395)'이라면 중세를 대표하는 대제국이 로마 제국의 뒤를 이은 '동로마 제국(A.D. 395~1453)'[1]이다.

1000년의 역사를 자랑하는 동로마 제국의 오랜 역사 속에서도 그 절정기의 황제가 바로 유스티니아누스 대제다. 물론 한마디로 '1000년의 역사를 자랑한다'[2]고는 해도 그 1000년간 태평한 세월만 이어진 것은 아니다.

번성할 때가 있으면 쇠퇴할 때도 있듯이 제국은 수없이 국가 존망의 기로에 빠지고, 혹은 한때 멸망도 하지만, 그때마다 불사조처럼 부활하여 인류 역사상 그 유례가 드문 장기 정권이 되었던 것이다.

---

1 별명 비잔틴 제국. 특히 7세기를 경계로 하여 그 이전을 '동로마 제국', 그 이후를 '비잔틴 제국'이라 부르며 구별하는 경우가 있다.
2 국가의 평균 수명은 대개 200년 정도. 100년이면 단기 정권, 300년 동안 계속되면 장기 정권이다. 이렇게 보면 1000년이라는 숫자가 얼마나 대단한 숫자인지 알 수 있다.

그 역사를 배움으로써 고난에 대처하는 방법을 배울 수 있다.

동로마 제국 최초의 위기는 제국이 건국되고 아직 100년 정도밖에 흐르지 않은 532년에 찾아왔는데 이때의 황제가 바로 유스티니아누스 대제다.

"어떻게든 제국을 재건해야 한다."

그가 즉위했을 때 제국은 이미 그 뼈대가 휘청거리고 있었다.

원래 제국 성립의 계기가 된 것은 게르만 민족의 침탈[3]이었다. 그 혼란 속에서 고대 로마 제국은 자신의 비대한 몸집을 지탱하지 못하고 동서로 분열되었고, 다시 서로마 제국은 그 후 100년도 채 버티지 못하고 멸망[4]하고 말았다.

이렇게 '서로마 제국'은 맥없이 멸망해버렸지만 '동로마 제국'도 남의 일이 아니었다. 게르만의 위협에 더해 동쪽에서는 사산 왕조[5]도 침탈하기 시작했고, 안으로는 반란이 이어지며 정국이 극도로 혼란스러웠다.

그러한 혼돈 속에서 결국 빈농 출신의 장군이 제위에 오른다.

그가 유스티니아누스 대제의 숙부인 유스티누스 1세다. 그러나 산전수전 다 겪은 유스티누스는 즉위할 때 이미 예순여덟 살이었고 자식 또한 없었다. 그에게 자식이 없다면 그의 사후 궁정은 다시 혼란에 빠질 것은 자명한 사실이었다. 그래서 그는 누나의 아들을 양자로 삼아 후계

---

3 서력 375년 무렵부터 시작되어 약 2세기에 걸쳐 맹위를 떨쳤다.
4 게르만 침탈 20년 후에 동서로 분열, 다시 그로부터 80년 후에 서로마 제국 멸망.
5 3세기 전반부터 7세기 전반까지 4세기 이상의 오랜 세월 동안 서아시아에 군림한 페르시아인의 제국. 이런 때야말로 궁정이라도 안정되어야 하는데, 궁정에서는 이권다툼에 열을 올리며 쿠데타와 음모가 소용돌이치면서 제위가 빈번하게 바뀌는 형국이었다.

자에 앉힌다. 그가 바로 유스티니아누스 대제[6]다.

'어떻게든 제국을 재건해야 한다!'

숙부가 죽은 뒤 즉위한 그는 즉시 행정개혁 · 사법개혁 · 징세개혁 · 교회개혁 · 교육개혁 등 모든 개혁을 한꺼번에 추진했다.[7] 그러나 의욕이 충만한 것은 바람직한 일이었지만 그것이 예상을 벗어났다.

원래 개혁이란 반드시 저항세력이 따르기 마련이다. 개혁에 의해 '기득권'을 빼앗기는 자들이 나타나기 때문이다. 따라서 개혁을 원활하게 추진하기 위해서는 가능한 한 저항세력이 작아지도록 조금씩 천천히 오랜 시간을 갖고 점진적으로 추진해야 한다.[8]

"서두르면 오히려 일을 망친다."라고도 한다.

서두르면 이자는커녕 본전까지 날릴 가능성이 그만큼 높아지는데 그렇다고 해서 천천히 갔다간 아무리 시간이 흘러도 목적지가 보이지 않는다.

그 균형을 잡기가 어려운 일이지만 그는 어디까지나 급진적으로 개혁을 추진했다. 왜냐하면 그에게는 '고대 로마 제국의 영토를 모두 회복한다!' '다시 지중해를 우리의 바다로 되돌린다!'[9]는 원대한 대망이 있었기 때문이다.

유스티니아누스가 즉위했을 때 그도 이미 마흔네 살이었다. 이 대망을 달성하기에는 나이가 너무 많았다.

'꾸물꾸물 개혁을 추진했다간 내 수명이 100년이라 해도 모자란다!

---

6 '유스티니아누스'라는 이름이 '유스티누스의 아들'이라는 의미다.
7 일본의 메이지 유신을 방불케 하는 대개혁이었다.
8 퓨리탄 혁명, 프랑스 혁명, 러시아 혁명 등의 예를 들 것까지도 없이 급진적인 개혁은 많은 피를 부르고, 만족스러운 결과를 낳지 못한다.
9 라틴어로 '마레 노스토로'.

다소 위험한 다리를 건너게 된다 해도 서둘러야 해!'

이런 원대한 대망이 있다면 확실히 '천천히' 따위로 말해서는 성취할 수 없을지도 모른다.

그러나…….

반란 발발! 밀어닥치는 역도

아니나 다를까 위로는 원로원 의원부터 아래로는 무산 시민까지 폭넓은 반발을 사며 마침내 큰 반란이 되어 폭발하기에 이르렀다.

그것이 바로 '니카의 반란'[10]이다.

역도들은 궁정에 인접한 경기장을 점령하고 개혁의 선두에 선 재무상 요하네스, 법무상 트리보니아누스의 파면을 요구했다. 뿐만 아니라 위세를 이용해 황제 유스티니아누스의 퇴위까지 요구하기 시작했다. 그들은 히파티우스[11]를 새로운 황제로 옹립하고, 다시 도시로 몰려가 총독 관저를 파괴하는가 하면 성 소피아 대성당에 불을 지르고 심지어 궁정에 불을 지르는 자까지 나오는 등 수습할 수 없는 혼란으로 치달았다.

"우리의 승리(니카)다!"

"새 황제 즉위 만세!"

"히파티우스 1세 만세!"

역도들은 기세를 올렸다. 사태는 급속하게 악화되어 갔고, 폭도들의 함성과 노호가 궁정 안까지 울려 퍼지는 가운데 황제와 측근들은 대책을

---

10 '니카'는 역도들이 내세운 슬로건으로 그리스어의 '승리'라는 의미다.
11 전 왕조의 황제 아나스타시우스 1세의 조카.

세우느라 정신이 없었다.

그때 벨리사리우스 장군이 소리쳤다.

"폐하! 역도들 따위를 두려워할 필요가 없습니다! 그런 자들은 결국엔 오합지졸. 놈들이 내세운 새 황제[12]만 붙잡으면 금방 난은 평정될 것입니다! 모두 저에게 맡겨주십시오!"

듬직한 벨리사리우스 장군의 말에 유스티니아누스 1세도 용기를 얻었다.

"좋소, 그대에게 맡기리다!"

"명 받들겠습니다!"

사태의 심각함에 한때 망명까지 고려했던 그에게 용맹스럽게 출격하는 벨리사리우스 장군의 뒷모습은 더할 나위 없이 믿음직스럽게 보였을 것이다.

"부탁하겠네, 벨리사리우스! 제국의 존망이 그대에게 달렸네!"

"제위는 최고의 수의壽衣."

그러나 장군은 곧 돌아와서 유스티니아누스에게 보고한다.

"폐하! 실패했습니다!"

마지막으로 믿고 의지하던 것이 어이없이 사라졌다.

유스티니아누스는 절망에 빠져서 하늘을 올려다보았다.

---

12 히파티우스를 말함.

"이미 쓸 수 있는 계책은 다 썼다. 나는 망명할 것이다! 즉시 전 재산을 배에 실어라!"

그런데 망명 준비가 착착 진행되는 자리에 한 여성이 나타났다. 황후 테오도라[13]였다.

그녀는 유스티니아누스의 첫눈에 들어 황후가 되기 전에는 무용수였다.

'무용수'라 하면 듣기에는 좋지만 실은 그 이름을 빌린 매춘부[14]였다. 그러나 사회의 밑바닥에서 단맛 쓴맛 다 본 만큼 그녀는 꽤나 당찬 여성이었다.

그녀는 허둥대는 황제에게 말했다.

"폐하! 설마 꼬랑지를 말고 도망치실 생각입니까!?"

"오오, 테오도라! 그대에게도 들릴 것이오, 저 역도들의 노성이. 저놈들이 이곳으로 쳐들어오면 우리들의 사지가 갈기갈기 찢겨 나갈 것이오. 이제 망명 외에는 달리 방법이 없소!"

이 말에 테오도라는 가볍게 한숨을 쉬며 대답했다.

"폐하. 그 무슨 한심한 말씀입니까? 지금 도망치려고 한다면 그건 쫓겨나는 것입니다. 하지만 폐하 잘 생각해보십시오. 폐하는 앞으로 몇 년을 더 사실 것 같습니까? 지금 도망쳐서 설사 목숨을 건진다 해도 어떤 여생이 기다리고 있을 거라 생각하십니까? 영예도 없고 자긍심도 없는, 망명자로서의 비참한 여생이 기다리고 있을 뿐입니다. 그런 여생이 그리도 중요합니까? 옛날부터 말씀하시지 않았습니까? '황제의 옷은 최

---

13 정치에도 관여한 여걸이었기 때문에 후세의 역사가 중에는 그녀를 '여제'라 부르는 자가 나타날 정도였다.
14 사료에는 확실하게 '매춘부'라고 기록되어 있는 것은 아니지만 테오도라에게 신랄한 사가인 프로코피오스가 '입에 담기조차 거북한 장사'라고 표현한 것으로 보아 이것이 매춘을 가리킨다고 여겨지고 있다.

50

고의 수의'라고. 한번 사내로 이 세상에 태어나 황제로서 생을 마감할 수 있는 자가 도대체 얼마나 있다고 생각하십니까? 폐하께서는 지금 바로 '황세의 옷을 두르고 죽는다.'는 사내로서 최고의 숙원을 신으로부터 부여받은 것이 아니십니까? 싸우십시오! 마지막까지 싸우다 황제로 죽으십시오!"

이때 유스티니아누스 황제 마흔아홉 살, 테오도라 서른두 살.

그녀의 말을 옆에서 듣고 있던 벨리사리우스 장군도 황제를 부추기며 말했다.

"폐하! 사내로 이 세상에 태어나서 여자에게 이런 말까지 듣고 물러나는 것은 당치도 않습니다!"

나약해져 있던 유스티니아누스의 눈에도 빛이 돌아왔다.

"음, 그 말이 맞다! 잘 말해주었소, 테오도라! 잘 말해주었소, 벨리사리우스! 나도 결심했소!"

"막다른 지경에 몰렸을 때는 최악의 사태를 각오하고 결심한다."

궁지에 몰렸을 때나 큰 재난이 닥쳤을 때 사람은 아무래도 나약해지기 마련이다. 그러나 마음이 도망쳐버리면 그 시점에서 이미 '외통수에 몰렸다.'고 해도 과언이 아니다.

이런 상황에서는 우선 맨 처음에 해야 할 것이 있다. 대책을 생각하기보다도 가장 먼저 해야 할 것이 '최악의 사태를 각오하고 결심하는' 것이다.[15] 결심한 순간 사람은 스스로도 놀랄 정도로 냉정해질 수 있고, 지금까지 생각지도 못한 아이디어를 생각해내거나 대담한 행동을 자연스럽게 할 수 있게 된다.

그리고 그것이 '암흑 속의 한 줄기 빛'이 되어 단숨에 사태를 타개해버리는 경우가 있다.

체면불고하고 반항하는 자는 모두 죽인다

이때도 그랬다.

벨리사리우스 장군이 소리친다.

"폐하! 제가 다시 한 번 저 민중 속으로 돌격하겠습니다!"

그러나 그것은 얼마 전에 이미 실패한 방법. 같은 방법을 되풀이해봤자 그 재탕만 될 뿐이지 않을까? 실은 얼마 전의 돌격이 실패한 것은 황제를 참칭하는 자[16]의 추종자들에게 저지되었기 때문이다.

'시민들에게 위해를 가하고 싶지 않다.'

'되도록 원만하게 사태를 해결하고 싶다.'

그런 체면에 얽매였기 때문에 실패[17]한 것이었다. 그러나 이번엔 다르다. 그런 체면 따위는 벗어 던지고 반항하는 자는 모두 죽이겠다는 기세로 군사를 돌진시켰다.

---

15 병법의 '배수의 진'이 이에 해당한다. 이것은 군사들에게 무리하게 결심하기를 강요하는 것이지만.
16 역도들에게 추대된 히파티우스를 말함.
17 궁지에 몰렸을 때는 체면이나 면목에 얽매여서는 안 된다는 것은 '유비' 편에서도 이미 배웠다.

그러자 방금 전까지의 오만한 태도는 어디로 사라졌는지, 군의 각오를 본 역도들 사이에 순식간에 동요가 일어나며 그들은 뿔뿔이 흩어져서 도망가기 시작했다.

황제를 참칭하던 히파티우스는 싱겁게 체포되었다.

이렇게 한때는 제국을 존망의 기로에까지 몰아넣었던 반란은 간단히 진압되었다.

마음의 제어장치를 푼다

반란군의 일시적인 기세에 궁정에서도 '역도들도 그에 상응하는 각오를 했을 것이다.' '섣불리 진압하려고 했다간 이쪽의 피해도 만만치 않을 것이다.'라고 생각하고 주눅이 들어 있었다.

벨리사리우스 장군의 1차 공격이 실패한 원인도 거기에 있었다.

그러나 막상 결심을 하고 공격해보니 역도들에게 '히파티우스를 위해 목숨을 걸고 싸운다.'는 등의 각오는 없었고, 그저 군중심리[18]로 소란을 피웠을 뿐이었다.

'태산명동서일필泰山鳴動鼠一匹.'

"강고해 보이는 '벽'도 의외로 약하다."

사람은 '벽'이라는 것과 마주섰을 때 그것을 실물 이상으로 높고 두껍게

---

18 사람이 많이 모이면 그곳에 모인 사람들의 의지를 뛰어넘어 이상하게 고조되는 경우가 있는데 이것을 집단심리 또는 군중심리라고 부른다. 그 정도가 심해지면 '집단 히스테리'로 발전하는 경우도 있다.

느끼는 경우가 많다. 이는 싸우기 전부터 마음이 위축된 것이나 마찬가지이기 때문에 그렇게 되면 사람은 무의식중에 마음에 제어장치를 걸어버려서 본인은 전력을 다하고 있다고 생각해도 실은 힘을 다 발휘하지 못하게 된다.

이럴 때 '결심한다.' '정색하고 나선다.'는 자세로 마음의 제어장치를 풀 수 있다.

"명군의 배후에는 지혜로운 아내가 있다."

역사상 '명군'이라 불리는 군주의 배후에는 반드시 뛰어난 상담역이 있었다.

도요토미 히데요시에게는 구로다 간베에가 있었고 한고조 유방에게는 장량이 있었다. 그리고 유스티니아누스에게는 테오도라가 있었다.

1000년을 자랑하는 동로마 제국의 유구한 역사 속에서 유일하게 '대제'의 칭호로 불리는 유스티니아누스 1세이지만, 그런 그에게 이때 아내가 해준 '한마디'가 없었다면 그는 망명하여 역사에 매몰된 채 후세에 아는 사람이 한 명도 없는 인물로 사라졌을 것이다.

아니면 머지않아 제국은 '서로마 제국'의 뒤를 쫓아 멸망하여 '제국을 멸망으로 몰아넣은 무능한 황제'로 유명해졌을지도 모른다.

아무리 훌륭한 인물이라도 자기 혼자 독단으로는 '명군'이 될 수 없다.

항간에는 아내의 조언과 지지로 출세했지만 그것을 자각하지 못한 채 자기 혼자의 능력 때문이라고 착각하고 젊은 여자에게 도망치는 사람들이 끊이지 않는데, 젊은 여자가 그동안 조강지처가 맡아온 중책을 다 맡아서 할 수도 없는 일이라 그 후 그런 남자를 기다리고 있는 것은 '몰락'이라는 두 글자다.

시련이 있고 난 후 도약을 이룬다. 인생 최대의 시련이 된 '니카의 반란'을 제압한 유스티니아누스 대제는 이후 대약진을 이룬다. 그는 고대 로마 제국의 영토 회복을 꿈꾸며 서지중해로 군사를 보냈다. 이로 인해 지중해는 다시 '우리의 바다(마레 노스토로)'가 되었고, 동로마 제국 1000년의 역사를 통틀어서도 최대 영토를 자랑하게 되었다.

유스티니아누스 대제

로마 제국의 이상 추구

고대 로마 제국.

유럽인이 세운 나라 중에서는 역사상 가장 넓은 영토를 자랑한 나라이자 지중해를 통일한 유일한 나라다. 유럽인의 로마 제국에 대한 연심은 참으로 깊어서 이 나라가 이윽고 역사에서 모습이 사라진 후에도 그 '환영'은 오랫동안 유럽인의 마음속에서 떠나지 않았다.

동서로 나뉜 로마 중 '동쪽'에서 나타난 유스티니아누스 대제가 니카의 반란 후 대정복 전쟁에 나선 것도 고대 로마의 '이상'을 재건하기 위해서였다.

'서로마 제국'이 불과 80년 만에 멸망하자 곧이어 칼 대제가 이를 부활시킨다. 이것이 독일의 시초로 '신성 로마 제국'으로 이어지고 호엔촐레른 왕조를 거쳐 히틀러의 '제3제국'으로 이어지게 된다.

무솔리니 역시 '로마 제국의 재건'을 슬로건으로 내세운 것은 유명하다. 유럽인이 로마의 '환영'에 얼마나 사로잡혀 있는지 알 수 있다.

04
도고 헤이하치로
1848~1934

'동양의 넬슨'이라 불리는 구 일본 해군의 제독.
러일전쟁 때 전함 '미카사'의 함장으로 활약.
사후에도 일본인의 '신'으로 추앙받는 인물.

유럽에서 '제독' 하면 가장 먼저 떠오르는 인물이 H. 넬슨[1]이다. 육지
에서는 무적을 자랑한 나폴레옹을 바다에서 끊임없이 괴롭힌 영국의
명제독이다.

그리고 일본에서 '제독'으로 첫 손에 꼽을 수 있는 인물이 바로 도고
헤이하치로다. 일본 제국의 존망을 건 러일전쟁 때는 기함 '미카사'의
함장으로 당시 세계 굴지의 함대였던 발틱함대[2]를 격파하여 러일전쟁
의 승리에 크게 공헌한다.

그런 이유로 후세 사람들에게 '동양의 넬슨' '육지의 노기, 바다의 도
고'라 불리는 인물인데, 아무래도 그 인상이 선행하여 '엘리트 제독' '불

---

1   외눈과 외팔이의 명제독. 아부키르 만, 코펜하겐, 트라팔가르에서 프랑스 함대를 격파하여 나폴레옹
    의 골칫거리가 되었다.
2   로마노프 왕조의 러시아 제국이 발트 해에 주둔시킨 함대. 일본의 연합함대가 이끄는 4척의 전함에
    비해 그 두 배인 8척의 전함을 이끌고 있었다.

패의 제독'이라는 이미지가 강하지만 실은 그렇지도 않다.

이는 그의 경력에서도 알 수 있다.

해임 직전까지 간 노제독

열여섯 살 때 사쓰에이 전쟁에 처음 참전하였고 스물한 살 때 보신 전쟁도 경험하지만, 그 후 큰 전쟁이 없었기 때문에 이렇다 할 전공을 세우지 못하고 세월만 보냈다. 그런 그가 마흔여섯 살이 되던 해 일본 해군에는 격랑이 일었다.

당시의 일본 해군에는 근대 해군의 지식도 갖추지 못한 채 '고잇신御一新[3]의 공로자'라는 이유만으로 위세를 떨치고 다니는 무능한 장군이 수두룩했는데 이것이 해군의 걸림돌이 되고 있었다.

이에 불안을 느끼고 있던 야마모토 곤노효에(해군대신 관방주사)가 다가올 청일전쟁에 대비해 해군의 대대적인 인원감축을 단행했다. 인원감축의 대상은 장성급 8명, 위ㆍ영관급 89명, 합계 97명이라는 세계에서도 그 유례를 볼 수 없는 일대 쇄신이었다. 게다가 그 인원감축 명부에는 '도고 헤이하치로'의 이름도 들어 있었다고 하는데,[4] 이것만 봐도 도고가 주위로부터 별로 기대를 받지 못하는 군인이었다는 것을 알 수 있다.

간신히 살아남은 도고는 이듬해 발발한 청일전쟁에서 순양함 '나니와'의 함장으로 풍도 해전, 황해 해전, 웨이하이 해전 등 일선에서 활약했다. 그러나 모처럼 활약할 수 있는 장을 얻었는가 싶었지만, 그때의 격무가

---

3 메이지 유신을 말한다.
4 마지막 단계에 인원감축의 대상에서 제외되었다고 한다.

빌미가 되었는지 전후 병에 걸려 현역에서 예비역으로 물러났다.

훗날 복직되었지만 도고는 주변 사람들에게 아부를 떨거나 교섭할 수 있는 성격이 아니었기 때문에[5] 한직[6]으로 쫓겨나서 우울한 나날을 보내게 되었다.

이때 도고 헤이하치로의 나이 쉰다섯 살. 이미 노령에 접어들었으니 그대로 한직에서 예비역으로 전역할 것이라고 누구나 생각했다.

갑작스러운 대발탁. 그 이유는?

그런데 그러던 어느 날. 도고는 해군대신이 된 야마모토 곤노효에의 갑작스런 부름을 받았다.

"연합함대 사령관에 임명한다."

이렇다 할 실적도 없고, 이미 한직으로 물러나 있던 노장이 연합함대의 사령관이 된 것이다.

"화와 복은 마른하늘의 날벼락처럼 찾아온다."

행운도 재액도 갑자기 찾아온다.

이번 인사에는 도고 자신도 적잖이 놀랐다.

화와 복이 언제 찾아올지는 아무도 모르기 때문에 그것이 행운이든 재액이든 어느 쪽이 언제 찾아와도 될 정도로 '준비'를 게을리 하지 말

5　자리가 하나 비면 그 자리는 바로 다른 누군가에 의해 채워진다. 돌아왔을 때 같은 자리에 앉기 위해서는 아무래도 '교섭'을 해두어야 하지만, 과묵하고 정직한 도고 헤이하치로는 교섭이란 것을 할 줄 몰랐다.
6　마이즈루 진수부舞鶴鎭守府의 초대 사령관. 이것을 '한직'이라고 봐야 하는지 어떤지는 의견이 분분하지만 적어도 도고 본인은 그렇게 인식하고 있었던 것 같다.

아야 한다. 그 준비를 할 수 있는 자만이 행운이 오면 그것을 잡고, 재액이 오면 그것을 피할 수 있다.

도고 헤이하치로가 갑작스럽게 주어진 중책을 멋지게 완수할 수 있었던 것도 평소의 꾸준한 노력 덕분이었을 것이다. 그렇다 하더라도 이번 인사는 너무나도 뜻밖이어서 메이지 천황이 직접 그 진의를 물을 정도였다.

"짐[7]은 어디까지나 그대를 신뢰하오만, 사람들 중에는 도고를 불안하게 보는 자도 많은 듯하오."

야마모토가 대답한다.

"도고는 운이 좋은 사내이니까요."

대발탁의 이유가 달리 있을 법도 한데 고작 '운이 좋은 사내이니까.'라는 것이다. 얼핏 들으면 참으로 무책임한 이유라고 받아들일 수도 있겠지만, 훗날 이 말은 깊은 의미를 갖게 된다.

러일전쟁의 전환점

그런데 러일전쟁이 발발하자 개전 초기만 해도 대수롭지 않게 여겨지던 여순이 전략상 매우 중요한 의미를 갖는다는 것을 깨닫게 된다. 그리고 전쟁이 이어지는 동안 전략상 여순에 정박해 있던 러시아 함대가 블라디보스토크에 입항하면 이 전쟁은 일본이 지게 되는 상황이었다.

그러던 차에 러시아 황제 니콜라이 2세가 칙령을 내린다.

---

7 천황의 자칭 '나'.

"여순 함대는 즉시 출항하여 블라디보스토크에 입항하라!"

이렇게 해서 여순항에서 나온 러시아 함대와 일본의 연합함대가 격돌하게 된다.

이른바 '황해 해전'이다.

도고 사령관은 이때를 대비해 '지모가 솟구치는 것 같다.'고 높은 평가를 받고 있는 아키야마 사네유키[8]를 참모로 삼아 대책을 강구하고 있었다.

'정丁자 전법.'

아키야마 참모가 여순 함대를 공격하기 위해 수차례에 걸쳐 퇴고에 퇴고를 거듭하며 다듬고 또 다듬은 작전이다. 그런데 이때 정자 전법의 진형에 너무 구애된 나머지 훗날 사가들로부터 '이해할 수 없는 함대 운동'이라고 혹평을 받는 움직임을 취해서 여순 함대가 도망칠 수 있는 빌미를 제공한다.[9]

정신을 차렸을 때 여순 함대는 이미 대양 저편에 있었다.

당시 연합함대는 최고 속도가 15노트 반, 여순 함대는 14노트였다. 연합함대의 속도가 조금 빠르다고 해도 이때 일몰까지는 고작 네 시간밖에 남지 않은 상황이었다. 레이더도 없는 시대에 일단 일몰이 되고 나면 바다는 칠흑 같은 어둠에 휩싸여 적함이 바로 옆에 있어도 모르는 상태가 된다.[10]

일몰이 되기 전에 적을 쫓아가는 것조차 절망적인데 심지어 격멸까지

---

8 이때 아키야마의 나이 서른일곱 살 시바 료타로의《언덕 위의 구름》의 주인공으로도 유명하다.
9 이때 비로소 '정자 전법은 전의가 없는 적에겐 통하지 않는다.'는 것이 판명된다.
10 소등하고 있을 때에 한해서.

완료해야 하건만 그러기에 남은 시간은 단 네 시간. 누가 봐도 '불가능'한 일이었다.

절망 속에서 내린 결단

사태가 이 지경에 이르자 모든 노력은 헛수고, 허사, 무의미.

누구나 그렇게 생각했다.

"내 사전에 불가능이란 글자는 없다!"

그렇게 호언[11]한 나폴레옹이 이 자리에 있었다고 해도 하늘을 올려다보며 센트 헬레나로 유배될 것을 각오했을 것이다.

그러나 여기서 여순 함대를 놓치는 것은 그대로 러일전쟁 전체의 패배를 의미했고, 그것은 다시 말해서 일본의 멸망을 의미했다.

사태의 심각성에 그 자리에 있던 사람들은 모두 마음이 쪼그라드는 것 같았다. 하물며 최고 사령관인 도고 헤이하치로의 심정이야 오죽했겠는가.

절망감에 휩싸인 '미카사'의 함상에서 도고 함장은 부하들에게 조용히 명령을 내린다.

"전속력으로 전진! 적 함대를 쫓아라!"

뭐? 이 상태에서 적함을 쫓는다고?

쫓아가서 어쩌려고? 따라잡을 수도 없을 텐데?

"하, 하지만 제독님! 이미……"

---

11 이 말에 대해서는 '표현이 다르다.' '애초에 그런 말을 하지 않았다.' '말했지만 오역이다.' 등등 여러 설이 있다.

"……쫓아라."

"가능한 일도 불가능하다고 생각하면 할 수 없다. 불가능한 일도 가능하다고 생각하면 할 수 있다."

일이 성공하느냐, 성공하지 못하느냐는 신만이 알고 있다. 도량이 좁은 사람은 자신의 얕은 지혜로 추정하고 멋대로 '실패'라는 답을 이끌어 낸 뒤 해보지도 않고 포기해버린다. 이런 사람에게 '행운의 여신'이 미소를 지을 일은 절대로 없다.

도고 헤이하치로는 여기서 포기하지 않고 추격을 명했다.

아직 무슨 일이 일어날지 아무도 모른다!

그러나 더 이상의 추격이…….

"제독님! 메인마스트가 부러질 것 같습니다!"

실은 방금 전 여순 함대와 접촉했을 때 메인마스트의 밑동이 총알에 맞아 끼익끼익 비명을 지르고 있었다. 이것이 부러지기라도 하면 속도가 현저하게 줄어들어 더 이상의 추격은 불가능해진다.

"이대로 전속력으로 가다간 메인마스트가 부러집니다! 제독님! 속도를 늦추십시오."

이 말에 도고의 대답은 한마디였다.

"불가한다. 이대로 전속력 전진!"

여기서 속도를 떨어뜨리면 도저히 쫓아갈 수 없다. 메인마스트가 부러져도 끝장이다.

이런 절망적인 상태에서 세 시간 여가 흘렀고, 마침내 해가 기울기 시작했다.

"일몰이 곧……. 역시 틀렸는가……."

그런데 그때! 수평선에서 여순 함대가 보이기 시작했다.

"제독님!! 적함입니다. 여순 함대를 따라잡았습니다."

함 내에 환호성이 울려 퍼졌다.

"행운의 여신은 포기하지 않는 자에게만 미소를 짓는다."

하지만 어떻게? 어떻게 따라잡을 수 있었을까?

도망치는 여순 함대도 물론 필사적이었다. 여하튼 배의 최고속도는 자기들이 느릴 테니까. 이렇게 엔진을 풀가동하며 전속력으로 도망치다가 2번 함정인 '레트비잔'이 엔진 고장을 일으켰던 것이다.

여순 함대의 총사령관 이와노프에게는 '레트비잔을 버리고 자기들만 블라디보스토크로 도망친다.'는 선택지[12]도 있었지만, 그는 그것을 비겁하다고 생각하는 인물이었다.

정말로 '기적'은 일어났다. 만약 도고가 '이제 도저히 따라잡을 수 없다.'고 추격을 포기했다면 붙잡을 수 없었던 행운이다.

---

12 만약 그 선택지를 선택했다면 일본은 멸망했을 것이다. 그러나 이와노프는 말했다. "동료를 버리고 간다는 건 나로서는 도저히 용납할 수 없다!"

정말로 "행운의 여신은 포기하지 않는 자에게만 미소를 짓는다." "하늘은 스스로 돕는 자를 돕는다."는 말 그 자체였다.

역사를 바꾼 '운명의 한 발'

그러나 아직 이것으로 끝난 것은 아니었다. 따라잡기는 했지만 이제 시간이 없었다. 일몰까지는 앞으로 얼마 남지 않았다. 그 짧은 시간에 여순 함대를 궤멸시켜야 한다.

이번 해전은 전략상[13] 일본의 '완승'만이 승리 조건이었다. 무승부는 생각지도 않았고, 우세승조차 허락되지 않았다.

게다가 불과 세 시간쯤 전에 이때를 대비해 다듬고 다듬은 비책인 '정자 전법'이 통하지 않는다는 것이 판명되었다.

당시 전함의 대포라는 것은 '조준해서 맞힌다.'는 물건이 아니었다. 수십 발, 수백 발을 쏘고도 그 거대한 함체에 흠집조차 내지 못하는 형편없는 정밀도를 갖고 있었다. 정말이지 놀라울 정도로 명중률이 낮았다.[14]

그리고 가령 적함에 명중했다 해도 두꺼운 장갑에 맞으면 한 발이나 두 발로는 침몰하지 않는다.

그렇기 때문에 해전이라는 것은 결말이 나는 데 시간이 걸리는 것이 상식이었다.

더 이상 시간이 없다!

믿을 만한 전술도 없다!

---

13 전략과 전술의 차이에 대해서는 이 책의 4장을 참조.
14 종종 "적함의 두꺼운 장갑을 맞히는 것이 아니라 사령실에 처넣어주면 한 발로 끝인데."라고 말하는 사람도 있는데, 적함대의 큼지막한 옆구리를 맞히는 것도 어려운데 하물며 '점' 같은 사령실에 명중 시키는 것은 상식적으로 생각해도 절대로 불가능했다.

게다가 완벽한 승리가 필요하다!

어렵게 쫓아왔는데 아직 희망의 빛은 보이지 않았다.

"행운이 더 큰 행운을 부른다."

그런데 여기서 또다시 '기적'이 일어난다.

개전 직후 '운명의 한 발'이라 불리는 포탄 한 발이 기함 '체자레비치'의 사령실에 명중한 것이다. 상식적으로는 생각할 수 없을 정도로 기적적인 확률이지만 이 한 발로 기함 사령부의 인간들이 순식간에 사라져 버린다. 아니, 이때는 아직 함장 이와노프만이 마지막 숨을 할딱이면서 살아 있었다.

기함은 모든 함선의 사령탑이다. 그 기함이 기능을 상실했다면 즉각 '기함권 위양 신호'를 2번함에 보내야 한다. 그렇지 않으면 함대 전체가 항로를 벗어나 헤매게 된다.

그런데 이와노프가 신호를 보내려고 한 바로 그 순간! 또 한 발의 '운명의 한 발'이 사령실로 날아들어[15] 사령실을 완전히 없애버렸다. 게다가 그 사실을 2번함 이하 후속함이 전혀 알아채지 못했다는, 상식적으로는 생각할 수 없는 상황이 벌어졌다.

이것만으로도 충분히 '기적'이라고 할 수 있지만, 상상도 할 수 없는 기적이 연달아 일어난다. 이때 조타수가 타륜을 왼쪽으로 돌려버리는

---

15 즉 '운명의 한 발'은 두 발이었던 셈이다.

바람에 기함 '체자레비치'의 뱃머리가 갑자기 크게 돌기 시작했던 것이다. 이것을 본 2번함은 당황했다.

"왜지? 왜 기함이 이런 전황에서 방향타를 꺾은 거야!?"

"모르겠습니다!! 하지만 우리는 기함을 따르는 것이 군율입니다!"

"으으음, 어쩔 수 없지. 우리도 방향타를 꺾는다!"

설마 기함의 사령실이 이미 소멸되었으리라고는 상상조차 못하고 2번함 이하도 기함을 따라 방향타를 꺾었다. 그렇게 되자 여순 함대의 진형은 금방 우로보로스[16] 상태, 즉 기함이 후미 배로 돌진하는 모양이 되어 함대는 큰 혼란에 빠졌다.

여순 함대는 그야말로 '손도끼에 머리가 떨어져나간 뱀' 같은 꼴이 되었고, 그것을 향해 연합 함대는 집중 포화를 퍼부어서 대승[17]을 거두었다.

이기더라도 방심하지 말고 더욱 조심하라

기적, 기적, 기적의 연속에 전후 사토 데쓰타로[18]와 나시바 도키오키[19]가 아래와 같은 대화를 나누었다.

나시바 "사토. 일본이 이긴 것은 무엇 때문인 것 같은가?"

사토 "6할은 운이었지."

나시바 "맞아. 정말로 운이 좋았어. 그건 나도 절실히 느끼네. 그런데 문제는 나머지 4할이야! 현장에 있었던 자네의 생각을 듣고 싶군."

---

16 자기 꼬리를 입에 문 뱀의 모양.
17 노빅이 침몰, 체자레비치, 아스콜드, 디아나는 무장 해제, 그 외의 함선은 여순으로 도망치는 데는 성공했지만 수리할 수 없을 정도로 파괴되어 다시는 출격할 수 없는 상태가 되었다. 정말이지 기적과 우연과 요행과 행운과 신조와 천우가 한꺼번에 겹쳐서 일어나는 바람에 승리할 수 있었던 것이다.
18 러일전쟁 때 해군 소장, 제2함대 참모.
19 러일전쟁 때 해군 소장, 제1함대 사령관.

사토	"나머지 4할도 운이었네."
나시바	"잠깐만, 사토. 6할도 운, 4할도 운이면 전부 운이지 않은가?"
사토	"맞네. 그러나 앞의 6할은 하늘이 준 운. 나머지 4할은 우리가 죽음을 무릅쓰고 갖은 노력을 거듭한 끝에 스스로의 손으로 거머쥔 운이네."

"행운은 네 잎 클로버."

네 잎 클로버는 좀처럼 찾을 수 없다.[20] 하지만 반드시 손이 닿는 곳에 있다. 찾으면 찾을 수 있지만 찾지 않으면 찾을 수 없다.

행운도 이와 비슷하다.

눈에 보이는 곳에는 좀처럼 없지만 손을 조금만 뻗으면 닿는 곳에는 굴러다니고 있다.

많은 사람들은 찾아보지도 않고, 노력도 하지 않고, '도저히 안 된다.' 고 포기한다. 이것이 많은 사람들에게 행운이 찾아오지 않는 큰 이유다.

단, 불행과 행운은 카드의 앞뒷면과 같다.

"행운은 불행의 등 뒤에 숨어서 찾아온다."고 하는데 그 반대도 그렇다. 불행 역시 행운의 등 뒤에 숨어서 찾아온다.

그 점을 우려한 도고 헤이하치로는 전후 연합함대의 해산식에서 이렇게 말했다.

---

20 네 잎 클로버의 발견 확률은 1만분의 1 정도.

"이겼다고 방심하지 말고 더욱 조심하라!"

그러나 그의 말은 일본인의 마음에는 닿지 않았다.

"일본은 신국神國이다."

"대국 러시아조차 이겼다! 신국 일본은 어떤 대국과 싸워도 질 리가 없다!"

러일전쟁은 실로 기적의 연속이었다.

그 행운이야말로 머지않아 일본이 제2차 세계대전이라는 파멸의 길로 힘차게 돌진하는 큰 계기가 되었다.

야마모토 곤노효에로부터 '운이 좋은 사내'라는 평가를 받은 도고였지만, 그것은 '어떤 일에도 흔들리지 않는 담력'과 '결코 포기하지 않는 기개'라는 그의 기질이 밑바탕에 있었기 때문일지도 모른다. 해전 중 적의 포탄이 눈앞에서 터져도 절대로 움직이지 않는 그였다. 그런 정신이 황해 해전에서의 행운을 불러들이게 되었다.

도고 헤이하치로

쓰시마 해전의 승인은 황해 해전의 실패

황해 해전에서 신승하자 러시아는 곧이어 발틱함대를 투입한다.

일본은 황해 해전에서 '전의가 없는 상대에게 정자 전법은 통하지 않는다'는 것을 알았기 때문에 훈련에 훈련을 거듭하며 전법 개량이라는 만전의 태세를 갖추고 발틱함대를 기다린다.

쓰시마 해전에서 승리할 수 있었던 것은 그 덕분이다. 만약 자칫 잘못해서 황해 해전에서 쾌승이라도 했다면 우쭐해진 해군은 쓰시마 해전에서 대패하여 일본은 멸망했을 것이다.

그러나 그 승리야말로 일본을 우쭐하게 만들어서 그 후 일본은 제2차 세계대전까지 자멸의 길을 걷게 된다.

그런데 이번엔 제2차 세계대전에서 패함으로써 일본의 암적 존재가 된 군부를 소멸시킬 수 있었고, 그것이 전후 '기적의 부흥'에서 거품 경제로 이어진다. 그리고 그 거품 경제기의 호황이 일본 사회를 구석구석 부패의 길로 이끌었고, 현재에 이르기까지 경제 침체를 야기하는 원인이 된다.

모든 것은 인과응보, 새옹지마다.

3장

백전백승은 최선이 아니다

이기면 이길수록 패배로 다가간다.

강한 자일수록 약하고, 약한 자일수록 강하다.

연전연승! 백전백승!

겉보기에 화려하고, 기세도 느껴지고, 사기도 올라간다. 사람들로부터 상찬을 받고 이긴 당사자도 기분이 좋다. 온통 좋은 일만 있을 것 같은 생각이 든다.

그러나 중국의 병법가 손자는 이를 충고하며 말했다.

"무릇 용병의 방법은 적국을 온전하게 두고 이기는 것이 최선책이요, 적국을 파괴하고 이기는 것은 차선책이다. 백전백승은 최선의 최선이 아니다. 싸우지 않고 적병을 굴복시키는 것이 최선의 최선이다."

즉 '싸워서 이기는' 것은 그렇게 할 수밖에 없는 상태에 몰렸을 때 취할 수 있는 '최후의 수단'에 지나지 않는다. 항상 어떻게 하면 '싸우지 않고 이기는 방법'에 대해 고심하는 사람이야말로 진정한 명장이다. 이런 의미다.

백전백승을 부정적으로 받아들이는 것에 위화감이 있을지도 모르지만 역사를 배우다 보면 이 말이 백퍼센트 진리라는 것을 깨달을 수 있다.

"시합에는 이기고 승부에는 진다."

강한 사람, 지혜로운 사람, 뛰어난 사람.

그런 사람일수록 이기는 것에 기쁨을 느끼며 바로 승부를 내고 싶어 한다.

그러나 눈앞의 작은 승부에 이기면 이길수록 전체적으로는 패배로 계속 다가갈 뿐이다.

노자가 말하길 "있는 그대로의 선한 마음으로 행하는 도인이라면 무력을 쓰지 않고, 있는 그대로의 선한 마음으로 적을 이기는 것은 적과 맞부딪치지 않는 것이다."라고 했다.

정말로 뛰어난 사람은 무턱대고 무력에 의존하려고 하지 않고, 강한 자일수록 싸움을 극력 반대한다는 의미다.

이번 장에서는 그러한 것을 역사상의 사실로부터 배우도록 하겠다.

05
한신
c. 230 B.C.~196 B.C.

진나라 말기에서 한나라 초기, 유방 휘하의 무장.
소하, 장량과 함께 삼걸로 불리며,
소하에게 '국사무쌍'이라고 절찬을 받은 영걸.

"나뉜 뒤 오래되면 반드시 합쳐지고, 합쳐진 뒤 오래되면 반드시 나
뉜다."

《삼국지연의》에서 나관중도 간파했듯이 춘추시대(770 B.C.~403 B.C.)
와 전국시대(403 B.C.~221 B.C.)[1]의 500년 이상이라는 오랜 세월을 거치
며 전란을 거듭하던 중국도 마침내 통일을 향해 나아가기 시작할 무렵
한신이 태어났다.

그의 소년 시절 진 시황제에 의해 일단 중국은 통일되었지만, 얼마 후
다시 분열되어 여러 왕들이 난립하는 시대로 돌아갔다. 그 와중에 등장
한 것이 바로 항우와 유방이다.

1 　동주 왕조 시대(771 B.C.~256 B.C.)와 거의 일치하는 제후가 할거한 시대.

일개 병사에서 대장군으로

한신은 재능이 뛰어난 인물이었지만 신분이 낮고 연줄도 인맥도 없었다. 그리고 아무런 실적도 없는 풋내기였기 때문에 좀처럼 싹수가 보이지 않았다.

신상이 그런 사람은 자신의 재능을 알아보고 끌어올려주는 사람을 찾아야만 한다. 그래서 그는 처음에 여러 왕들 중에서도 제일 뛰어났던 항우를 섬겨보았지만 그의 헌책[2]은 전혀 받아들여지지 않았다. 만부부당 萬夫不當의 맹장이기도 하고 자신감 과잉으로 오만한 데가 있는 항우는 신하의 의견에 별로 귀를 기울이지 않는 타입[3]이었기 때문이다. 뛰어난 군사인 범증의 의견조차 듣지 않는 경우가 많은 그가 이름도 없는 잡병의 헌책 따위에 귀를 기울일 리도 없었다.

결국 한신은 머지않아 항우를 버리고 이번엔 그의 경쟁자인 유방의 수하로 들어간다.

유방은 자신이 정치는 물론 전쟁에도 서툰 것을 알고 신하의 의견을 존중한다는 소문을 들었기 때문이다. 그런데 실제로 유방의 밑으로 들어가보니 역시 이름도 없는 풋내기인 한신에게는 '연오連敖'[4]라는 직책밖에 주어지지 않아 한가로운 나날을 보낸다.

그러나 어떤 사건[5]을 계기로 하후영의 눈에 띄어 승상인 소하에게 소개되었다.

소하는 한눈에 한신의 재능을 알아보고 유방에게 그를 등용하라고 진

---

2 하급자가 상급자에게 계획 등을 제안하는 것.
3 그것이 결국 한신은 도망가고 범증도 포기하는 원인이 된다. 남의 의견에 귀를 기울이지 않는 사람은 아무리 뛰어난 재능이 있어도 결국에는 몰락한다.
4 접대 담당.
5 사건의 자초지종은 잘 모른다. 한신은 어떤 사건에 연루되어 처형되기 직전이었다.

언했다. 이로써 마침내 한신의 인생에도 서광이 비추는가 싶었지만 정작 유방이 '어디 출신인지도 모르는 풋내기'를 등용하는 데 마음이 내키지 않아 일단은 '치속도위治粟都尉'[6]라는 자리를 주며 어물쩍 넘어가려고 했다.

한신은 상관이 아직 자신의 재능을 모를 때는 자신을 잡병 취급하는 것이 어느 정도 어쩔 수 없다고 생각했지만, 상관의 눈에 띄었음에도 불구하고 고작 '치속도위'에 임명된 것은 참을 수가 없었다.

'그런가. 유방의 나에 대한 평가가 이 정도인가. 항우와 다를 게 없구나. 그렇다면 난 여기에도 볼일이 없다.'

한신은 즉각 한을 버리고 도망쳐 달아난다.[7]

"성공의 반대말은 '실패'가 아니다."

항간에서 흔히 착각하는 것이 '성공의 반대말은 실패'라는 것이다. 초등학교 시험이라면 그렇게 대답해도 되지만 인생의 시험이라면 틀린 답이다.[8]

'실패는 성공의 어머니.'라는 격언이 있을 정도로 실패는 성공의 반대말이기는커녕 '성공의 일부'라고 생각해도 될 정도다.

성공하기 위해서는 실패가 필수조건이다.

인생은 실패로부터 시작된다.

---

6 병참 관리 담당.
7 당시 항우와 유방 외에도 '왕'을 칭하는 자가 열여덟 명이나 있었기 때문에 자신의 재능을 인정해주는 왕을 찾을 생각이었다.
8 학교 시험의 답과 인생 시험의 답이 다르다는 것은 왕왕 있는 일이다. 일류대학을 나온 사람이 반드시 성공하지 못하는 것도 여기에 한 원인이 있다.

실패야말로 성공으로 가는 이정표다.

그럼 성공의 반대말은 무엇일까? 그것은 '행동을 일으키지 않는 것.' 이다. 행동을 일으키지 않으면 성공할 수 없을 뿐만 아니라 실패조차 할 수 없다.

역사를 들여다보면 '성공한 사람'은 반드시 '행동력을 동반'했다.[9]

생각나면 바로 행동한다! 때때로 그것이 폭주의 경향을 보이며 실패에 이르는 경우도 있지만, 그러나 그 또한 '성공'의 이정표다.

이때의 한신도 '자신을 인정해주지 않는다.'고 깨닫자 즉각 행동에 나선 것이었다.

한신이 도망친 것을 안 소하는 깜짝 놀라서 즉시 한신을 쫓아 관문을 나선다. 그러자 이번에는 소하까지 도망갔다고 착각한 유방이 몹시 놀란다. 한신을 설득하고 돌아온 소하를 유방은 질책한다.

"너 같은 자가 어찌 나를 버리고 도망간 것이냐!?"

"도망간 것이 아닙니다. 한신을 돌아오게 하기 위해 그를 쫓아간 것입니다. 그는 '국사무쌍國士無雙[10]입니다! 그가 없이 천하는 바랄 수 없습니다!"

이렇게 하여 마침내 한신은 '치속도위'에서 '대장군'에 임명되기에 이르렀다.

만약 그가 '행동력이 없는 인물'이었다면? 인정받지 못하는 나날이 계속되어도 '행동'에 옮기지 않고 막연하게 세월만 보내고 있었다면?

---

9 뛰어난 재능을 갖고도 출세하지 못하고 사라지는 사람이 있다. 아무리 재능이 뛰어나도 행동하지 않으면 그 재능이 싹을 틔우지 못하기 때문이다.

10 '천하에 대적할 만한 상대가 없는 뛰어난 인물'이라는 뜻. 이때 소하가 한신을 칭찬하며 한 말.

유방은 모처럼 '국사무쌍國士無雙'이라는 보물을 얻고도 이를 활용하지 못한 채 썩히는 꼴이 되었을 것이다. 한신 또한 아무리 세월이 흘러도 누구 하나 그의 재능을 알아주지 못해서 역사 속에 매몰되어 썩어버렸을 것이다.

연전연승! 그러나……

그런데 이 무렵의 유방은 항우에 의해 변경으로 좌천되어[11] 세력이 약해져 있었지만, 국사무쌍 한신을 얻음으로써 다시 세력을 회복하고 관문을 나오자마자 단숨에 그 북쪽을 막고 있던 '삼진三秦',[12] 그러니까 옹왕(장감)·새왕(사마흔)·적왕(동예)을 잇달아 공격하여 항복을 받아낸다.

한신의 지휘채가 모든 전투에서 위력을 발휘하며 그야말로 연전연승!

이 위세를 눈앞에서 보고 항우의 처우에 불만을 품고 있던 여러 왕들이 속속 한군에 가담하여 어영부영하는 사이에 56만 명이라는 대군이 되었다. 그리고 그들은 항우의 거점인 팽성에 쓰나미처럼 밀어닥쳤다.

당시 항우는 제나라에 출병 중이어서 팽성은 비어 있었다. 그야말로 '주인이 없는 사이에' 팽성은 어이없이 함락되어 누구나 '이제 천하통일은 머지않았다.'고 생각했다.

한신을 제외하고는.

"나무로 쌓은 탑은 가장 높을 때 무너진다."

---

11 현재의 산시 성 남서단 일대로 깎아지른 산맥에 가로막혀 벼랑길만이 라이프라인이라는 육지의 고도孤島와 같은 벽지였다. 참고로 좌천이라는 말은 이때의 유방을 가리켜 생긴 말이라고 한다.
12 진나라의 항장降將.

나무로 탑을 쌓으면 순식간에 높이 쌓을 수 있다. 그 거탑을 앞에 두고 보는 사람은 압도된다. 그러나 나무로 쌓은 탑은 높으면 높을수록 불안정해져서 콧바람 정도로도 쉽게 무너질 위험을 안고 있지만, 겉으로 드러난 위용에 정신을 빼앗겨서 사람들은 좀처럼 그 위험을 알아채지 못한다.

이때의 한군도 단기간에 56만 명이라는 대군이 되었기 때문에 그 위용을 앞에 두고 유방은 일찌감치 승리를 확신하고 있었다. 그러나 내부 사정은 사치가 군 전체에 만연하고, 정신은 해이하고, 군율이 문란한 오합지졸에 불과했다.

한신은 이러한 위기적 상황을 즉시 유방에게 진언했지만, 이미 자만심에 젖은 유방에게는 아무 소리도 들리지 않았다.

'이거 위험할지도 모른다……'

한신의 불안은 적중했다.

팽성이 함락되었다는 보고를 들은 항우는 격노했다.

"이놈, 유방! 내가 없는 틈을 노렸구나!"

항우는 고작 3만 명의 수하를 이끌고 제나라에서 회군하여 팽성에서 승리에 도취되어 군율이 문란해진 한 연합군을 공격한다.

항우의 공격으로 56만 명의 대군은 순식간에 대혼란에 빠져서 궤멸 당한다.[13] 한 연합군은 20만 명이나 되는 군사를 잃으면서 후퇴를 거듭하다 형양[14]에서 일단 연합군이 완전히 붕괴되는 것을 막고 수습하지만, 역사상으로도 보기 힘든 이 패퇴에 동맹을 맺고 있던 나라들이 일제히

---

13 팽성 전투(205 B.C.).
14 현재의 뤄양과 카이펑 인근에 있는 도시.

한나라를 등지게 된다.

그럭저럭 완전히 붕괴되는 것을 막았다고는 해도 여전히 위태로운 정세였다.

이러한 정세 속에서 유방은 한신을 부른다.

"한신, 미안하오. 그대가 충고한 대로 되었군. 이번 패전으로 위魏, 대代, 조趙가 우리를 등졌소. 별동대를 내줄 테니 즉시 출격해주시오."

동쪽의 초楚와 적대 관계에 있는 지금 이 시점에서 이 삼국(위, 대, 조)이 초와 결탁하여 북쪽에서 공격해오면 한나라는 끝장이다.

이렇게 해서 한신은 북벌을 개시하자마자 또다시 그 진가를 발휘하여 우선은 10만 군대를 이끄는 위를 깨끗이 격파하고,[15] 이어서 대를 평정, 연전연승하면서 조나라로 진군한다.

패장에게 고개를 숙인 이유

그러나 조는 위나 대처럼 쉽게 격파할 수 있는 상대가 아니었다.

조는 20만 대군을 이끌고 있는 데다 현인賢人으로 이름이 높은 군사 이좌거가 있었다. 그에 비해 한신군은 이때 고작 3만 명. 상식적으로 생각해도 도저히 뒤엎을 수 있는 병력 차가 아니었다.

그러나 여기서도 한신은 그 유명한 '배수의 진'을 활용하여 겨우 한나절 만에 이를 격파해버린다.[16] 그야말로 연전연승이었다. 한신 앞에 대적할 만한 적은 없었다.

---

15 목앵의 계. 나무 항아리로 뗏목을 만들어서 강을 건너 적을 기습했다.
16 정경 전투.

이 기세를 이어 그대로 단숨에 연나라와 제나라로 진군할 것이라고 누구나 생각했다.

"연전연승은 패배로 가는 이정표."

그런데 한신은 생각하는 바가 있었는지 무슨 이유에선지 즉각 군사를 움직이지 않고 조왕 헐, 재상 진여를 처형한 후 포박되어 있던 조의 군사 이좌거를 데리고 오라고 한다.

"조왕, 진여 님에 이어 결국 내 차례인가……."

이좌거도 죽음을 각오하고 한신 앞에 엎드리자 무슨 까닭인지 포승을 풀더니 상좌에 앉혔다.

"이게 무슨 장난이오?"

당황하는 이좌거에게 한신은 고개를 숙였다.

"선생! 나는 이제부터 연과 제를 쳐야 하는데 그 방책에 대해 부디 가르침을 부탁드립니다!"

한신은 역사에 그 이름이 남을 만한 명장 중의 명장이다. 그런 한신이 방금 토벌한 패장에게 고개를 숙이고 가르침을 청하다니 도대체 어떻게 된 일일까?

그것은 한신이 '전술'에 있어서는 그를 능가하는 자가 없지만, 특히 '전략'[17]에 관해서는 조금 어두웠기 때문이다.

---

17 전술과 전략의 차이에 대해서는 이 책의 4장 참조.

"모르는 것을 묻는 것은 한때의 수치, 묻지 않는 것은 평생의 수치."

인간은 일단 높은 지위에 오르거나, 나이를 먹거나, 한 가지 재능을 타고나거나 하면 그 자부심이 훼방을 놓는지, 얕보이지 않으려는 기분이 작용하는지, 어린 후배나 부하에게는 좀처럼 가르침을 청하지 못한다.

그러나 인간은 모든 것에 만능이 아니다. 아무리 뛰어난 인물이라도 어딘가 모자란 부분은 있다. 그것을 순순히 인정하고 자기보다 뛰어난 인물에게 고개를 숙이고 가르침을 청할 수 있느냐 없느냐가 인간의 '그릇'과 '도량'의 크기를 가른다.

한신에게는 그것을 주저하지 않을 수 있는 도량이 있었다.

이와 관련된 일화가 있다.

한신이 아직 젊었을 때 거리의 불량배와 시비가 붙은 적이 있었다.

"어이, 한신! 네놈은 덩치만 컸지 내가 보기엔 겁쟁이다! 분하면 허리에 찬 칼로 내 가슴을 찔러봐라! 쳇, 너 같은 겁쟁이가 과연 할 수 있을까?"

한신이 잠자코 있는 것을 보고 불량배는 더욱 거만해졌다.

"역시 못하겠지? 못하겠으면 내 다리 사이로 기어가라!"

중국에서는 남자가 남의 다리 사이로 기어가는 것을 가장 큰 수치로 여긴다.[18]

한신이라면 이따위 똘마니를 베어 죽이는 것쯤은 아무 일도 아니었지

---

18 성룡의 출세작 〈취권〉에도 쿵푸 대결에서 진 주인공이 "철심 님 다리 사이로 기어가라!"라는 말을 듣고 분한 나머지 그 표정을 일그러뜨린 장면이 있다.

만 그랬다간 수배범만 될 뿐 아무런 득이 되지 않았다. 그는 '수치는 한때, 뜻은 평생'이라고 다리 사이로 기어가는 것을 주저하지 않았다.

대의를 앞두고 작은 '수치' 따위는 아무것도 아니다. 하물며 패장에게 가르침을 청하는 일은 그에게 수치도 아니었다.

"선생! 부디 부탁드립니다!"

그렇게 고개를 숙이는 한신에게 이좌거도 공손히 대답했다.

"알겠습니다. 고개를 드십시오. 지금 귀공은 연전연승의 여세를 몰아 이대로 연을 칠 생각인 것 같은데 그만두는 게 좋소. 연을 무찌르는 것은 아무리 한신 님이라도 지난한 일입니다."

"무슨 연유로 그런 말씀을 하십니까?"

"연전연승이라 하면 듣기에는 좋지만 그러기 위해서 한군은 이미 피폐해질 대로 피폐해졌습니다. 사기는 떨어졌고, 이런 상태에서 연을 침략해도 장기 농성전이 되는 것은 기정사실. 시간이 흐르면 흐를수록 사기는 더 떨어질 테고, 그 사이에 제나라도 원군으로 올 것입니다."

"과연. 그럼 어떻게 하면 되겠소?"

"여기서 군사들을 쉬게 하면서 군사들의 예기銳氣를 키움과 동시에 조나라 백성들을 위로하는 것입니다. 그렇게 해두고 나서 연을 공격하는 시늉을 해 보이면서 사자를 파견해 항복을 촉구하는 것입니다. 이렇게 하면 연은 싸우지 않고 항복할 것입니다. 연이 항복하면 제도 화친을 청해올 것입니다."

한신이 이좌거의 말대로 하자 연은 싸우지 않고 화친을 청해왔다.

그야말로 '싸우지 않고 이긴' 것이다!

이로써 군사를 한 명도 잃지 않았을 뿐만 아니라 조나라 백성의 신뢰를 얻어 배후의 불안 요소를 차단하고 연나라 군사를 흡수하여 대군이 된 한신군은 사기가 높아져서 제나라로 진군하는 것이 가능해졌다.

"이기면 이길수록 패배로 다가간다."

그렇다면 항우는 어땠을까? 그 역시 대적할 만한 적이 없는 '패왕'의 이름을 얻기까지 승승장구하고 있었다. 그러나 그는 저항하는 자가 있으면 언제나 싸워서 이기고, 이기고, 계속 이겼다.

그 결과.

아군 병사들은 점점 피폐해져갔고, 전투에 이기면 이길수록 적은 늘어나서 마침내 해하에서 전사하고 만다.

사면초가.

정신을 차리고 보니 사방은 온통 적뿐.

이것이 그의 삶 자체를 상징하고 있다.

항우가 그랬고, 여포가 그랬다. 강하면 강할수록 이러한 이치를 이해하지 못하고 전투에는 이기지만 자신의 몸을 망친다.

우리는 이것을 타산지석으로 삼아야만 한다.

그는 '전술'에는 탁월한 능력을 발휘했지만 '전략'에는 조금 약했다. 결국 그것이 그의 숨통을 죄는 결과가 된다. 그는 화려한 전공에 의해 제왕, 훗날 초왕이 되고 나서도 야심이 적지 않았는데 괴통 등 '전략가'의 조언을 듣지 않고 엉거주춤한 행동을 취한 것이 몰락의 길로 이끈다. 모반 혐의로 체포되어 처형될 때 그가 남긴 마지막 말은 "그때 괴통의 조언을 들었다면 이렇게 되지는 않았을 텐데!"였다.

한신

초한 전쟁

진 시황제가 죽자 다시 세상은 혼란에 빠졌지만 그 가운데 항우가 두각을 나타냈다. 홍문에서 유방을 만나 그를 제압하고, 진의 황도 함양을 정벌한 항우는 여기에서 패왕임을 자처한다. 이때 항우의 나이 스물여섯 살.

만약 그 후에 함양을 도읍으로 삼아 새로운 왕조를 열고 범증의 말에 귀를 기울였다면 20대의 젊은 황제에 의한 장기 정권이 자리를 잡아서 항우와 유방의 전쟁인 '초한 전쟁'은 애초에 일어나지 않았을 것이다.

그러나 그는 고향인 초(팽성)로 돌아가겠다며 고집을 피운다. 함양의 지역적인 이점을 스스로 차버리는 행위에 범증과 한생을 비롯한 많은 사람들이 이를 간하였지만 한생 등은 항우의 노여움을 사서 부여에서 형에 처해진다.

당시 항우는 이렇게 말했다.

"어렵게 출세했는데 고향에 돌아가지 않는 것은 비단 옷을 입고 캄캄한 밤길을 걷는 것과 같다."

당시 항우뿐만 아니라 인간이라면 누구에게나 '금의환향'이라는 욕구가 내재되어 있는 모양이다. 그러나 이것이 유방에게 약점을 파고들 틈을 주게 되어 초한 전쟁으로 발전하게 되었다.

06
한니발

247 B.C.~183 B.C.

로마를 공포에 떨게 한 카르타고의 장군.
알프스 산맥을 넘어 로마로 진격, 칸나에 전투 등
그가 전투에서 보여준 예상 밖의 전략은 현재까지 회자되고 있다.

사후 2000년 이상이 지난 현재에 이르기까지 유럽에서는 모르는 사람이 없는 명장 한니발 바르카.[1]

그의 예상할 수 없는 움직임, 예술적인 전술, 높은 인망……. 적장으로부터도 공포의 대상이자 존경의 대상이 되며 후세에 막대한 영향을 준 영웅이다. 나폴레옹이 제2차 이탈리아 원정 때 한니발을 흉내 내 알프스를 넘은 것은 유명한 일화다.

어렸을 때 당한 굴욕

한니발이 태어날 무렵 고향 카르타고는 숙적 로마에 패해[2] 힘든 나날을 보내고 있었다.

---

1 한니발은 '폭풍의 신', 바르카는 '천둥'이라는 뜻.
2 카르타고란 현재의 튀니지에서 스페인 남부에 걸쳐 번성한 상업국가(814 B.C.~146 B.C.). 이탈리아 반도를 통일하고 세력을 떨치던 신흥 로마와 서지중해의 패권을 걸고 싸운 제1차 포에니 전쟁(264 B.C.~241 B.C.)에서 패했다.

로마가 내세운 가혹한 강화조건에 막대한 배상금을 부담했을 뿐만 아니라 곡창지대인 시칠리아 섬을 빼앗기고 서지중해의 제해권을 잃은 카르타고는 전후 부흥도 지지부진한 채 혼미를 거듭했다.

"자비는 아군, 원수는 적."

인간은 강적을 굴복시킨 후 저항할 힘을 잃고 무릎을 꿇은 적을 내려다보며 흡족해하면서 자기도 모르게 필요 이상으로 가혹한 짓을 저지르는 경우가 있다. 그러나 그것은 단지 상대의 '적개심'과 '복수심'을 부추길 뿐이고, 결국엔 자신의 숨통을 조이게 된다.

그 좋은 예가 제1차 세계대전 후의 프랑스.

전쟁이 끝났을 때 프랑스는 독일에 비상식적일 정도로 가혹한 강화조건을 강요했다.

"보불전쟁[3] 때의 원한, 지금이야말로 풀 때!"

영국과 미국이 아무리 중재해도 프랑스의 수상 조르주 클레망소는 꿈쩍도 하지 않았고, 그 결과 배상 총액이 '1,320억 마르크'라는 천문학적인 숫자가 되었다. 이것은 당시 독일의 국가 예산 18년분에 해당하는 너무나도 비상식적인 금액으로 독일로서는 도저히 감당할 수 없는 액수였다.

그래도 독일은 "이런 금액은 지불할 수 없다!"고는 하지 않고 "지금은

---

3 나폴레옹 3세의 제국이 멸망하게 된 프로이센(독일의 전신)과 프랑스의 전쟁.

전쟁이 끝난 지 얼마 되지 않아 어려운 시기이니 조금만 기다려달라."고 애원했다.

그러나 그 말조차 들어주지 않고 "그렇다면 압류하겠다!"며 프랑스는 즉각 독일의 공업지대[4]를 제압한다는 행동에 들어갔다.

말은 필요 없다! 자비와 용서는 없다!

그 결과가 독일 국민의 깊은 원한을 샀고, 그 증오의 소용돌이가 한 인물에게 결집되었다. 그 인물이 바로 아돌프 히틀러다. 히틀러라는 괴물은 프랑스의 이런 태도가 키운 측면이 크다.

그리고 독일 국민의 기대를 한 몸에 받은 그는 이윽고 제2차 세계대전을 일으켜서 프랑스에서만 55만 명이 희생되었다.[5]

"남을 저주하려거든 무덤을 두 개 파라."[6]

역사를 들여다보면 이런 이야기는 일일이 셀 수 없을 정도로 많다. 쓰러진 적에게 가혹한 짓을 하면 결국엔 두 배, 세 배로 자신에게 돌아올 뿐이다.

로마에 복수전을 감행하다

이때의 로마와 카르타고의 관계가 꼭 그랬다.

와신상담! 명예회복!

---

4 루르 지방. 라인 강 중류에 있는 탄광과 철강의 생산지대로 독일 경제의 중추였다.
5 단, 독일의 희생자가 압도적으로 많았는데, 그 수가 800만에 이른다는 말도 있다.
6 남을 잡으려다가 오히려 자신이 잡힌다는 뜻.

권토중래! 실지회복!

한니발도 그의 부친[7]으로부터 "평생 로마를 적으로 삼아라!"라는 가르침을 받으며 자랐다.

이렇게 훌륭한 청년으로 성장한 그는 마침내 로마를 향한 복수전에 들어갔다. 한니발은 보병 9만 명, 기병 1만 2,000기, 군상軍象 37마리를 이끌고 카르타고 노바에서 출격한다(218 B.C.).

로마 쪽도 바로 한니발의 군사 행동을 알아채고 즉시 수색대를 내보냈지만 한니발군의 행방을 놓치고 만다. 왜냐하면 한니발군은 로마가 예상하지 못한 행군로로 진군하고 있었기 때문이다.

이탈리아 반도는 북쪽으로 알프스 산맥이 활처럼 둥글게 감싸고 있는데, 겨울의 알프스를 군대가 넘는다는 것은 생각할 수도 없다. 한니발군의 행방을 놓쳤다 하더라도 로마군은 알프스 산맥과 코트다쥐르 해안 사이의 좁고 험한 길에 주둔하고 있으면 한니발군의 침입을 허락하는 일은 없기 때문에 수색 결과가 생각대로 되지 않았어도 큰 동요는 하지 않았다. 그러나 한니발은 적이 '넘을 수 없을 것'이라고 믿고 있었기 때문에 굳이 '알프스를 넘는' 행군로를 선택했다.

"병자궤도야兵者詭道也."[8]

사람은 어떤 꿈이나 목표를 갖고 노력하기 전에 우선 주위를 둘러보

---

7 한니발의 부친은 제1차 포에니 전쟁 때 활약한 카르타고의 장군이었다.
8 용병用兵하는 데는 속임수나 기이한 꾀를 써야 한다는 말.

며 다른 사람이 어떤 노력을 하고 있는지 살핀다. 그러고 나서 '노력은 반드시 보상받는다!' '노력은 배신하지 않는다!'라고 스스로를 고무하면서 눈동냥으로 타인과 같은 노력을 하고, 타인과 같은 가치관에 얽매이고, 타인과 같은 행동을 취한다.

그러나 이러한 노력이 보상받는 경우는 별로 없다. 그 사람이 하고 있는 노력은 주위 사람들도 모두 하고 있기 때문이다. 똑같은 노력을 하면서 남보다 더 보상받기를 바라는 것은 너무 뻔뻔하지 않을까?

이윽고 노력이 보상받지 못하는 현실을 직시하면 이번에는 "꿈은 결국 이루어지지 않으니까 꿈이야!"라고 깨달은 듯한 말을 중얼거리며 스스로를 위로한다.

그런데 지극히 실현하기 어려운 꿈을 이룬 사람들을 조사해보면 그들은 반드시 다른 사람과는 다른 노력을 하고, 다른 사람과는 다른 가치관을 갖고, 다른 사람과는 다른 행동을 했다. 그런 사람만이 큰 도약을 이루고 성공을 거머쥘 수 있었다. 남과 같은 행동을 한다, 적이 예상할 수 있는 행동을 한다, 그렇게 행동해서는 '승리'를 쟁취하기 어렵다.

이때의 한니발도 그랬다.

로마 쪽은 '겨울의 알프스를 군대가 넘는 것은 불가능하다.'고 생각하고 있다. 그렇기 때문에 바로 거기가 목표.

그 목표를 이뤘을 때 큰 성공을 거두는 것이다.

한니발 연전연승!

그렇다 해도 과연 로마 쪽이 '불가능'하다고 신경 쓰지 않았던 만큼 알프스를 넘는 것은 너무나 힘든 일이었다. 한니발은 굶주림과 추위와 실족 등으로 군사를 속속 잃었다. 그들이 가까스로 알프스를 넘었을 때는 보병 2만 명, 기병 6,000기, 군상은 고작 세 마리밖에 남지 않을 정도였다.

통상, 군대라는 것은 대개 병사의 3할을 잃으면 '전멸',[9] 절반을 잃으면 '궤멸'이라고 표현한다. 그런데 이 정도의 손실을 입었음에도 불구하고 여전히 군율을 잃지 않고 행군을 이어갈 수 있었던 것은 한니발이 병사들로부터 얼마나 신뢰를 받고 존경을 받았는지 잘 알 수 있는 증거이기도 하다.

그러나 그만큼의 손실을 본 효과는 있었다.

"알프스 산기슭에 카르타고군 출현!!"

이 보고에 로마에서는 큰 동요가 일었다.

"어떻게 그런 곳에 한니발군이 있단 말인가!?"

"알프스를 넘었다고!? 이 겨울에 알프스를!? 믿을 수 없다!"

즉각 중앙에서 토벌군이 파병되었지만 한니발은 이것을 티키누스 전투, 트레비아 전투, 트라시메누스 전투[10]에서 잇따라 격파했다.

그야말로 연전연승, 그를 당할 적은 없었다!

---

9 통상, 군대의 3할을 잃으면 병사들이 도망치려고 하여 군대로서의 기능을 하지 못하기 때문에 전략상 '전멸'로 간주한다. 단, 이 숫자는 상황에 따라, 장수의 신망에 따라 다소 증감한다.
10 티키누스에서는 로마 병력이 고작 4,000명 정도였지만 트레비아에서는 그 10배인 4만 명, 트라시메누스에서는 5만 명의 병력을 준비했지만 매번 대패했다.

압도적으로 불리한 상황에 놓인 칸나에 전투

위기감을 느낀 로마는 곧 정신을 차리고 8만 명의 대군을 연이어 투입했다. 로마의 대군을 상대하는 한니발군은 고작 5만 명.[11]

한니발군은 이처럼 열세에 놓인 채 이탈리아 반도 남부의 칸나에에서 로마군과 대치하게 된다. 칸나에는 로마군이 설정한 전장으로 강과 언덕 사이의 폭이 2킬로미터밖에 안 되는 험로였다.

로마군은 왜 이곳을 전장으로 설정했을까? 넓은 평원을 전장으로 설정하면 패주하기 시작한 적병이 사방으로 흩어져서 도망치기 때문에 이것을 섬멸하는 것은 어렵다. 그렇게 되면 설령 전투에서 승리해도 사방으로 흩어진 병사들이 다시 모여 전투가 재발할지도 모른다.

'카르타고의 병사들은 한 놈도 살려 보낼 수 없다. 여기서 단번에 결정을 지어주마!'

수적 우위를 등에 업은 로마군이 이러한 마음으로 이 험로를 전장으로 삼았던 것이다. 즉, 한니발군의 입장에서는 병력이든 지리적 여건이든 압도적으로 불리한 정세였지만, 그에게는 계책이 있었다.

"전투의 승패는 '병력'보다 '승기'."

'약'이 '강'에게, '소수'가 '다수'에게 무턱대고 싸움을 거는 것은 아니다. 이길 수 없는 싸움은 하지 않는다. 싸우지 않고 이기는 방책을 강구한다.

---

11 알프스를 넘으며 한때 궤멸 상태에 빠졌지만 한니발군의 연전연승을 알고 로마 지배에 불만을 품은 갈리아인들이 합류하여 병력이 조금 늘어나 있었다.

그것이 현명한 자의 방법이다.

그러나 때때로 '약하고 소수'이지만 어쩔 수 없이 '강하고 다수'와 싸워야 되는 상황에 놓일 때도 있다. 그렇게 된 이상 이기지 않으면 안 된다.

그럼, 이런 압도적인 열세에 놓였을 때는 어떻게 하면 될까?

이럴 때는 적과 아군의 '전력'을 세분화해서 생각해본다. 세분화한 항목 중에서 하나라도 적보다 우세한 부분을 찾았다면 그 부분으로 적의 약점을 공격한다. 이것을 '국소우세주의'라 하고, 그것으로부터 '승기'를 만들어낼 수 있다.

예를 들면 제2차 세계대전에서 패한 일본은 폐허에서 다시 시작하게 되었다.

종전 직후의 일본 경제와 구미 경제를 전체적, 총체적으로 비교하면 그 차이는 '하늘과 땅'의 차이였다. 아무리 애를 써도 맞상대할 수 있는 상대가 아니었다. 그래도 한 걸음 더 들어가 하나하나의 요소로 세분화해서 생각해보았다.

'자본력'은?

'기술'은?

'설비'는?

이러한 것들도 구미 기업 쪽이 비교할 수 없을 정도로 우위에 있다.

그렇다면,

'근면함'은?

'손재주'는?

이것이라면 일본이 구미의 어느 나라와 비교해도 뒤지지 않는다. 그래서 일본은 여기에서 '승기'를 찾아내고 저임금으로 불철주야 노력한 결과가 전후 '기적의 부흥'이 되어 발현한 것이다.

이때의 한니발도 이처럼 '아군의 강점을 최대한 살려서 승부하는' 전술을 취한다.

"병력만을 총체적으로 보면 확실히 아군이 압도적으로 불리하다. 하지만 기병만 놓고 비교하면 아군 1만 기에 로마군은 6,000기에 불과하다.[12] 이 점을 잘 살릴 수만 있다면!"

그래서 한니발은 좌우에 기병, 중익中翼에 보병이라는 포진에서 열세에 있는 보병대가 필사적으로 버티며 시간을 버는 동안 우세에 있는 카르타고 기병으로 로마 기병을 일거에 격파하고 적 보병대의 배후로 돌아들어가는 데 성공한다.

이로써 로마군은 앞에는 갈리아 보병대, 좌우에는 카르타고 보병대, 배후에는 카르타고 기병대가 있는 사방이 둘러싸인 형세가 되어버렸다.

결국 적을 섬멸할 생각으로 이곳을 전장으로 설정했지만, 반대로 로마군이 섬멸당하는 결과가 되었다. 로마군은 전군 7만 명[13] 중 6만 명이 사상, 나머지 1만 명은 포로[14]가 되는 역사적으로도 유례를 찾을 수 없는 대패를 당한다. 또다시 열세를 극복한 한니발군의 대승으로 끝났다.

---

12 로마군 : 보병 6만 4,000명, 기병 6,000기. 카르타고군 : 보병 4만 명, 기병 1만 기.
13 출격 때는 8만 명이었지만 칸나에 전투가 시작되기 직전에 1만 명을 후방 지원병으로 놓고 왔기 때문에 실제로 칸나에에서 싸운 로마군은 7만 명.
14 카르타고군의 사상자는 고작 6,000명 이하였다.

불패의 신화가 무너진 순간

그러나 지금까지 본 것만으로도 이미 알고 있듯이 이런 때가 가장 위험하다. 그럼에도 불구하고 연전연승이라는 사실은 사람을 기쁨에 도취하게 만들어서 그 위험성을 깨닫기 어렵게 한다. 이것은 아무리 훌륭한 인물이라도 쉽게 빠져버리는 함정이다.

이럴 때 옆에 조언해주는 사람이 있고 그의 말에 귀를 기울일 수 있다면 좋은 방향으로 궤도를 수정할 수 있다.

한신에게는 이좌거가 있었다.

한니발에게도 마하르발[15]이 있었다.

"장군! 지금이야말로 천재일우의 기회입니다! 로마가 의기소침해서 약해져 있는 지금, 단숨에 로마의 본거지를 공격해 적의 전의를 꺾고 진정한 승리를 쟁취해야 합니다!"

그러나 한니발의 대답은 NO였다.

왜!?

"우리 군은 알프스를 넘어온 원정군이네. 로마시를 함락하기에는 결정적으로 공성병기가 부족하고 병참(보급)도 버틸 수가 없네."

아!

한니발은 확실히 '전술'에는 뛰어난 사람이었지만, 이 말에서 '전략'에 관해서는 무지[16]했다는 것을 알 수 있다.

공성병기든 병참이든, 그런 전술적인 것은 아무래도 상관없다. 아무

---

15 한니발 장군의 오른팔. 용병대장.
16 이 점은 한신도 마찬가지였다. 하늘은 두 가지 재능을 한 사람에게 주지 않는다. 전술과 전략이 모두 뛰어난 인물은 거의 없다.

리 눈앞의 전투에서 연전연승하고 있다 해도 적지의 한가운데에서 후방의 지원도 없이 언제까지나 싸울 수는 없다.

실제로 한니발군은 보급에 항상 애를 먹고 있었다. 한시라도 빨리 기회를 잡아 이 전쟁에 종지부를 찍어야만 했다.

이처럼 전쟁의 전체적인 흐름을 생각하는 것이 '전략'이다.

로마는 이 칸나에 일전으로 지도자층의 25%를 잃고[17] 반신불수, 정부도 시민도 공황 상태에 빠져 있었다.

그야말로 더할 나위 없는 천재일우의 기회였다. 이때 대군을 이끌고 '불패 장군'이 로마로 진격한다는 것을 알면 로마는 싸울 생각도 못하고 항복했을지 모른다. 바로 손자가 말한 최상의 방책인 '싸우지 않고 이기는' 것이었다. 그러나 한니발로서는 이것을 도저히 이해할 수 없었고, 어쨌든 눈앞의 전투에서 계속 이기는 것만이 머리에 있을 뿐이었다.

명장일수록 빠지기 쉬운 함정이다.

"일이노지佚而勞之."[18]

그런데 이때의 로마군처럼 '중과부적'이 아니고 오히려 이쪽이 대규모 군세로 전쟁에 임해도 도저히 이길 수 없는 적과 싸워야 되는 상황에 몰렸을 때는 어떻게 대처하면 될까? 그것은 '온힘을 다해 싸우지 않는' 것이다. 결전에 나섰다가 패주를 거듭하는 것이 아니라 싸우는 척하면

---

17 보정관 : 1명, 고관 : 2명, 재무관 : 2명, 장군 : 48명.
18 적이 안정을 취하고 있을 때는 힘들게 만든다는 뜻.

서 끝까지 결전에는 나서지 않는다. 이른바 '공격해 들어오면 물러나고, 물러나면 공격해 들어가라.'는 말로 손자가 말하는 '일이노지'다.

그렇게 승기를 잡을 때까지 시간을 번다.

예를 들면 제2차 세계대전 초기가 그렇다.

제로센零戰[19]이 나타나자 그 압도적인 성능에 미군기는 추풍낙엽처럼 떨어졌다.

그러자 미군은 즉각 이런 지령을 내렸다고 한다.

"제로센과 조우한 경우 1대1이면 도망쳐라. 2대1이라도 무리해서 싸울 필요는 없다. 3대1이면 싸워라."

싸워도 이길 수 없는 적과의 싸움은 온힘을 다해 피한다. 그리고 그동안 승기를 찾는다.

그럭저럭하는 사이에 미국은 거의 손상되지 않은 제로센을 노획하는 데 성공[20]하여 이것을 철저하게 분석한 끝에 제로센의 약점을 찾아내서 전황을 역전시키게 되었다.

로마도 이 전법을 채택했다.

한니발은 너무 많은 승리를 거두었다. 너무 많이 이긴 탓에 겁에 질린 로마는 이후 '파비우스 전법'을 채택하게 된다. 실은 칸나에 전투 이전에 이미 파비우스 장군이 취했던 전략이다.

"한니발군은 확실히 강하다! 하지만 결국엔 후방 지원을 받지 못하고 적국에 고립되어 있는 부평초에 지나지 않는다![21] 적이 나오면 물러나

---

19 제2차 세계대전 당시 일본 해군의 주력 전투기로 가미카제(자살공격)에 이용됐음.
20 미국에서는 '아쿠탄 제로'라고 불린다.
21 나폴레옹의 이집트 원정 때 나폴레옹군은 전선에서는 연전연승했지만 해상이 봉쇄되어 고립된 순간 어쩔 수 없이 철수할 수밖에 없었다. 군대는 본국으로부터의 후방 지원이 없으면 장기간의 전투는 불가능하다.

고, 물러나면 밀고 들어가고, 적의 진군로를 초토화하여 보급을 끊어버리면 놈들은 머지않아 말라죽을 것이다!"

칸나에 전투 이전에는 한니발군이 강하다는 것을 아직 이해하지 못한 로마 본국에선 이러한 파비우스 장군의 책략을 '겁쟁이' '바보'라며 비난했고, 파비우스도 어쩔 수 없이 작전을 중단하게 되었다. 그러나 칸나에에서 한니발군이 강하다는 것이 확인되자 파비우스 장군의 전법은 재평가되었고, 로마는 즉시 그의 작전을 채용한 것이다.

전장에서는 귀신같은 한니발도 로마군이 싸움에 응하지 않는 데에는 어쩔 도리가 없었다. 게다가 병참마저 끊기자 한니발군은 금세 상황이 악화되어 궁지에 몰렸고, 결국 자마 전투에서 패하게 된다.

"졸병의 장수이기는 쉽다. 장수의 장수이기는 어렵다."

아, 그때 마하르발 장군의 진언을 들었다면!

전략적 관점에서 보면 그것이 유일한 '승기'였다.

한신은 연전연승에도 우쭐거리지 않고 자신의 수하 중에 뛰어난 군사가 없다고 보고 스스로 몸을 낮춰 적의 군사(이좌거)에게 조언을 구했다. 그에 비해 한니발은 곁에 뛰어난 조언자(마하르발)가 있었음에도 그의 조언을 묵살했다.

그것이 인생의 기로가 된 것이다.

진언이 각하되었을 때 마하르발 장군은 자리를 박차고 일어나 분노를 드러냈다고 한다.

"장군! 당신은 전쟁에 이기는 방법(전술)은 잘 알고 계시지만, 승리를 활용하는 방법(전략)은 전혀 모르고 계십니다!"

한니발의 패인은 전략을 몰랐기 때문이 아니다. 전략을 아는 사람으로부터 배우려고 하지 않았기 때문이다.

부하를 자유자재로 조정하며 목적을 달성하는 것은 비교적 쉬운 일이다.[22] 그러나 자신의 약점을 뛰어난 사람에게 배우고 그 가르침을 자신의 것으로 만들 수 있는 사람은 적다.[23]

모든 것에 완벽한 사람은 없다. 그렇다면 약점이 되는 부분은 그 부분에 뛰어난 사람에게 가르침을 청하면 된다. 그럴 수 있는지 없는지가 대업을 이룰 수 있느냐 이루지 못하느냐의 갈림길이 되는 것이다.

---

22 졸병의 장수이기는 쉽다.
23 장수의 장수이기는 어렵다.

칸나에 전투에서 역사적인 대승을 거두었음에도 불구하고 마하르발 장군의 조언에 귀를 기울이지 않아 이를 활용하지 못했던 한니발. 그 후 그는 적지에서 점점 궁지에 몰리게 되고, 결국 자마 전투에서 패하게 된다. 전후 그는 카르타고의 재건에 진력하지만 로마로 쫓겨나 망명, 그곳에서 자살했다. 한신이 괴통의 헌책을 받아들이지 않고 결국 죽음에 이르게 된 것을 방불케 한다.

한니발 바르카

포에니 전쟁

기원전 6세기 말에 생긴 도시국가 '로마 공화국'이 이탈리아 반도를 통일할 무렵, 서지중해에서 패권을 장악하고 있던 것이 카르타고였다. 로마가 이 이상의 발전을 원한다면 아무래도 카르타고와의 일전을 피할 수가 없었다. 이렇게 해서 일어난 것이 포에니 전쟁이다.

제1차 포에니 전쟁은 로마의 완승으로 끝나고, 제2차 포에니 전쟁 때 한니발이 등장한다.

악전고투 끝에 한니발군을 제압한 로마는 카르타고에 막대한 배상금과 '교전권 박탈'이라는 가혹한 조건을 내건다. 어느 시대나 교전권이 박탈된 국가는 사실상 독립 국가의 체제를 잃은 것을 의미한다. 그 다음부터는 도마 위의 생선. 카르타고에 무리한 요구를 하며 멸망시킬 구실만 찾을 뿐이었다. 결국 제3차 포에니 전쟁이 일어나고 카르타고는 멸망한다.

아무리 생각해도 그때 한니발이 마하르발 장군의 진언을 듣지 않았던 것이 후회될 뿐이다.

4장

전술과 전략을 판별하라

눈앞의 승리에 사로잡혀
큰 전략을 놓쳐서는 안 된다.

❖

역사를 들여다보면 무슨 일을 하든 잘되지 않는 사람에게는 공통점이 있다. 반대로 뭘 해도 잘되는 사람에게도 공통점이 있다.

물론 그 공통점은 한두 가지가 아니기 때문에 여기서 그 모든 것을 왈가왈부하는 것은 무리이지만, 굳이 그중에서 큰 것을 고르자면 잘되지 않는 사람은 '모든 일을 깊이 파고 들어가서 생각하는' 습관이 없다는 것을 들 수 있다.

그 때문에 모든 일에 대한 정의가 애매해지고, 노력이 분산되고, 산만해지는 원인도 되어 '성공'을 스스로 멀리해버리는 것이다. 그들도 노력을 하지 않는 것은 아니지만 그 노력이 늘 헛돈다. 그것이 무엇을 하든 그 일을 성취할 수 없게 만드는 원흉이 된다.

예를 들면 이렇다.

"목적과 수단의 혼동."

하나의 '목적'을 설정하고, 그것을 실현시키기 위한 '수단'을 실행하며 노력한다. 여기까지는 문제가 없지만 무엇을 해도 안 되는 사람은 곧 수단을 목적과 혼동하여 본래의 목적을 놓쳐버린다.

예를 들면 필자는 평소 입시 학원 강사로 교편을 잡고 있는데, 입시 학원에서 배우는 수험생들에게 "무엇 때문에 대학에 가느냐?" "무슨 이유로 이 대학에 지원하느냐?"라고 물어도 명확한 대답이 돌아오는 경우가 거의 없다. 대부분은 "지금 내 점수라면 이 정도가 적당할 것 같아서……."와 같은 목적에 어긋난 대답이 돌아올 뿐이다.

대학은 점수로 결정하는 것이 아니다. 우선은 갖고 싶은 직업이며 실현하고 싶은 꿈과 같은 '목적'이 선행되고 그 목적을 달성하기 위한 '수단'으로서 어느 대학에 들어가는 것이 가장 유리한지를 생각해야 한다. 수단으로서 대학에 가야 할 텐데 대학에 가는 것 자체가 목적(수단과 목적의 혼동)이 되어버리면 대학에 들어가고 나서 아무것도 못하고 멍해지는 학생이 나타나는 것이다.

물론 '본래의 목적'을 놓쳐버렸기 때문에 이것을 다시 손에 넣을 수는 없다. 그리고 또 하나 종종 이런 경우도 있다.

"전략과 전술의 혼동."

전략과 전술은 완전히 다른 것이기 때문에 이 두 가지를 명확하게 구분한 후에 노력하지 않으면 노력이 분산되어버려서 목적을 달성할 수 없다.

그러나 이 '전략과 전술'은 제대로 이해하기가 어렵다.

간단히 설명하면 다음과 같다.

[전략] 최종 목적을 달성하기 위한 큰 계획 방침

[작전] 전략을 성공으로 이끌기 위한 개별적 · 구체적 계획

[전술] 작전을 성공으로 이끌기 위한 현장에서의 수단 · 방술

이것을 현대의 회사 경영에 비유하면 다음과 같다

[전략] 간부회의에서 경영 방침이 결정되고

[작전] 그 경영 방침에 근거하여 프로젝트가 가동되고

[전술] 프로젝트를 달성하기 위해 현장이 임기응변으로 대응한다

앞서 말한 수험생의 예에 적용해보면 '모의고사 때는 늘 고득점(전술의 승리)이었지만 본고사 때 떨어졌다(전략의 실패)'는 것과 같다. 전술로 아무리 많은 승리를 거두어도 전략에서 실패하면 아무 의미가 없다. 반대로 전술로 아무리 많은 실패를 해도 최종적으로 전략이 실패하지 않으면 문제가 없다.

즉, 어떤 일을 하든 늘 '전략'을 확인하면서 '전술'을 행사하지 않으면 '성공'은 요원해진다.

이번 장에서는 이와 같은 전략과 전술이 성공한 예와 실패한 예를 역사 속에서 살펴보도록 하겠다.

07

오토 폰 비스마르크

1815~1898

오랜 세월 분열 상태가 이어지던
독일을 통일한 명재상.
현대 정치가로부터도 존경받는 걸물.

위대한 명재상, 오토 폰 비스마르크.[1]

그가 태어난 해는 큰 시대의 전환점이 된 해였다.

나폴레옹 1세가 워털루에서 패하고 절해의 고도 센트 헬레나로 유배된 해. 그리고 전후의 새로운 질서를 재구축하기 위해 빈 회의가 개최된 해이 기도 하다. 이후 역사는 '빈 체제기'라 불리는 새로운 시대로 돌입한다.

그런데 비스마르크 시대의 독일은 이미 분열 상태에 빠지고 나서 6세 기 가까운 세월이 흘러버린 탓에 그것이 사회 전반에 고착되어서 어제 까지와 같은 날이 내일도 내년도 100년 후에도 계속될 것처럼 여겨지고 있었다. 그러나 세상의 추세는 한번 움직이기 시작하면 인간의 상상을 훌쩍 뛰어넘을 정도로 격렬하다.

---

1 베를린에서 서쪽으로 약 90킬로미터 떨어진 쇤하우젠이라는 작은 마을에서 지주 귀족 융커의 아들 로 태어났다.

빈 체제기로 들어서자 유럽에서는 '민족주의(내셔널리즘)'[2]의 폭풍이 맹위를 떨쳤는데, 그 파도는 독일도 덮쳤다.

'우리나라(독일)도 통일국가가 되어야만 한다. 이대로는 시대에 뒤처질 뿐이다!'

그러한 위기감과 초조감은 날로 확산될 뿐이었지만 유감스럽게도 너무나 오랫동안 분열 상태가 지속된 탓에 이미 독일의 정치 · 경제 · 사회 등 모든 시스템이 구석구석까지 '분열 상태'를 전제로 구성되어 있었다. 이것을 갑작스럽게 '통일'시키겠다니 누가 봐도 아예 불가능한 것처럼 보였다.

그런 시대 배경 속에서 등장한 것이 비스마르크다.

물에 빠진 친구에게 총구를 겨누다

비스마르크는 젊었을 때 술과 사냥과 결투로 하루하루를 보내는 난폭자[3]로 유명했다. 또 상당한 괴짜이기도 했다.

비스마르크의 일화로 거짓인지 진실인지는 모르지만 이런 이야기도 전해지고 있다.[4]

그가 친구와 좋아하는 사냥을 나갔을 때의 일이다. 그 친구가 발을 헛디뎌 강물로 굴러떨어졌다. 수영을 못하는 친구는 비스마르크에게 필사적으로 도움을 청했지만, 그는 도우려고 하지도 않고 당황한 기색도 없

---

2 본래 'Nationalism'이라는 말에 해당하는 우리말은 없기 때문에 정확하게 번역할 수 없다. 그래서 '국민주의' '민족주의' '국가주의' 등으로 번역하게 된다.
3 역사를 들여다보면 어렸을 때나 젊었을 때 함부로 건드릴 수 없는 망나니였던 사람이 커서는 위대한 업적을 남기는 경우가 많다.
4 사실인지 어떤지는 잘 모르지만 설령 사실이 아니라 해도 그의 성격을 잘 나타낸 일화다.

이 꼼짝도 않고 서서 대답했다.

"미안하네. 나도 수영을 못해. 그러니 이대로 자네가 물에 빠져서 발버둥 치며 죽어가는 모습을 보고 있을 수밖에 없지만, 그 또한 가만히 참고 보고만 있을 수가 없네. 적어도 편하게 죽게는 해주겠네."

그렇게 말하자마자 사냥총을 친구에게 겨누었다.

'날 죽이겠다고?'

정말로 죽을지도 모른다고 생각한 친구는 물 속에서 죽을힘을 다해 헤엄을 치고 발버둥 쳐서 가까스로 강가에 도달하는 데 성공한다.

목숨은 건졌지만 자신을 죽이려고 한 비스마르크에게는 분노가 치밀었다.

"비스마르크, 너 이 새끼!"

그런데 비스마르크는 귀신같은 형상으로 자신의 멱살을 잡고 덤벼드는 친구를 향해 크게 웃으며 말했다.

"거 봐! 내 생각대로 되었잖아?"

인간은 죽을힘을 다하게 되면 무엇이든 할 수 있는 존재다.

친구를 혼자 힘으로 강가까지 오게 하려고 일부러 이런 잔꾀를 부렸다는 것이다. 정말로 처음부터 잔꾀로 친구를 살릴 생각이었는지, 아니면 실은 죽일 생각이었는데 막상 살아나오니까 임기응변으로 변명한 것인지는 모른다. 비스마르크의 본심은 아무도 모르지만 한 가지 알 수 있는 것이 있다. 그것은 비스마르크라는 사람이 '매우 냉철하고 강인한 사내'라는 것이다.

그러나 그런 사내였기에 혼돈에 빠진 독일을 이끌어가기에 적합한 인물이었다.

총검이 지배하는 시대에만 채용해야 하는 인물

1861년은 세계사적으로도 매우 중요한 해로 독일처럼 오랫동안 분열 상태에 있던 이탈리아가 마침내 통일을 달성하여 '이탈리아 왕국'이 탄생한 해다.

또 같은 해 프로이센[5]에서는 빌헬름 1세가 즉위했다. 4년쯤 전부터 선왕(프리드리히 빌헬름 4세)이 뇌졸중 증세로 이미 사실상의 국왕이었지만 정식으로 즉위했을 때는 그의 나이 예순세 살.

그는 이탈리아가 통일되었다는 보고를 듣고 초조함을 느낀다.

천하 통일을 위해서는 군사력이 필수. 그렇기 때문에 왕자 시절부터 국방장관인 A. 론과 함께 군사 개혁을 진행해왔지만 의회는 "통일은 경제력과 의논하라!"고 횡설수설하며 도무지 승인하지 않았다. 진퇴양난에 빠진 빌헬름 1세는 즉위하자마자 퇴위까지 고려할 정도로 궁지에 몰렸다. 결국 국방장관 론은 '비장의 카드'를 꺼내기로 결심한다.

'이제 나 같은 상식인은 이 난국을 타개할 수 없다! 상식 따위는 아랑곳하지 않고 타파해나가는 '난폭자'가 되어야 한다!'

---

5 당시 독일의 소국 중 하나. 프러시아라고도 불림. 당시 오스트리아를 중심으로 한 대독일주의와 프로이센을 중심으로 한 소독일주의라는 두 가지 통일 방침이 충돌하고 있었다.

"독도 쓰기에 따라서는 약이 된다."

쓸모가 없다고 여겨지는 물건도 쓰기에 따라서는 도움이 되는 것이 있다.

적재적소.

이런 이야기가 있다.

옛날 다케다 신겐의 가신 중에 이와마 오쿠라자에몬이라는 무사가 있었다. 그런데 이 사내는 무사라고 하기에는 너무 겁이 많아서 전쟁을 몹시 두려워했다. 전쟁이라도 벌어지려고 하면 화를 냈고, 억지로 데리고 가려고 하면 실신했다. 그런 까닭에 평생 한 번도 전쟁에 나가지 않은 채 녹봉만 축내는 인물이었다.

아니나 다를까 "이런 식으로는 다른 사람에게 나쁜 선례를 남기게 된다."고 가신들 사이에서도 반발의 목소리가 거세졌고, 결국에는 "무사의 수치."라며 처단을 요구하는 목소리조차 들끓게 되었다.

어쩔 수 없이 신겐은 그를 불러 이야기했다.

"앞으로 그대는 전쟁에 나가지 않아도 좋다. 대신 성을 지키는 역할을 맡아야겠다. 전쟁이 벌어지면 성에 남아 성을 지키면서 그동안 그대가 보고 들은 것을 숨김없이 나에게 보고하도록."

요컨대 밀정의 역할을 준 것이다.

이와마는 '쓰레기' '쓸모없는 인간'이라 불리며 가신 일동으로부터 업신여김을 당하고 있었기 때문에 주위 사람들의 경계심이 약해서 그의 귀에는 다양한 정보가 들어왔다. 실로 날개를 얻은 용처럼 그는 신겐에게 큰 도움이 되었다고 할 수 있다.

결점도 쓰기에 따라서는 이점이 된다.

다시 비스마르크의 이야기로 돌아가자.

지금까지 보아왔듯이 그는 만만치 않은 성깔의 개성이 강한 인물이다. 선왕도 "총검이 무제한으로 지배하는 시대에만 채용해야 하는 인물."[6]이라고 평했을 정도로 다루기 어려운, 소위 '위험인물'이다.

그러나 그렇기 때문에 이런 시대일수록 그가 적임이다! 그야말로 시대가 점지한 인물이다.

당시 비스마르크는 주불 대사를 지내고 있었는데, 그를 수상으로 임명하기 위해 즉시 파리에서 소환했다. 그를 수상으로 임명하는 것에는 각 방면에서 반대의 목소리가 높았지만 빌헬름 1세는 이를 뿌리치고 말했다.

"이런 위급존망의 시대에 당면한 큰일을 위해서는 다른 일에 신경 쓸 겨를이 없소!"[7]

국왕을 알현한 비스마르크는 옥좌 앞에서 당당히 말했다.

"폐하의 뜻에 따라 반드시 군사 개혁을, 그리고 천하 통일을 실현해 보이겠습니다."

이 말에 빌헬름 1세도 용기를 얻었다.

---

6 요컨대 이것은 '(어지간한 상황이 아닌 한) 결코 채용해서는 안 되는 인물.'이라는 의미다.
7 이 말에서도 알 수 있듯이 빌헬름 1세도 본심은 비스마르크를 임명하는 것에 마음이 내키지 않았던 듯하다.

"잘 말했소이다! 허면 과인도 귀하와 함께 싸우는 것이 책무일 터. 퇴위는 철회하겠소!"

이때 비스마르크 마흔일곱 살. 그 후 그는 28년 동안 조국을 위해 분투하게 된다.

"때로는 남의 의견에 귀를 닫는 것도 필요하다."

'의논'은 만능이 아니다.[8] 어리석은 의견이 대세를 차지하여 잘못된 길로 돌진하는 경우는 많다. 그런 상황에서는 아무리 훌륭한 인물이 나서서 모든 말을 동원하여 '올바른 길'을 설파해보았자 어리석은 대중이 그것을 이해해줄 리 없다. 그저 시간만 헛되이 낭비되고, 시시각각 상황만 악화될 뿐이다.

그렇다면 어떻게 해야 될까?

반대자의 의견 따위는 묵살하고 돌진하는 것이다. 때로는 이런 방법이 필요한 경우도 있다. 물론 이 방법은 한 발만 삐끗해도 '폭군'을 낳는 '양날의 검'이지만 비스마르크에게는 확신이 있었다.

"전 독일 제국諸國이 우리나라에 기대하고 있는 것은 자유주의 따위가 아니다! 그 무력이다! 현재의 문제(독일 통일)는 언론이나 다수결(의논)에 의해서가 아니라 '총과 피(전쟁)'[9]에 의해서만 결정될 수 있다!"

이 소신 연설로 그는 자신이 믿고 있는 바를 숨김없이 털어놓았다.[10]

8　안타깝게도 의논을 '만능'이라고 믿어 의심치 않는 사람이 많다.
9　이것은 '병기와 병사'를 나타내고 있다고 한다.
10　소위 '철혈연설'.

즉, 독일을 통일하기 위해서는 전쟁이 불가피하고, 전쟁을 하기 위해서는 군사 개혁은 필수이며, 군사 개혁을 하기 위해서는 대규모 증세도 어쩔 수 없다는 의사 표명이다.

그는 맹렬히 반발하는 의회를 해산, 폐쇄하고 그대로 통일 사업을 향해 돌진한다.

이처럼 비스마르크의 강압적인 방법에는 물론 비판도 있었지만, 6세기에 걸쳐 사회에 침투한 체제를 뒤집어엎으려는 것이었으니 시대를 읽을 줄 모르는 자들이 일제히 반대하는 것은 당연한 일이었다. 그러나 그들과 '의논'을 나누며 일일이 그들의 의견에 귀를 기울이고 있다가는 개혁은 불가능하다.

대국 오스트리아와 어떻게 싸울 것인가

이렇게 의회를 압살하고 군제 개혁을 추진하려던 차에 갑자기 중대한 외교문제가 발생한다.

1863년 이웃 나라 덴마크가 갑작스럽게 슈레스비히와 홀슈타인 2개 주의 병합을 선언한 것이다. 이곳은 덴마크와 독일의 국경 부근에 위치한 곳으로 주민은 대부분 독일계였다. 통일을 추진하는 비스마르크에게는 필요불가결한 지역이었다. 비스마르크는 이것을 잠자코 간과할 수가 없었다.[11]

이듬해 64년, 비스마르크는 오스트리아와 연합하여 최후통첩을 보내

---

11 구미 사회에서는 '침묵'이 '승인'을 의미한다. 반대한다면 반드시 '의사표시'를 해야 하고, 그것이 통하지 않을 때는 '실력행사'에 나서야 하는데, 그렇지 않으면 반대의 의사표시로 인정되지 않는다.

고 전쟁을 시작한다.

이것이 슈레스비히 · 홀슈타인 전쟁(덴마크 전쟁)이다.

덴마크를 격파하고 이 지역을 탈취하는 데는 멋지게 성공했지만 문제는 그 처우 문제. 이 슈레스비히 · 홀슈타인 2개 주를 어떻게 해야 할까? 이를 둘러싸고 프로이센과 오스트리아의 주장은 엇갈리고 결국 양국의 전면 충돌로 이어진다.

당시 프로이센과 오스트리아는 국력에 큰 차이가 있었다. 오스트리아는 당시 유럽 굴지의 대국이었지만 프로이센은 소국이었다.

군사력과 경제력, 인구 모두 오스트리아가 우위에 있었기 때문에 1대 1로 정면대결을 해서는 이길 수 있는 상대가 아니었다. 게다가 프랑스의 나폴레옹 3세의 동향도 눈을 뗄 수 없었다.

"성을 공략하고 싶으면 우선 그 바깥 해자를 메운다."

오사카 성은 일본을 통일한 히데요시가 당시의 축성 기술을 총동원하여 세운 난공불락의 성이다. 히데요시가 죽은 후 도쿠가와 이에야스가 천하의 패권을 노렸을 때 오사카 성이 골칫거리가 된다. 정면으로 공격해서는 여간해선 함락할 수 있는 성이 아니다.

이런 와중에 때마침 완성(1614년)된 호코 사方廣寺의 범종에 새긴 글자 중에 '국가안강國家安康'이라는 글자를 보고 이에야스는 "이것은 '이에야스家康'라는 글자를 분단시키는 저주의 말이다!"라고 구실을 붙여 오사카 겨울 전투를 일으킨다. 그러나 천하의 명성인 오사카 성을 함락하는 데는 실패하고 '바깥 해사를 메우는' 것을 조건으로 일단 화친을 맺는다. 이렇게 오사카 성을 벌거숭이로 만들어놓고 나서 다시 '여름 전투'를 일으켜 결국 오사카 성을 함락한다.

강적과의 결전을 앞두고 있을 때는 정면에 있는 적을 쓰러뜨리는 것만을 생각할 것이 아니라 그 주변의 힘을 제거하는 것이 중요하다.

어부지리를 노리는 프랑스

이때의 프로이센도 눈앞의 강적인 오스트리아에 시선을 빼앗기지 않고 그 주변에도 신경을 써야 했다. 바로 프랑스다.

프랑스 황제 나폴레옹 3세는 이런 생각을 하고 있었다.

'만약 프로이센과 오스트리아가 싸우면 역시 대국인 오스트리아가 승리할 것이다. 그렇다 해도 프로이센도 소국이지만 얕잡아볼 수 없으니 개전 초기에는 선전할 것이다. 양국이 격전을 벌이며 국력이 쇠퇴하기 시작했을 때 이 전쟁에 개입하여 프로이센의 서부[12]를 빼앗자.'

프로이센의 입장에서 보면 오스트리아 1개국을 상대하기에도 국운을 걸고 싸워야 하는데, 이런 상황에서 프랑스가 개입한다면 모든 것이 파산이다.

장수(오스트리아)를 얻고 싶으면 우선 그 말(프랑스)을 쏴야 한다.

---

12 베스트리아, 라인란트 2개 주.

오스트리아와의 개전을 코앞에 두고 비스마르크는 비아리츠[13]로 날아가 나폴레옹 3세와 회담한다. 다가올 오스트리아와의 전쟁에서 중립을 지켜달라고 요청하기 위해서였다. 물론 나폴레옹 3세는 개입할 마음이 굴뚝같았기 때문에 고개를 끄덕여주지 않았다.

결국 비스마르크는 협상안을 제시한다.

"폐하. 만약 폐하께서 중립을 지켜주신다면 우리나라는 폐하께 라인 강 좌안左岸을 바치겠습니다."

뭐라고?!

그냥 잠자코 있기만 하면 라인 강 좌안을 주겠다고!?

이렇게 나폴레옹 3세로부터 중립을 지키겠다는 약속을 받아내는 데 성공한다.

그 외에 러시아, 이탈리아 등도 속속 중립으로 유도하며 착실하게 '바깥 해자'를 메우던 비스마르크는 마침내 오스트리아에 이빨을 드러내게 된다.

소국 프로이센이 이기는 길

대국 오스트리아와의 결전에 임하는 데 있어서 중요한 것이 있다. 그것은 '단기 결전'이다.[14] 오래 끌어서는 소국 프로이센에 승산이 없다. 이쪽의 약한 국력이 다 소진되기 전에 승부를 내려면……

그래서 비스마르크는 개전에 즈음하여 참모총장인 몰트케를 불러 말

---

13 프랑스 최동남단의 도시. 프랑스에서 몇 안 되는 휴양지로 나폴레옹 3세의 마음을 사로잡았다.
14 예를 들면 러일전쟁 때도 소국 일본의 승기는 '단기 결전'밖에 없었기 때문에 이것을 대명제로 하여 전쟁에 돌입했다.

한다.

"알고 있겠지만 이번 전쟁은 시간과의 싸움이네. 몰트케, 그대는 몇 주면 오스트리아의 무릎을 꿇릴 수 있겠나?"

이 질문에 몰트케는 '12'라는 숫자를 나타냈다.

유럽 굴지의 대국 오스트리아를 단 12주 만에?

그러나 가능 여부를 떠나 그것이 프로이센의 한계였다.

"좋아, 알았네! 12주 동안은 내가 책임지고 그대가 요구하는 무기와 탄약, 병력, 식량과 기타 필요한 물자를 전선으로 보내주겠네. 단 13주째는 아무것도 없어. 12주 동안 우리나라는 국력을 다 소진할 걸세. 그 사실을 꼭 명심하도록!"

이렇게 해서 양국은 마침내 전쟁에 돌입한다.

"병귀신속兵貴神速."[15]

병사 수만 보면 오스트리아군 쪽이 압도하고 있었다. 그러나 앞에서도 배웠듯이 '전쟁은 병력이 아니라 승기'다.

전근대적인 편성, 병기, 전쟁 이념에 근거하여 둔중한 오스트리아군은 근대적인 편성, 병기, 전쟁 이념에 근거하여 신속하게 결전에 임하는 프로이센군을 맞아 연전연패. 결국 12주는커녕 고작 7주 만에 화의를 청하게 되었다.

---

15 《삼국지》의 위서魏書 곽가전郭嘉傳에 나오는 말로 군사를 지휘함에는 귀신같이 빠름을 귀히 여긴다는 뜻.

이 전쟁을 '7주 전쟁'이라고도 부르는 것은 여기에서 유래한다.

역사를 살펴보아도 유례를 찾을 수 없는 대승이었다.

너무 관대한 강화조약

그야말로 역사적인 대승을 거두고 강화조약을 맺는 데 있어서 비스마르크는 그에 상응하는 혹독한 조건을 오스트리아에 내밀 줄 알았건만 그 반대였다.

> · 앞으로 독일 통일 문제에 일체 간섭하지 말 것
>
> · 배상금은 2,000만 탈러[16]
>
> · 영토 할양은 없음

이처럼 깜짝 놀랄 정도로 경미한 것이었다.

이 조건을 보고 받은 빌헬름 1세는 의아함을 감추지 못하고 비스마르크를 불러 힐문했다.

"이번 전쟁은 고금의 유례가 없을 정도의 대승이라고 들었소. 그런데도 오스트리아로부터는 쥐꼬리만큼의 배상금밖에 받지 못하고, 게다가 영토 할양을 요구하지도 않았다는데 정말이오?"

이러한 국왕의 힐문에 비스마르크는 따지듯이 대답한다.

"폐하. 우리의 최종 목적을 잊으셨습니까?"

---

16 당시 독일의 통화. 당시의 배상금 시세로 볼 때 '2,000만 탈러'는 터무니없이 낮은 액수였다.

"항상 목적을 확인한다."

프로이센의 최종 목적. 물론 그것은 '독일 통일'이다.

이번 전쟁으로 오스트리아라는 '눈엣가시'를 없애는 데 성공했지만 여전히 남독일이 굴복하지 않았다. 그들은 완강하게 버티며 프로이센의 항복 요구를 거부하고 있었다.

그들을 제압하고 독일 통일의 숙제를 마치기 위해서는 남독일을 후원하는 나폴레옹과의 결전을 피할 수 없는 정세였다.

"지금 여기서 오스트리아에 대승했다고 우쭐해서 진짜 목적을 잊고 오스트리아에 가혹한 요구를 하면 어떻게 되겠습니까? 그들의 깊은 원한을 사서 다가올 프랑스와의 전쟁에서 적군에 가담할 것은 불을 보듯 뻔합니다. 그렇게 되면 프랑스, 오스트리아에 끼여 싸우는 꼴이 될 테니 우리나라는 백전백패할 것입니다!"

이 말을 들은 빌헬름 1세는 자신의 무지를 부끄러워하며 한마디 했다.

"내 생각이 거기까지는 미치지 못했군. 좋도록 조치하시게."

이후 빌헬름 1세는 비스마르크의 정책에 일체 간섭하지 않게 되었다고 한다.

전략과 전술은 전혀 다르다.

수상 비스마르크는 항상 '전략'을 보면서 지시를 내렸고, 국방장관 론이 '작전'을 내렸고, 참모총장 몰트케가 '전술'로 최선의 성과를 냈다.

전략, 작전, 전술.

비스마르크, 론, 몰트케.

이 세 사람이 하나가 되어 각자 자기가 맡은 분야에서 자신의 재능을 발휘하면 '범제凡帝' 나폴레옹 3세를 매장해버리는 일쯤이야 식은 죽 먹기다.

이렇게 해서 마침내 '독일 통일'이 달성된 것이었다.

독일 통일을 멋지게 달성한 비스마르크였지만 이때가 그의 인생의 절정기였다. 그 후 빌헬름 1세가 서거하고, 2대 황제를 거쳐 3대 빌헬름 2세가 즉위하자 그는 젊은 황제에 의해 곧 실각된다. 실의에 빠져서 자살까지 생각할 정도였지만, 생각을 고쳐먹고 회고록 집필에 착수한다. 그러나 회고록 완성 후 얼마 되지 않아 사랑하는 아내가 먼저 세상을 떠나자 심신이 모두 한꺼번에 쇠약해지면서 그도 곧 세상을 떠났다.

오토 폰 비스마르크

독일 제2제국

"독일 제2제국은 성립되었다."고는 하지만 실제로는 이때 아직 독일은 22개 군주국의 느슨한 연방체에 지나지 않았다.

비스마르크는 이것을 명실상부한 '통일'로 이끌기 위해 그 후로는 국내 문제에 매우 분주하게 뛰어다닌다.

그러나 여기서 현안이 된 것이 프랑스. 통일 전쟁을 수행하는 과정에서 프랑스에 깊은 원한을 사는 바람에 프랑스가 호시탐탐 복수할 기회를 노리고 있었던 것이다.

비스마르크는 프랑스와의 전쟁을 피하기 위해 러시아와의 동맹을 중시한 외교로 분주했다. 그러나 새로 즉위한 젊은 황제 빌헬름 2세는 비스마르크가 펼치는 외교의 의의를 전혀 이해하지 못했다. 결국 비스마르크를 실각시키고 러시아와의 동맹을 파기해버린다.

이처럼 비스마르크가 20년에 걸쳐 심혈을 기울여 만들어낸 질서인 '비스마르크 체제'는 너무나 쉽게 파괴되었고, 그것이 머지않아 제1차 세계대전으로 이어지게 된 것이다.

08
우에스기 겐신
1530~1578

스스로를 '비사문천毘沙門天'의 화신이라 칭한
센고쿠戰國 시대의 에치고 다이묘大名.
일생불범一生不犯, 의를 중시한 무적의 '군신軍神'.

앞 단원에서는 '전략'을 절대 놓치지 않고 불가능해 보이는 목적을 달성한 비스마르크에 대해 알아보았는데, 이번 단원에서는 그 반대 패턴을 알아보겠다.

그 인물이 바로 우에스기 겐신.

그는 열다섯 살 때 첫 전투에 참가한 후 마흔아홉 살로 죽을 때까지 평생의 전적이 71전 61승 8무 2패[1]였다. 승률로는 무려 97%! 이 숫자는 밤하늘에 반짝이는 별처럼 많은 센고쿠 시대의 다이묘 중에서도 최고였고, 당시 멀리 교토에서도 화제가 될 정도였다고 한다.

이듬해 날아가는 새도 떨어뜨릴 기세로 호쿠리쿠 방면으로 진격해온 오다군과 데도리 강[2]에서 전투를 벌였는데, 이때 우에스기군 2만 명, 오

---

1 이 숫자는 연구자에 따라 다소 증감한다.
2 현재의 이시카와 현에 있는 강.

다군 4만 명이라는 압도적인 병력 차에도 불구하고 오다군을 섬멸한다.

전후 우에스기는 가신에게 이렇게 말했다고 한다.

"'마왕'이라고 하기에 꽤나 대단할 줄 알았더니 의외로 그렇지도 않더군. 저런 자가 '천하포무'니 어쩌니 하다니 그렇다면 나에겐 천하 통일도 쉽겠어."

군신 겐신의 미주迷走란?

'군신(전쟁의 신)'이라 불릴 정도로 압도적으로 강했던 우에스기 겐신. 천하를 향해 장군을 부른 오다군을 간단하게 격파하고 '천하 통일도 쉽겠다.'고 말한 우에스기. 그런 그가 천하를 거머쥔 일은 끝내 없었다.

반대로 데도리 강 전투에서 뼈아픈 패배를 당한 오다 노부나가 쪽이 착실하게 '천하 통일'로 가는 계단을 올라가게 된다.

이 차이는 도대체 어디에 있었을까?

거기에는 중대한 인생훈이 감춰져 있는 듯하다.

우에스기는 분명 강했다. 그러나 그 강함에 의존해 아무런 전망도 없이 그저 눈앞의 전투에서 승리만 거듭할 뿐이었다. 그것은 항우나 여포[3]와 마찬가지로 '필부의 용기'[4]에 지나지 않는다.

그에게 결정적으로 부족했던 것. 그것은 재능도 아니고, 운도 아니고, 그의 재능을 올바른 방향으로 이끌어줄 뛰어난 군사의 존재였다. 위대한 업적을 쌓은 사람의 곁에는 반드시라고 해도 좋을 정도로 그의 재능

---

3 중국 삼국 시대에 '말 중에는 적토마, 사람 중에는 여포'라고 칭송 받은 최강의 무장.
4 한신이 항우를 평하며 한 말.

을 이끌어주는 조언자가 있었다는 것은 이미 2장에서 보았다.

"일반방향을 놓쳐서는 안 된다."

군사 용어 중에 '일반방향'이라는 것이 있다. 이것은 세부적인 경로는 경시하고 전체적인 방향성만을 중시하는 사고방식이다.

예를 들면 전투에 패한 군사들이 아군 진영으로 돌아가려고 산속을 헤매고 있다고 하자. 어디로 가야 하는지도 모르는 상태였지만 갑자기 시계가 트인 조금 높은 곳으로 나오니 숲 너머로 아군 진영이 보였다.

'앞으로 조금만 더 가면 돼!'

그러나 아군 진영까지 가는 길은 울창한 나무들에 가려 보이지 않는다. 어디를 어떻게 가면 되는지도 모르는 상황에서 지칠 대로 지친 군사들이 이 이상 대열을 이루고 가다간 전멸할지도 모른다. 이런 때는 뿔뿔이 흩어져서 각자 행동하는 게 생존 확률이 높다.

그때 만약 대장이 "일반방향, 아군 진영!"이라고 외치면 그것은 '어떤 길로 가도 좋으니까 각자 저기 보이는 아군 진영으로 가라!'라는 뜻이다.

이것은 '전략과 전술'로 바꿔서 생각할 수도 있다.

우에스기는 개별 전투에서는 군신과 같은 강함을 자랑했지만 정작 중요한 '일반방향(전략)'에는 전혀 무관심했다. 우에스기 역시 센고쿠 시대의 다이묘 나부랭이, 어쨌든 상경[5]하여 천하를 호령하는 것이 목표였겠

---

5 상경에는 여러 가지 의미가 있지만, 이 경우에는 '센고쿠 다이묘가 군사를 수도인 교토에 입경시키는' 것.

지만 그의 전력戰歷을 조사해보면 '일반방향'이 전혀 보이지 않았다.

에치고(니가타)를 거점으로 하여 에치고 내에서 5전.

호조가 지배하는 오다와라(간다가와) 방면(남동쪽)으로 진격하여 43전.

다케다가 진격해온 시나노(나가노) 방면(남쪽)으로 진격하여 6전.

오다가 진격해온 호쿠리쿠(도야마) 방면(서쪽)으로 진격하여 17전.[6]

이렇게 모든 방향이 완전히 제각각이었다.

비유해서 말하면 이것은 물위에서 그저 손발을 마구 휘젓고 있는 것과 같다. 그래서는 물보라만 일으킬 뿐 앞(천하)으로 조금도 나아갈 수 없다. 나아갈 수 없을 뿐만 아니라 순식간에 체력(수명)이 다해 가라앉는다. 제대로 된 영법(전략)을 배워서 이것에 근거하여 손발(군)을 움직이면 착실하게 해안(천하 통일)을 향해 헤엄쳐갈 수 있었을 텐데.

계속해서 이겨도 '앞'으로 나아가지 못한다

한편 우에스기로부터 '대단치도 않다'고 업신여김 당한 오다는 68전 중 49승 4무 15패로 분명 겐신과 비교하면 승률이 그렇게 높다고는 할 수 없을지도(77%) 모른다. 그러나 오다는 기후 성을 제압하고 '천하포무'라는 '전략'을 내건 뒤로 항상 교토를 응시하면서 배후의 우환거리를 차단하기 위해 도쿠가와 이에야스와 동맹을 맺고, 우에스기 · 다케다와는 우호 관계를 맺으며 그 힘을 가능한 한 교토로 집중시켰다.

일의전심—意專心.

---

6 구체적으로는 위에서부터 5승 0무 0패, 38승 3무 2패, 1승 5무 0패, 17승 0무 0패.

오다는 언제나 '일반방향, 교토!'를 놓치지 않고 힘을 쏟을 수 있었기 때문에 설령 승률은 낮아도 그것을 커버하기에 충분한 성과가 되어 돌아온 것이다.

이렇게 오다 노부나가가 한 걸음, 또 한 걸음 천하 통일로 다가가고 있을 때 우에스기는 연전연승을 거두었지만 한 걸음도 앞으로 나아가지 못하고 그저 나이만 먹고 있었다.

1577년.

그렇게 대조적인 두 사람이 데도리 강에서 일전을 벌였다. 결과는 이미 말한 바와 같다. 오다와의 그 일전으로 필시 우에스기는 뭔가 느끼는 바가 있었을 것이다.

그는 가스가 산성으로 귀환하자마자(12월 18일), 5일 후에 바로 다음 원정을 위해 총동원령을 내린다(12월 23일). 마치 무언가에 쫓기듯이.

그 목표는 오늘날까지 명백히 밝혀지지 않았지만 아마도 오다군에게 촉발되어 본격적으로 상경을 목표로 할 작정이었지 싶다.[7]

출진은 이듬해 봄(1578년 3월 15일)!

방해가 되는 오다군을 몰아내면서 반드시 교토에 우에스기 가의 깃발을 꽂으리라!

그런 상상으로 소년처럼 가슴이 부풀어 올랐을 것이다.

"그놈(오다)도 할 수 있는데, 나라고 못할 건 없지. 나도 젊지 않다. 지금이야말로 오랜 꿈을 이룰 때다!"

---

7 '간토 침략설'도 있지만 필자에게는 이때의 우에스기가 보인 초조함이 '상경'을 가리키는 것으로 보인다.

이렇게 1577년이 저물고 1578년 정월이 되었다. 우에스기의 나이 마흔아홉 살. 당시엔 '인생 50년'[8]이라고 했으니 감회가 깊었을 것이다.

'올해로 나도 마흔아홉인가? 빠르구나……'

지금까지 자신이 살아온 인생이 주마등처럼 스쳤는지 그는 이때 시를 한 수 읊는다.

"49년이 한순간의 꿈이더라. 일생의 영화는 한 잔의 술과 같구나."

49년이라는 세월이 정말 순식간이구나, 라는 감회를 읊은 것이다.

"조금 멀리 돌아왔구나. 그놈과 난 고작해야 네 살밖에 차이가 나지 않건만……"[9]

그러나 상경에 대한 그의 꿈은 끝내 이루어지지 않았다.

마침내 출진을 엿새 후로 앞둔 날. 출진 준비를 하다가 화장실에 간 우에스기가 돌아오지 않자 이상하게 여긴 가신이 무슨 일인가 싶어 가봤더니 그곳에 우에스기가 쓰러져 있는 것이 아닌가.[10]

그는 자신의 잘못을 너무 늦게 깨달았다.

"재능이 많을수록 자신의 잘못을 보지 못한다."

---

8 인간의 수명이 50년이라는 뜻.
9 우에스기 겐신은 1530년 태생, 오다 노부나가는 1534년 태생.
10 뇌일혈로 추정하고 있다.

아무리 뛰어난 재능도 항상 '전략(일반방향)'을 확인하고 그것을 효과적으로 활용하지 않는 한 그 재능은 헛돌고 시간 속에 매몰되어 썩어버린다. 그러나 다른 한편으로는 재능이 풍부할수록 그 재능에 시선을 빼앗겨서 자신이 저지르고 있는 치명적인 잘못을 깨닫지 못한다.

그리고 깨달았을 때는 이미 말년.

우에스기의 인생은 그러한 교훈을 가르쳐준다.

옆에서 보면 '에치고의 호랑이' '군신' 등으로 추앙받을 만큼 강한 겐신이었지만, 한편으로 무신인 비사문천에 심취하여 그 신앙 때문에 일생불범(동정童貞)이었다고 한다. 신에 심취하는 것은 그만큼 정신적으로 불안정했다는 증거이고, 군신이라는 이미지에 반해 의외로 소심한 사람이었는지도 모른다.

우에스기 겐신

겐신의 평가

무적 우에스기군이 오다와 차이가 나게 된 한 가지 원인으로서 우에스기군의 진격 방향이 일정치 못했다는 것을 들 수 있는데, 한 가지 더 오다가 전쟁에 승리할 때마다 영토를 확장한 것에 비해 우에스기는 영토를 거의 확장하지 못했다는 점도 들 수 있을 것이다. 이런 이유로 우에스기는 '사욕'으로 움직이지 않고 '의'를 위해 군사를 일으켰기 때문이라는 평가를 받게 되었다.

그러나 여기에는 다른 의견도 있다.

에치고(니가타)는 지금은 곡창지대이지만, 당시엔 척박한 토지여서 이모작도 짓지 못하는 바람에 겨울을 어떻게 넘기는지가 대명제였다. 그렇기 때문에 우에스기군이 군사를 일으키는 목적은 '의'도 아무것도 아니고, 어디까지나 농한기를 이용한 '외지 벌이'에 지나지 않았다는 설이다.

그렇다면 우에스기군의 진격 방향이 사방으로 흩어져 있는 것도, 영토에 관심을 나타내지 않은 것도 설명이 된다. 우에스기는 밖에서는 알 수 없는 절실한 문제를 안고 있었던 것이다.

5 장

최대의 위기야말로 기회

위기와 기회는 같은 모양을 하고 있다.
그것을 위기로 보느냐, 기회로 보느냐가 다를 뿐이다.

❖

하나의 균형이 깨졌을 때. 대부분의 사람들은 이것을 '위기'라고 두려워하며 심리적으로 도망치려는 태세에 들어간다.

성공한 사람은 같은 것을 '기회'라 보고 이것에 스스로 뛰어든다. 이러한 태도가 대부분의 사람들과 성공한 사람의 분기점이 된다. 실은,

"위기와 기회는 같은 모양을 하고 있다."

통찰력이 없는 사람에게는 위기로 비치는 것이 뛰어난 통찰력을 갖춘 사람에겐 기회가 감춰져 있는 것으로 보인다. 그러나 그것은 옆에서 봐서는 구별할 수 없을 정도로 완전히 똑같은 모양을 하고 있다. 이것은 스모(일본 씨름)를 떠올려보면 이해하기 쉽다. 심판의 신호와 함께 두 선수가 격렬하게 몸을 부딪치며 마와시를 꽉 잡은 자세![1]

얼마 동안은 이 균형이 유지되지만 한쪽 선수가 팔 바꾸기[2]를 시도한 그 순간!

---

1 양쪽 모두 상대의 마와시(허리에 두른 것)를 잡고 가슴을 맞대고 있는 상태.
2 상대방의 팔 밑쪽을 잡는 것이 유리하기 때문에 위쪽에 있는 팔을 밑쪽으로 바꿔 넣으려는 행위.

팔 바꾸기는 성공하면 유리해지지만 팔을 바꾸려는 순간 틈이 생기기 때문에 이때다 하고 상대방이 단숨에 몸으로 밀고 들어온다. 균형은 순식간에 무너지고, 눈 깜빡할 사이에 팔 바꾸기를 하려던 선수는 씨름판 가장자리까지 밀려간다.

"위험해, 위험해!"

죽죽 밀려가다가 결국 씨름판 가장자리에 있는 가마니에 발을 걸치고 버티는 상태가 된다. 이때 스모를 잘 모르는 사람은 '아아, 이제 끝이다. 이걸로 승부는 결정 났구나.' 하고 생각할지도 모른다.

그러나 스모에 정통한 사람이라면 그렇게는 보지 않는다.

"그래! 스모는 이제부터야!"

그 말이 끝나자마자 심판의 목소리가 들린다.

"승부 결정!"

승자로 불린 사람은 팔 바꾸기를 시도했던 선수. 승부를 결정지은 수는 '웃차리'.[3]

이처럼 스모는 마지막 순간까지 누가 이길지 모른다. 물론 항상 웃차리가 성공한다고도 할 수 없고, 오히려 그대로 밀려나가 경기에 패하는 경우가 허다한 것도 사실이다.

그럼 씨름판 가장자리까지 밀린 상태가 '위기'일까, '기회'일까? 옆에서 보는 한 웃차리가 성공하여 역전승한 경우도, 그대로 밀려나가 패한 경우도, 그 직전까지는 완전히 똑같은 모양을 하고 있어서 구별할 수 없다.

---

3   うっちゃり. 씨름판 가장자리까지 밀린 선수가 반대로 상대방을 씨름판 밖으로 내동댕이치는 기술.

이와 마찬가지로 승부를 겨루는 데 있어서 균형이 무너졌을 때 어느 쪽이 이기는지, 그 형세만을 옆에서 보고 있는 한 판별할 수 없다. 그것은 얼핏 '불리'해 보이는 쪽의 '심리 상태'에 달려 있기 때문이다. 아직 승부를 포기하지 않았는지, 여전히 승기를 찾고 있는지.

"좌절하지 않는 한 승기는 있다!"

밀리고 있는 쪽의 마음이 좌절하지 않는 한 아직 승부는 어디로 굴러 갈지 모른다. 방금 전 예로 든 스모에서도 처음에 팔 바꾸기를 한 선수가 '이젠 틀렸다!'고 생각했다면 그 순간 씨름판 밖으로 밀려나 승부에 패했을 것이다. '아직 이길 수 있다!'는 마음이 웃차리를 성공시킨 것이다.

이번 장에서는 아래와 같은 것을 역사에서 배워보고자 한다.

위기에 빠졌다고 해서 포기하는 것은 이르다.

반대로 '99% 승리를 거머쥐었다!'고 생각했을 때야말로 위험하다.

위기는 기회.

기회는 위기.

확실하게 승리를 거머쥐는 그 순간까지 결코 마음을 놓아서는 안 된다!

09
밀티아데스
c.550 B.C.~489 B.C.

고대 그리스 아테네의 장군.
마라톤의 유래가 된 마라톤 전쟁에서
조국을 구한 명장으로 유명하다.

기원전 5세기 초. 이 무렵의 일본은 조몬縄文 시대에서 야요이弥生 시대로 옮겨가는 시기[1]였고, 세계로 눈을 돌려도 영역국가조차 거의 없는 도시국가의 시대였다.

예를 들어 중국에서조차 이 무렵에는 춘추시대의 한가운데에서 겨우 도시국가의 싹이 트기 시작한 나라들이 서로 자웅을 겨루는 데 지나지 않았고, 그런 점에서는 인도나 그리스도 비슷했다.

훗날 지중해 제국을 건설하게 되는 로마도 이 무렵에는 아직 갓 태어난 도시국가에 지나지 않았고,[2] 그나마 북아프리카에서 카르타고가 도시국가 연합을 구축하고 있는 정도였다.

그 외의 지역은 말할 것도 없다.

---

1   한국은 고조선 시대.
2   기원전 6세기 말에 에트루리아 왕국에서 독립하여 건국했다.

대제국의 침략에 맞서다

그런 시대에 찬란하게 빛나던 것이 아케메네스 왕조의 페르시아 제국. 그들이 지배하던 영역을 보면 오리엔트 세계(서아시아)를 중심으로 해서 동쪽으로는 중앙아시아부터 인더스 강까지, 서쪽으로는 아나톨리아 반도에서 이집트까지 이르는 광대한 지역으로, '세계 제국'이라 불리기에 손색이 없는 당시 지구상 최강의 대제국이었다.

게다가 당시의 황제가 다레이오스 1세.[3] 아케메네스 왕조 220년의 역사상 절정기의 황제다.

그런 그가 다음으로 눈독을 들인 것이 그리스였다. 당시 '땅 끝까지 지배'하고 있던 세계 제국 페르시아가 마침내 그 '이빨'을 그리스로 향한 것이다. 이는 그리스를 존망의 기로에 세우게 되었지만 그리스가 다레이오스 1세의 협박에 굴복하지 않자 이윽고 다레이오스 1세는 장군 다티스를 총대장으로 임명하고,[4] 군사를 동원하기로 결심한다.

이때의 페르시아군은 총 600척의 함대를 편성하여 보병 3만 명에 기병을 추가한 대군을 파병했다고 전해지고 있다. 이를 맞이하여 싸워야 하는 아테네는 아무리 끌어 모아봤자 9,000명이 고작이었고, 동맹국[5]으로부터의 원군을 포함해도 1만 명에 미치지 않았다.

'병력이 압도적으로 부족하다!'

아테네의 총대장 밀티아데스[6]는 초조했지만, 페르시아군이 이미 마라톤에 상륙하기 시작했다는 보고가 들어온다. 이제는 일각도 지체할 수

---

3 다레이오스 1세 재위 522 B.C.~486 B.C.
4 왕족인 알타페르네스도 종군했다.
5 플라타이아이.
6 당시 아테네의 총대장은 10명이 하루마다 번갈아가며 교대했는데, 개전 시의 총대장이 그였다.

없었다.

"스파르타의 원군 2,000명이 이쪽으로 오고 있소. 그들을 기다렸다가 싸우는 게 낫지 않겠소!"

그런 의견도 나왔지만 이미 그러기에는 너무나 절박한 상황이었다. 결국 밀티아데스는 1만 명의 군사만 이끌고 출격한다.

"소수라고 얕보지 말고, 다수라고 두려워하지 말라."

인간은 아무래도 표면적인 '겉모습'에 시선을 빼앗겨서 그 속에 감춰진 '본질'을 간파하지 못하는 것 같다.

예를 들어 '악당' 하면 어떤 인물상이 떠오르는가? 사나워 보이는 눈빛에 말투도 몸집도 흉악한 인물상을 상상하지 않는가? 그러나 실제로는 그렇지 않다. '진짜 악당'은 얼굴이나 표정이 온후하기 그지없다. 태도는 상냥하고, 입에서는 배려심이 깊은 말밖에 튀어나오지 않고, 손으로는 자애로운 사업을 행하며, 모든 사람들로부터 '좋은 사람'이라고 평가받는 사람. 그런 사람들 사이에 '진짜 악당'은 뒤섞여 있다. 겉보기에 악당의 얼굴을 하고 있는 사람도 겉보기와는 달리 사실은 좋은 사람이거나, 설령 악당이라고 해도 잔챙이에 지나지 않는다.

다시 원래 이야기로 돌아오면 '적이 다수이면 두려워하고, 소수이면 얕본다.'는 생각을 갖고 있다면 싸우기 전부터 지고 들어가는 것이나 마찬가지다. 적이 다수이면 어떻게 대응할지 생각하고, 소수라도 세심한 주의를 잃지 않는다. 이러한 마음가짐이 중요하다.

페르시아군 총대장 다티스는 마라톤으로 달려온 그리스군이 고작 1만 명 정도에 불과하다는 것을 알고 비웃었다.

"우리 무적 페르시아군에 맞서서 고작 1만 명이 왔단 말인가? 감히 우릴 깔보다니! 결국 그리스도 이 정도밖에 안 되는가? 이런 동네 패거리 같은 놈들을 상대로 전군(3만 명)이 나선다는 것은 명예롭지 못한 일. 2만 명이면 충분하다!"

다티스 장군은 페르시아 전군 3만 명 중 2만 명밖에 상륙시키지 않았을 뿐만 아니라 페르시아군의 자랑인 기병대조차 내보내지 않았다.

숨길 수 없는 약점이라면 당당히 드러낸다

이렇게 페르시아군(2만 명)과 아테네군(1만 명)은 마라톤에서 대치, 서로 방진方陣[7]을 짜게 되었다.

적을 얕본 다티스 장군에 비해 밀티아데스 장군은 대군을 앞에 두고도 두려워하지 않고 필사적으로 이길 수 있는 대응책을 짜고 있었다.

이 결전은 "싸우기 전부터 승부가 갈렸다."고 할 수 있을지도 모른다.

페르시아가 아테네를 얕보고 2만 명의 보병밖에 상륙시키지 않은 것은 아테네로서는 행운이었다. 만약 전군이 쇄도했다면 속수무책이었을 것이다. 그러나 그렇다 해도 적군은 아테네군의 두 배에 이르는 병력.

---

7   고대부터 19세기까지 유럽에서는 방진 전법이 주류였다. 군사를 가로로 긴 직사각형으로 배치하고 (방진) 적과 싸우는 전법이다.

아직은 그 어떤 것도 예단할 수 없다.

방진을 어떻게 포진시켜야 할까? 만약 일반적으로 가로로 긴 직사각형의 포진이라 할 때 수적 열세인 아테네군은 전선의 길이(가로)를 페르시아의 방진에 맞추면 두께(세로)가 페르시아의 절반이 되고, 두께를 맞추면 전선의 길이가 절반이 되어버린다. 두께가 없는 얄팍한 방진이라면 단숨에 전선이 끊겨버릴 것이고, 전선이 짧으면 포위를 당해 궤멸당할 것은 기정사실. 이 방진은 전방으로부터의 내성에 특화된 진형이고, 측방과 후방으로부터의 공격에는 너무나 약했기 때문이다. 어떻게 해야할까?

"약점을 드러내고 승기를 찾는다."

어차피 숨길 수 없는 약점이라면 적 앞에 당당히 드러낸다. 그렇게 함으로써 '승기'가 보이게 되는 경우가 있다.

기업 경영을 예로 들면 이런 이야기가 있다. 불경기가 이어지며 그 회사의 실적은 악화 일로. 사장은 자금을 마련하기 위해 동분서주하지만 뜻대로 되지 않고, 사내에도 무겁고 답답한 분위기가 퍼지게 된다.

"우리 회사 괜찮을까?"

"월급은 받을 수 있을까?"

"갑자기 도산 같은 건 되지 않겠지?"

사원들은 당연히 일이 손에 잡히지 않게 되고, 조만간 망할지도 모르는 회사의 일보다도 다음 일자리를 찾는 데 힘을 쏟게 되어 회사의 실적은 더욱 나빠지기만 할 뿐이다. 이런 상황에서 사장은 어떻게 대응하면 될까?

"여러분, 걱정하지 마십시오! 우리 회사는 아직 괜찮습니다!"

그러나 그렇게 말뿐인 공수표를 누가 믿을 수 있을까? 이렇게 사장이 '괜찮다'고 말하면 말할수록 사원들 사이에는 불안감만 더 커져서 실적이 호전되지 않고 머지않아 도산. 그러나 여기서 태도를 바꾸어 오히려 '약점'을 드러내 보인다면 어떨까?

"여러분, 내 말 좀 들어주십시오. 여러분도 알고 있다시피 솔직히 지금 우리 회사의 경영 상태는 나쁩니다. 이 상태로는 올해를 넘길 수도 없을 것입니다. 그러나 지금 매달리고 있는 프로젝트만 완성시킬 수 있으면 이 위기를 넘길 수 있습니다! 지금은 도산이 먼저일지, 프로젝트의 완성이 먼저일지의 승부처입니다. 여러분, 우리 회사는 지금 버텨야 할 때입니다!"

사장이 사원들에게 회사의 경영 상태를 숨김없이 밝힘으로써 사원들은 오히려 안심할 수 있고, 그때부터 사원들은 하나가 되어 도산의 위기를 넘길 수 있었다고 한다.

그렇다 하더라도 자신의 약점을 드러내는 일은 꽤 많은 용기를 필요로 한다. 자신이 약할 때 약한 부분을 드러낸다. 쉽사리 할 수 있는 일이 아니다. 따라서 이것은 '이제 그 수밖에 없다.'는 순간까지 내몰렸을 때의 '최후의 수단'이라 할 수 있을지도 모른다.

이때의 밀티아데스 장군도 이 방법을 취했다.

앞에서 본 기업 경영의 예에서는 내부인에게 약점을 드러냄으로써 '결속을 도모하는' 효과가 생겼지만, 이번 밀티아데스는 적에게 약점을 드러낸다는 행동에 나서야 하는 것이다.

전선의 길이를 페르시아군의 방진과 같은 길이로 맞추면서 두께도 맞춘다! 이렇게 하면 얼핏 앞에서 보나 옆에서 보나 페르시아군과 같은 길이와 두께가 되지만, 그렇게 하려면 당연히 병력이 부족하므로 부족한 병력은 군 중앙의 전열을 극단적으로 엉성하게 배치하여 조달한다. 즉, 아테네의 진영을 하늘에서 보면 凹자 같은 구조[8]가 되는 것이다.

아테네군의 약점은 수적 열세. 그 약점을 숨김없이 몽땅 노출하려고 하는, 일부러 강조하는 듯한 진형이다. 이것에 어떤 효과가 있다는 것일까?

'절대 우세'를 물리치다

이렇게 해서 마침내 양군은 격돌한다! 유명한 '마라톤 전쟁'[9]은 이렇게 점화되었다.

그러나 정식 방진(직사각형)과 중앙에 구멍이 뚫린 변형 방진(凹형)이 붙으면 어떻게 될지는 불을 보듯 명백하다.

---

8 凹자의 아래쪽이 전방, 좌우가 좌익 · 우익, 한가운데의 움푹 들어간 부분이 중익이 된다.
9 너무나 유명하기 때문에 여기서는 다루지 않지만 '마라톤'의 고사가 된 전쟁이다.

페르시아군 총대장 다티스는 아테네군의 포진을 보고 쾌재를 불렀다.

"멍청한 놈들! 중익이 텅 비어 있지 않은가! 게다가 그 약한 중익에 적장이 있다! 놈의 목을 가져와라!"

대군으로 소군을 친다. 적의 약점을 공격한다. 아군의 공격을 적군의 한 지점에 집중시킨다. 적을 분단시켜서 무력화한다.

어떤 방법을 취해도 병법의 정석을 그대로 따르는 필승 패턴이다.

이렇게 해서 얄팍한 중익은 순식간에 절단 나고, 아테네군의 대열은 강력한 보디블로를 맞은 복서처럼 삽시간에 '〉' 모양으로 꺾여버렸다.

다티스 장군은 승리를 확신했다.

"좋아, 이제 마지막 한 방이다. 놈들의 진형은 분단되어 붕괴 직전이다!"

그러나 다음 순간 아비규환의 지옥이 된 것은 페르시아군 쪽이었다.

"이게 도대체 어떻게 된 일인가!? 지금 무슨 일이 일어나고 있는 거야!?"

방금 전까지 '절대 우세'라 생각하고 밀고 들어간 길의 끝에는 밀티아데스의 함정이 기다리고 있었던 것이다.

"약점을 미끼로 삼아서 승기를 잡는다."

실은 밀티아데스 장군이 굳이 '凹형 진형'을 취하여 약점을 강조한 것은 이것을 미끼로 삼기 위해서였다. 승리를 확신하고 자만한 적은 반드시 이곳(중앙)으로 밀고 들어올 테니, 이렇게 함으로써 전투가 어떻게 전

개되는지 한 걸음 앞서서 내다볼 수 있게 되었고, 거기에서 승기를 찾은 것이었다.[10]

사실, 방진이라는 것은 전방으로부터의 공격에는 매우 강하지만, 측방으로부터의 공격에는 매우 취약하다는 약점이 있다. 페르시아군이 아테네군의 중앙을 돌파하여 좌우로 분단시키는 진형은 관점을 바꾸면 페르시아군을 아테네군이 좌우 양익에서 포위하여 섬멸시키는 진형이라고도 할 수 있다. '필승의 진형'과 '궤멸의 진형'이 완전히 똑같은 모양을 하고 있는 것이다.

둘 중 어느 쪽이 의미를 갖게 되는지는 어느 쪽 장수가 적장보다 먼저 '한 걸음 앞'을 내다볼 수 있느냐에 달려 있다. 페르시아군의 패인은 다티스 장군이 개전 전부터 적 병력이 적은 것을 보고 얕보았다는 것과 그로 인해 자만해져서 전쟁이 진행되는 판국을 읽는 데 게을리 한 것. 따라서 자신들이 시시각각 파멸을 향해 진군하고 있는 것, 적장의 손바닥 안에서 놀아나고 있는 것을 마지막 순간까지 깨닫지 못했던 것이다.

"최대의 적은 자만심."

역사상, 역전패를 당한 패장은 대부분이 무능하거나 그렇지 않으면 자만심에 사로잡혀 있었다. 바꿔 말하면 자만심만 없으면 대부분의 역전패는 피할 수 있다. 이것은 딱히 전쟁에만 국한된 것이 아니라 기업이

---

10 실은 이 '약점을 미끼로 삼아 포위 체제를 구축한다.'는 수법은 이후 자주 사용되게 된다. 나폴레옹도 삼제회전三帝會戰에서 이 전법을 사용하여 대승을 거두었다.

나 개인에게도 마찬가지다.

"날아다니는 새도 떨어뜨릴 기세로 급성장하던 벤처 기업이 순식간에 도산!"이라는 이야기를 항간에서 자주 들을 수 있는데 이 또한 대부분의 경우 사장의 자만심이 원인이다. 우위에 있을 때야말로, 절정에 있을 때일수록, 발밑을 똑바로 응시하면서 자신의 마음이 자만심이나 증상만增上慢[11]에 빠지지 않는지 확인하지 않으면 안 된다고 역사는 가르쳐준다.

---

11 최상의 교법과 깨달음을 얻지 못하고서 이미 얻은 것처럼 교만하게 우쭐대는 마음.

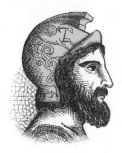

밀티아데스

마라톤 전투에서 페르시아의 대군을 격파하고 일약 '아테네 구국의 영웅'으로 칭송받게 되지만 칭송의 이면에는 '질투'가 따라오기 마련. 그 이듬해 팔로스 섬 원정에 실패하자 바로 그것이 형태를 갖추고 나타난다. '기만죄'라는 의미를 알 수 없는 죄를 뒤집어쓰고 투옥된 그는 그대로 옥중에서 죽음을 맞이한다. 사인은 전쟁에서 입은 상처가 괴저했기 때문이었지만 사람들은 "천벌을 받았다."고 소문을 냈다고 한다. 정말로 무서운 것은 사람의 질투.

페르시아 전쟁

　당시 지구상 유일한 세계 제국인 아케메네스 왕조 페르시아의 침략을 받은 도시국가 그리스는 '복속'이 아니라 '전쟁'을 결심한다.

　페르시아는 1차로 3만 명의 대원정군을 보내지만 카르키디케 반도의 아토스 곶에서 폭풍우를 만나 2만 명이라는 대군을 잃자 일시적으로 후퇴한다. 그래서 2차 원정대 3만 명을 내보낼 때는 아토스 곶을 피해 지중해를 직진하는 코스로 아테네로 향한다. 이것이 본문에서도 이야기한 마라톤 전쟁이 된다.

　고작 일개 도시국가인 아테네에 패하는 치욕을 당한 페르시아는 각지에서 반란이 이어지게 되고, 이것을 평정하는 데 10년이 필요하게 된다. 그리고 마침내 내란을 평정한 페르시아는 3차 원정군을 보내기로 결심하고, 이번에는 10만이라는 대군을 황제 크세르크세스 1세가 직접 통솔하는 친정군으로 전쟁에 임한다.

　그러나 바다(살라미스)와 육지(플라타이아이)에서 연전연패한 페르시아는 이후 쇠망의 길을 걷게 되었다.

10
프리드리히 대왕

1712~1786

프로이센 왕국, 독일 제국을 통틀어
'대왕'으로 불리는 유일한 왕.
4개 대국을 적으로 돌린 전쟁에서 승리한다.

18세기 독일은 분열 시대의 한가운데에 있었다.

10세기에 성립된 신성 로마 제국은 17세기에는 이름만 남고 실체는 없는 존재로 전락했다. 신성 로마 제국을 대신하여 독일을 견인하려고 그 주도권을 다툰 것이 유서 깊은 오스트리아와 신흥 강국 프로이센이었다. 그 외의 작은 제후국들은 어느 진영에 합류할지를 놓고 우고좌면하고 있는 상황.

그런 와중에 한 가지 현안이 된 것이 양국 사이에 위치한 슐레지엔 지방의 귀속 문제였다. 이곳은 매우 풍요로운 지역으로 독일의 주도권을 잡는 데 있어서 중요한 거점이었다. 원래 오스트리아의 영토였지만 프로이센은 이곳을 호시탐탐 노렸다.

숙적 마리아 테레지아

그런 시기(1740년)에 양국에서 동시에 지배자가 교체되었다. 그해 5월에 프로이센 왕 프리드리히 빌헬름 1세가, 10월에는 오스트리아 황제[1] 카를 6세가 죽고 양국 모두 젊은 군주가 왕좌에 올랐다.

프로이센 왕 프리드리히 2세, 스물여덟 살.

오스트리아 황제 마리아 테레지아, 스물세 살.

그러나 오스트리아는 왕위 계승 문제가 발생[2]했고, 곧 유럽 전체가 연루된 대전쟁(오스트리아 계승 전쟁)으로 발전하게 된다.

이에 편승한 프리드리히 2세는 화재 현장의 도둑처럼 혼잡한 틈을 타서 오스트리아로부터 슐레지엔을 빼앗는 데 성공한다. 슐레지엔을 얻음으로써 프로이센은 윤택해졌지만, 마리아 테레지아는 분해서 밤에도 잠을 이루지 못했다.

"싸우지 않고 이기는 것이 최선책!"

이미 보았듯이 손자도 말했다.

— 싸우지 않고 이기는(모략 · 외교) 것이 최선책.

싸워서 이기는(단기전) 것은 차선책.

성을 공격하는(장기전) 것은 하책.

가령 싸워서 이겨도 자국의 피해가 막대하다면 결국 긴 안목으로 보

---

1 엄밀하게 오스트리아의 군호는 '대공'이지만 여러 가지로 까다로운 문제를 안고 있었기 때문에 관습적으로 '황제'라 불린다.
2 이 문제에 대한 자세한 배경은 칼럼을 참조.

면 나라가 망하는 원인이 된다.

"슐레지엔은 반드시 되찾아와주마!"

그렇게 씩씩거리는 마리아 테레지아였지만 그렇다고 해서 이것을 완력(전쟁)으로 되찾아오려고 했다간 프로이센은 프랑스에 원군을 요청할 것이다. 그렇게 되면 앞선 전쟁(오스트리아 계승 전쟁)의 2차전이 되어 전 유럽이 연루된 대전쟁이 될 공산이 크다. 그러면 또다시 패할지도 모르고 설령 이긴다 해도 계속된 전쟁으로 국력이 피폐해져서 '고생에 비해 성과가 없는', 이른바 헛고생만 될 뿐이다.

그래서 마리아 테레지아는 한 가지 계책을 생각해냈다.

싸우지 않고 이긴다!

당시 서유럽의 대국 프랑스는 퐁파두르 부인이 실권을 쥐고 있었고,[3] 동유럽의 대국 러시아는 여제 엘리자베타 페트로브나가 지배하고 있었는데, 프리드리히 2세가 여성 차별 발언을 꺼리지 않고 쏟아내는 인물이라 그녀들은 그를 몹시 싫어했다.

이 점에 주목한 마리아 테레지아는 양국에 사신을 보내 양국과 대 프로이센 동맹을 맺는 데 성공한다.[4]

그리고 스웨덴도 이 동맹에 가담하자 프리드리히 2세는 단번에 곤란한 처지에 놓이게 되었다. 남쪽에 오스트리아, 서쪽에 프랑스, 동쪽에 러시아, 북쪽에 스웨덴이라는, 글자 그대로 '사면초가'의 상태에 빠진 것이다.

---

3 당시의 국왕 루이 15세는 정치에 흥미를 잃고, 퐁파두르 부인이 말하는 대로 따랐다.
4 이것을 '세 자매의 페티코트 작전'이라고 부른다.

그러한 외교적인 성과를 등에 업고 마리아 테레지아는 프리드리히 2세에게 압박을 가했다.

"슐레지엔을 돌려주시오. 그렇지 않으면……."

프로이센은 병력이 고작 15만 명밖에 안 되는 소국이다. 오스트리아만을 상대하기에도 버거운데 4개 대국이 동서남북에서 동시에 공격해 들어온다면 승산은 전혀 없다. 그러나 싸워보지도 않고 힘없이 슐레지엔을 넘겨줄 수는 없었다.

"폐하. 분하신 줄로 압니다만 지금은 물러날 때입니다. 이런 상황에서는 우리나라에 승산이라고는 만에 하나도 없습니다!"

선제공격을 감행해도……

그런데 프리드리히 2세는 신하들의 진언을 단호히 거부했다!

"하, 하지만 폐하! 우리나라의 현재 국력[5]으로는 천지가 뒤집혀도……."

끈질기게 매달리는 신하들에게 프리드리히 2세는 일갈한다.

"겁쟁이는 이 나라를 떠나라!"

"장군이나 잔공격보다 선제공격."

장기에서도 중반 이후의 장군이나 기타 잔공격이라는 것은 그 상황에 이르기까지의 공방의 흐름으로부터 공격을 당하기 전에 대강의 예상이

---

5 참고로 프로이센의 인구 400만 명에 비해 동맹국의 인구는 20배에 달하는 약 8,000만 명이었다.

가능하다. 따라서 대책도 세우기 쉽다. 그러나 선제공격을 당했을 때의 불리함을 만회하는 것은 매우 어렵다.

프리드리히 2세는 거기에 모험을 걸기로 했다.

"선제공격을 감행한다!"

한편 오스트리아의 진영에서는 이런 상황에서 설마 프로이센이 공격해오리라고는 꿈에도 생각하지 못하고 전쟁 준비도 하지 않았다. 그 결과 선제공격을 당한 동맹군은 서전에서 연전연패를 당한다. 그러나 역시 이번에는 국력의 차이가 너무나 많이 났다. '선제공격'으로 모처럼 얻은 유리한 상황도 시간이 흐르자 그 효력이 떨어졌고, 마침내 프로이센은 패퇴를 거듭하기 시작했다.

고전, 고전, 고전

동쪽에서는 러시아군, 서쪽에서는 프랑스군, 남쪽에서는 오스트리아군, 총 30~40만에 이르는 대군이 밀고 들어오기 시작했다.

프리드리히 2세는 글자 그대로 동분서주하며 힘든 전투를 치르고 있었다. 목에는 자살용 독약이 든 금 로켓[6]을 달고.

그의 분전이 알려지지 않은 경우도 많고, 한 번 이기면 두 번 패하는 식으로 점점 상태가 악화되어갔지만, 그래도 그는 필사적으로 계속 싸웠다.

그러나 그 노력도 헛되게 그는 점점 파국이 다가오는 것을 느꼈다.

---

6 locket. 장신구의 하나. 사진이나 기념품, 머리카락 따위를 넣어 목걸이에 다는 작은 갑으로, 모양이 여러 가지이며 보통 금이나 백금으로 만든다.

"우리의 운명도 다했구나. 하지만 나는 죽는 그날까지 검을 놓지 않겠다!"

그의 그러한 불굴의 정신은 어디에서 온 것일까? 과도한 스트레스로 인해 불면과 위통과 피해망상에 시달리면서도 그는 검을 놓으려고 하지 않았다.

크네르스도르프 전투(1759년)에서는 한 번에 2만 명의 장병을 잃고 군은 붕괴되었고, 한때 프리드리히 자신도 전사할 뻔한 상황까지 몰린 적도 있었다. 이로 인해 왕도王都인 베를린은 완전히 무방비 상태, 지키는 자도 없고, 지금 이 상황에서 다시 한 번 공격을 받는다면 프로이센은 확실히 멸망할 것이다.

동맹군도 '앞으로 한 번의 공격이면 된다.'는 생각으로 베를린 총공격의 준비에 들어갔다.

이미 진퇴유곡이었다.

"자신이 괴로울 때는 상대도 괴롭다."

이런 절망적인 상황에서는 그토록 대단한 불굴의 사내인 프리드리히 2세의 마음도 꺾일 것 같았다.

"난 이대로 살아서 조국의 멸망을 볼 생각은 없다."

그는 로켓에 들어 있는 독약을 삼키려는 생각조차 할 정도였다. 그러나 그는 꾹 참았다. 자신이 괴로울 때는 상대도 괴로운 법. 전쟁은 '누구의 마음이 먼저 꺾이느냐'는 끈기 대결이다. 그는 그러한 절망적인 위기를 맞이하고도 희망을 버리지 않았던 것이다.

포기하지 않으면 세상에 무슨 일이 일어날지 모른다. 아니나 다를까 베를린 총공격을 준비하고 있던 오스트리아와 러시아 동맹군 사이에 균열이 생기기 시작하더니 화난 러시아군은 군사들을 철수시켰고, 프랑스는 프랑스대로 전선 이탈을 고려하는 등 동맹군의 행보가 엇갈리면서 더 이상 추격할 상황이 아니게 되었다.

그동안 프리드리히 2세는 전열을 정비할 수 있었다. 그야말로 구사일생[7]의 순간이었지만 위기가 완전히 사라진 것은 아니었다.

그 후에도 일진일퇴의 괴로운 전투가 이어진다. 게다가 더욱 악화된 상황 속에서 61년 슐레지엔을 오스트리아군에게 빼앗긴 것은 치명상이 된다. 이로 인해 프로이센은 경제의 기초를 잃고, 더욱 힘든 상황에 빠진다. 이렇게 되자 이제는 만회에 대한 희망도 없다.

이때 그의 나이 아직 쉰 살 전이었다는데 이미 노인처럼 늙어버렸다고 하니 이처럼 절망적이고 괴로운 전투를 오랫동안 할 수 밖에 없었던 것이 프리드리히의 정신을 얼마나 갉아먹었는지 알 수 있다.

그러나 그것도 끝이 다가오고 있었다. 마침내 그도 '항복'이라는 두 글자를 생각하며 신하들과 상의하기 시작했을 때 그의 귀에 낭보가 전해진다.

"폐하! 급보입니다. 러시아의 여제 엘리자베타가 서거했다고 하옵니다!"

---

7 이것을 '브란덴부르크의 기적'이라고 한다.

"뭐라고!? 그 할망구가 결국 숨을 거두었단 말이냐? 그래, 차기 황제는!?"

"조카인 표트르입니다!"

표트르라면 독일에서 자라 프리드리히 2세의 숭배자였다. 그가 표트르 3세로 즉위하자마자 즉각 프로이센에서 군대를 철수시켰을 뿐만 아니라 프로이센과 군사 동맹을 맺고 오스트리아에 선전포고를 한다. 갑작스럽게 프로이센과 러시아의 협공을 받게 된 오스트리아군은 결국 전쟁에서 패했다. 프로이센은 슐레지엔을 다시 탈환하고, 오스트리아로부터 화의 신청을 받기에 이른다.

프리드리히 2세는 이 괴로운 전쟁을 승리로 이끌 수 있었던 것이다!

"위기는 기회를 낳는다. 인간의 지혜가 미치지 않는 원리로."

이번 프리드리히의 승리는 '러시아 여제의 죽음'이 가져다주었다. 그것은 얼핏 프리드리히 2세의 노력과는 아무 관계가 없는 것처럼 보인다. '때마침 운 좋게' 러시아의 여제가 죽어주었을 뿐이다.

그렇게 생각하는 경향이 있는데, 그렇게 단순하지만은 않다. 왜냐하면 역사를 들여다보면 '우연'이라고 하기에는 이런 사례가 너무 많기 때문이다. 어떤 인물에게 '최대의 위기'가 닥쳤을 때 신기하게도 그 사람이 알지 못하는 곳에서 '최대의 기회'가 만들어져서 움직이곤 한다. 단지 그것이 '당사자와는 무관하게' 움직이고 있기 때문에 눈앞의 절망적인 상황에 좌절하여 그 '기회'가 오기 전에 사태가 끝나버리는 경우가 많을 뿐이다.

필자도 어떤 힘·원리가 작용하여 그러한 인과법칙이 생기는지는 알 수 없다.[8]

그러나 인간의 지혜가 미치지 않는 곳에서 '위기가 기회를 만들어내는' 것은 확실하다. 큰 위기를 앞에 두고 좌절하려고 할 때 이 '프리드리히의 기적'을 떠올릴 수 있다면 반드시 어딘가에서 '기회'가 자라고 있다는 것을 믿고 다시 한 번 분발할 수 있지 않을까?

---

8 단지 우리가 사는 이 우주라는 것은 모두 '조화'와 '균형'으로 이루어져 있기 때문에 그러한 우주 원리가 작용하여 '위기'에 대해 균형을 맞추려고 '기회'가 우주의 섭리의 일환으로서 만들어지는 것일지도 모른다.

프로이센 왕국, 독일 제국의 역대 군주를 통틀어서 유일하게 '대왕'이라 불리는 명군. 어렸을 때는 부친에게 반발하여 영국으로 망명하려고 한 적도 있고, 오랫동안 계몽사상에 심취하여 한때 볼테르와 동거한 적도 있다. 7년 전쟁 후에는 평온한 여생을 보냈다.

프리드리히 대왕

오스트리아 계승 전쟁

본문의 주제인 7년 전쟁은 오스트리아 계승 전쟁이 도화선이 되었다.

1716년, 신성 로마 제국의 황제 카를 6세의 황태자 레오폴트가 요절하고, 이듬해 딸(마리아 테레지아)이 태어나자 카를 6세는 이 딸에게 가령家領을 상속하려고 한다. 그러나 오스트리아는 전통적으로 '남자 상속'.

일단 앞서 '가헌(프라그마티셰 장크치온)'이 제정되어 여자 상속도 인정되고 있었지만, 이것은 아직 공시되지 않아 실체가 없는 것이었다. 그래서 카를 6세는 이것을 공시하고 국제 승인을 받기 위해 진력한다.

특히 카를 6세가 죽은 뒤 가령의 계승을 노리고 있던 조카사위인 바이에른 공과 작센 공을 설득하기 위해 꽤 많은 양보를 한 끝에 이를 인정받았다. 그러나 막상 카를 6세가 죽자 바이에른 공은 "가헌을 인정할 수 없다!"며 군사를 일으켰다.

이것이 오스트리아 계승 전쟁이 된 것이다.

6장

방침의 관철인가, 전환인가

상황이 바뀌면 방침도 바뀐다.
하나의 방침에 집착해서는 안 된다.

◆

　사람은 어쨌든 뭔가 한 가지에 집착하는 경향이 있다. 여성에게 집착한다. 돈에 집착한다. 명예에 집착한다.

　그러나 그것은 대부분의 경우 불행을 초래한다.

　한 여성을 사랑하는 것은 좋지만 집착하면 자신이 괴로울 뿐만 아니라 사랑하는 여성도 불행해진다. 돈을 소중히 여기는 것은 뭐라 할 일이 아니지만 돈에 집착하면 마음은 황폐해지고 사랑을 놓치게 된다. 결국 진실한 사람은 떠나가고 자기 주위에 남는 사람은 욕망으로 똘똘 뭉쳐서 사랑을 모르는, 자신과 같은 종류의 사람들뿐이다. 명예란 것은 원래 구하는 것이 아니라 결과로서 주어지는 것이다.

"집착은 모든 악의 근원."

　불교 등에서도 집착을 매우 경계하고 있다.

　그리고 이번 장의 주제이기도 한 '하나의 방침에만 집착한다.'는 것도 안 된다.

예를 들어 어떤 방법을 실행해본 결과 큰 성공을 거두었다고 하자. 그러면 많은 사람들은 금세 그 '성공법칙'에 마음을 빼앗겨서 '언제 어떤 상황에서도 그 방법이 통한다.'고 믿고 그 다음에도, 그 다음에도 늘 같은 방법으로 해결하려고 한다. 그러나 실제로는 상황은 시시각각 변하고, 당연히 그에 대응하는 방법론도 바뀌게 되므로 그것은 몰락의 길로 가는 이정표가 된다.

예를 들면 이렇다.

중국의 전국시대, 조나라의 효성왕[1] 치세 때의 일이다.

당시 급속하게 국력을 키운 이웃나라 진이 백기 장군의 지휘하에 대군을 이끌고 공격해온 적이 있었다. 국가의 존망의 기로에 서서 조나라의 총대장 염파가 장평에서 농성하며 버텼지만 2년이라는 세월이 흘러도 전황에는 아무런 변화가 보이지 않았다. 초조해진 조왕은 사태를 타개하기 위해 노장 염파를 경질하고 신임 총대장으로 임명한[2] 것이 조괄이었다.

조괄은 아직 어린 나이였지만 명장으로 이름이 높은 조사 장군의 아들로 어렸을 때부터 모든 병법서에 통달했고, 커서는 부친조차 논파할 정도로 '병법의 천재'라 불리던 명문 출신이다.

그러나 막상 뚜껑을 열어보니 조군은 진군에게 실컷 농락을 당하며 45만 명이라는 병사를 잃는 대패를 당하고,[3] 조나라는 재기할 수 없을

---

1 공소으로는 조나라의 제8대, 왕으로는 제2대 군주(266 B.C.~245 B.C.).
2 진나라의 재상 범저의 모략 때문이기도 했다.
3 장평대전(260 B.C.).

정도로 큰 타격을 입게 된다.

시간은 흘러 초한 전쟁 무렵, 한신이 소하의 눈에 들었을 때 그가 한신을 시험하려고 다음과 같은 질문을 했다.

"전국시대의 조나라에 '병법의 천재'라 불린 조괄 장군이 있었네. 그런데 그는 장평 전투에서 진군에 대패를 당해 조나라가 멸망하는 원인을 제공했다고 하더군. '병법의 천재'인 그가 왜 그런 지경에 이르게 되었겠나?"

이에 한신이 대답했다.

"그것은 조괄이 병법서의 글자를 그대로 사기死記[4]했을 뿐이기 때문입니다. 병법이라는 것은 기후, 지형, 상황 등에 따라 임기응변으로 대응해야 하는 것. 병법서에 씌어 있는 것은 어디까지나 일반론. 그것을 이해하지 못하고 단어 그대로 실천하니까 패한 것입니다."

상황 · 환경은 시시각각 변한다. 방법론도 이것에 맞춰 항상 수정해야 한다.

이번 장에서는 이것에 대해 배우도록 하겠다.

---

4 그대로 외우는 것. 중국어에서는 내용을 이해하지 못하고 그대로 외우는 것을 '사기(죽은 기억)'나 '사배死背(도움이 되지 않는 지식)'라고 한다. 이런 식으로 얻은 지식 등은 실천하는 데 전혀 도움이 되지 않는다.

11
소양왕

306 B.C.~251 B.C.

중국 전국시대 말기의 진왕.
훗날 천하를 통일하는 시황제의 증조부.
간신의 중상모략에 놀아나는 경우가 많았다.

기원전 3세기의 중국. 오랜 세월 이어져온 전국의 난세도 급속하게 그 균형이 무너져가고 있었다. 춘추시대[1]가 시작될 무렵에는 200을 헤아리던 기라성 같은 제후국들이 이 무렵에는 겨우 일곱 개로 압축되어 있었다.

소위 '전국 7웅'[2]이다. 7웅 중에서도 특히 진나라의 세력이 강대해져 있었는데, 그 무렵의 진왕이 소양왕이다.

우유부단한 왕

그러나 안타깝게도 그는 간신배의 중상모략에 일일이 좌지우지되는 우유부단한 왕이었다.

이 무렵 현자로서 이름이 높았던 맹상군[3]이라는 인물이 있었는데, 소

---

1 770 B.C.~403 B.C.
2 서쪽 또는 북쪽에서부터 순서대로 진, 조, 위, 한, 초, 연, 제의 7국.
3 '맹상군'이라는 것은 사후에 붙여진 이름으로 본명은 전문. 제나라 사람 '전국시대 4공자'라 불리는 현자의 필두격. 다른 세 명은 평원군, 신릉군, 춘신군.

양왕이 그를 흠모하여 재상으로 예우한 적이 있었다.

그런데 언제나 우수한 인재를 두려워하는 자가 소인배다.

'외국 놈에게 왕의 총애를 빼앗길 수 없다!'

그렇게 생각한 자가 왕의 귀에 대고 속삭였다.

"폐하, 분명히 그는 당대 으뜸가는 현자일지도 모릅니다. 허나 그는 결국 제나라 사람, 외국인이옵니다! 틀림없이 국익에 반하는 헌책을 그 럴듯하게 꾸며서 올릴 것입니다. 그렇다고 제나라로 돌려보낸다면 우리나라에 위협이 될 터이니 죽여 없앰이 바람직하다 사료되옵니다!"

"진위를 감정하기 위해서는 심안을 키워야 한다!"

참언讒言인지, 충언인지를 감정하는 것은 매우 어렵다고 흔히들 말하는데 그것은 '발언 자체'를 감정하려고 하기 때문에 교언영색에 현혹되어 진실이 보이지 않게 되었을 뿐, 심안을 키우면 비교적 간단하다. 즉, '참언(중상모략)'이라는 것은 반드시 무능한 자가 스스로를 지키려는 의도에서 나온 말이므로 '발언 자체'가 아니라 '발언자의 입장과 심리'를 읽을 수 있으면 이것을 감정하는 것은 어렵지 않다. 하긴 이번의 "현자를 주살하라."는 말은 '심리'를 읽을 것까지도 없는, 너무나 알기 쉬운 참언이었지만, 소양왕은 이조차 간파하지 못하고 즉각 맹상군을 주살하려고 한다.[4]

---

4 현대에도 우수한 사원이 무능한 사원의 참언에 의해 회사에서 쫓겨나는 처지가 되는 경우는 드물지 않다. 그러나 그것을 용납하는 회사는 뛰어난 인재는 없어지고 무능한 인재만 남는 결과가 되기 때문에 미래가 없다.

그런데 이를 안 애첩이 말리자 바로 철회. 철회된 것을 안 간신에게 다시 한 번 설득을 당하자 재차 주살하려고 한다.[5]

분명 '초지관철'이 좋은 경우가 있는가 하면 '방침 전환'이 좋은 경우도 있고, 그것을 감정하기가 매우 어려운 것이 사실이지만 그의 경우는 단순히 우고좌면일 뿐 말할 거리도 안 된다.

부하 덕에 조나라를 궁지에 몰아넣고도……

그러나 그는 부하 덕을 톡톡히 본다. 불패 장군 백기(무안군)가 조나라를 공격해 장평에서 초토화시킨 이야기는 본 장의 서문에서 다뤘다.

조나라는 이 일전으로 총 45만 명(전 병력의 4분의 3)의 병사를 단숨에 잃었고, 그로 인해 조나라의 수도 한단은 무방비 상태가 된다. 지금 이 상황에서 진나라의 공격을 받는다면 한 순간도 버티지 못한다. 조나라는 아무런 저항도 하지 못한 채 멸망할 수밖에 없는 절체절명의 순간에 다다른 것이다.

'방법이 없구나. 여기까진가!?'

조나라 전체에 비장한 공기가 퍼지는 가운데 진나라에서 사신이 찾아와 말한다.

"자애로우신 진왕께서는 조나라가 성 여섯 개를 우리나라에 바친다면 강화에 응해도 좋다고 말씀하셨소!"

강화? 이 상황에서?

---

5 이때의 맹상군이 보여준 드라마틱한 탈출극이 '계명구도鷄鳴狗盜'라는 사자성어의 고사가 된다.

이 제안에 대해 조나라 조정에서는 정확히 둘로 의견이 갈렸다.

"우리나라에 더 이상 싸울 힘은 없소. 멸망까지 각오하던 차에 성 여섯 개로 마무리 지을 수 있다면 싸게 막는 것이오. 고작 여섯 개의 성이 아까워서 진을 자극하여 나라를 멸망에 이르게 하는 것은 당치도 않소!"

그러나 반대파는 반발했다.

"진은 이런 대승을 거두고도 성 여섯 개로 군사를 철수시킨다고 하오. 이상하지 않소? 진에 아직 싸울 여력이 있다면 이렇게 좋은 조건을 내걸 리가 없소. 필시 진은 이미 싸울 힘을 잃은 것이 분명하오. 성을 내줄 필요가 없소!"

성을 내주어야 할지, 내주지 말아야 할지, 조왕의 판단에 국가의 존망이 달려 있었다.

"순망치한."

고민에 고민을 거듭한 끝에 조왕은 '성을 넘겨주지 않는다.'고 결단을 내렸다. 그러자 어떻게 된 일인지 진은 이에 항의하지도 않고, 그렇다고 공격에 나서지도 않고, 그대로 군사를 철수시켰다.

그렇다. 앞에서도 배웠듯이 '자기가 괴로울 때는 적도 괴로운' 법이다.

만약 조나라가 여기서 굴복하여 성 여섯 개를 내주었다면 어떻게 됐을까? 조나라는 한단의 중요한 방어선을 잃고 이듬해 진이 공격해왔을

때 이를 막아낼 방법이 없었을 것이다.[6]

이것이야말로 춘추시대 우나라의 현신 궁지기가 말한 '순망치한脣亡齒寒'이다. 입술(여섯 성)이 없는데 어떻게 이(한단)를 추위로부터 지킬 수 있겠는가?

대승을 거두고도 철수한 이유는?

진은 왜 철수했을까?

실은 장평 전투에서 대승을 거두긴 했지만, 이미 장평에서 진은 2년에 걸친 농성전을 치러야만 했다. 농성전이라는 것은 공격하는 쪽(진)에 막대한 손실을 입히기 마련이다. 장평에서 조군에 치명적인 타격을 입혔을 때 이미 진군의 피로도도 한계에 다다랐던 것이다.

그래서 소양왕은 이 대승을 계기로 백기에게 일단 군사를 퇴각시키라는 명령을 내린다.

전령을 받은 백기 장군은 기겁한다.

"뭣이라!? 폐하께서 군사들을 철수시키라고 명하셨다고? 앞으로 일전! 앞으로 일전만 더 치르면 한단을 함락하고 조나라를 멸망시킬 수 있는데!?"

백기 장군은 즉각 진나라의 수도(함양)로 돌아가 왕에게 생각을 거두라고 진언했지만 소양왕은 완강하게 고개를 끄덕이지 않았다.

"그리 할 수는 없소……. 오랜 전쟁으로 병사들의 피로도가 극에 달했

---

6 이때의 여섯 개 성은 4장에서 배운 '오사카 겨울 전투의 바깥 해자'와 같은 곳이다. 그것을 적에게 내
   준다면 '막다른 곳'을 자초하는 것이다.

다는 보고도 들었고, 국고도 비명을 지르고 있는 형편이오. 백성들도 굶주림에 시달리고 있으니 이 이상의 증세도 무리. 지금은 일단 물러나고, 예기를 가다듬은 후에……."

백기가 아무리 설득해도 왕은 꿈쩍도 하지 않았다.[7]

다시 말해서 진은 처음부터 '여섯 개의 성'을 받든 받지 못하든 철수가 정해진 수순이었던 것이다.

그리고 이듬해 진은 병사들에게 충분한 휴식을 취하게 하고, 백성들을 쉬게 하고, 무기를 정비하고, 군량미를 비축한 뒤 다시 출병을 결심한다.

소양왕은 즉각 백기 장군을 불러 이렇게 말했다.

"드디어 준비가 끝났소! 백기 장군, 그대가 그토록 기다리던 출격의 때가 왔소이다. 이번에야말로 반드시 조나라를 멸망시켜주시오."

의욕 충만, 의기양양한 소양왕.

그런데 백기 장군은 침통한 표정으로 대답한다.

"폐하, 그럴 수 없사옵니다. 감히 아뢰옵니다만, 신은 이번 출병에 반대하는 바입니다."

이게 어떻게 된 일일까? 지난해 진이 그토록 어려운 상황일 때도 백기 장군은 전쟁을 계속하자고 주장했다. 백성들을 쉬게 하고, 군사들을 키우고, 식량을 비축하여 전쟁을 치르기에 만반의 준비가 갖춰진 지금, 어째서 백기 장군은 출병에 반대하는 것일까?

---

7   실은 재상 범저의 음모가 배후에 있었는데 그 자세한 내용은 칼럼을 참조.

"상황이 바뀌면 방침도 바뀐다."

진왕이 그 이유를 묻자 백기 장군은 이렇게 대답했다.

"작년의 진은 확실히 어려운 처지에 있었사옵니다. 그러나 조나라는 그 이상으로 어려웠습니다. 어려운 와중에도 그때 조나라와의 일전을 폐하께서 허락하셨다면 지금 조나라는 존재하지 않았을 것이옵니다. 우리나라는 지난 1년 동안 체력을 회복했을지도 모릅니다. 그러나 조나라는 군신이 일체가 되어 와신상담, 국력을 회복하는 데 총력을 기울였을 뿐만 아니라 인접 국가들과의 화친을 도모하여 연 · 제 · 위 · 초를 아군으로 끌어들였고, 이들 4개국과 동맹을 맺는 데 성공했습니다. 우리나라가 두 배로 강해지는 동안 조는 열 배로 강해져버린 것이옵니다. 그때와는 상황이 전혀 다릅니다. 개전에는 찬성할 수 없습니다."

그러나 소양왕은 역정을 냈다.

"제기랄, 군은 이미 소집했소. 이제 와서 물릴 수는 없는 일! 좋소, 그대에게는 맡기지 않으리다!"

이렇게 해서 소양왕은 그의 반대를 물리치고, 다른 장군(왕릉)에게 군권을 맡기고 출병시키지만 대패한다.

사람은 한번 움직이기 시작하면 좀처럼 궤도를 수정하지 못한다. 특히 집단으로 움직이는 '조직'은 궤도 수정이 어렵다. 그러나 그것이 때로는 신세를 망치는 원인이 되기도 한다.

"물러날 줄 아는 용기는 나아가는 용기를 이긴다."

예를 들면 메이지 시대, 일본은 국가의 존망을 걸고 러시아와 전쟁을 벌였다. 소위, 러일전쟁이다. 그 결과 운 좋게 러시아에 승리할 수 있었고, 만주는 일본의 세력 아래로 들어왔다. 이렇게 막심한 희생을 치르고 손에 넣은 만주였지만, 머지않아 일본은 만주를 힘에 겨워하게 된다. 그러자 일각에서는 "차라리 만주를 버리자!"는 목소리가 나오기 시작하지만[8] 그때마다 그런 목소리는 다음 한마디로 묵살되었다.

"지금 만주를 버린다면 10만 영령[9]에 면목이 서지 않는다!"

그 '10만 영령'에 집착하는 바람에 중일전쟁, 제2차 세계대전이라는 참화를 저지른 결과 300만 명이라는 영령을 추가로 내게 된 것이다.

러일전쟁의 '10만 영령'은 러일전쟁이 일어난 시점에서의 국난을 회피하기 위해 치른 희생이지 만주를 유지하기 위한 것은 아니었다. 러일전쟁 때와는 상황이 바뀌어 만주가 일본에게 무거운 짐이 되었다면 이것을 버리는 것을 마다해서는 안 되었던 것이다.[10]

시시각각 변하는 상황을 늘 주시하며 방법론에 수정·개정을 가한다. 때로는 물러나는 것도 마다하지 않는다. 매우 어려운 일이지만 일을 성사시키기 위해서는 매우 중요한 일이므로 역사를 배움으로써 이것을 마음에 새겨야 한다.

---

8 이시바시 단잔의 '일체를 포기하는 각오' 등.
9 러일전쟁의 희생자.
10 그렇다고 해서 이것은 어디까지나 '합리론'이지 '감정론'으로는 납득할 수 없을지도 모른다. 조직이 개인보다 궤도 수정이 어렵다는 것도 실은 그 점에 있다.

소왕이라고도 불린다. 간신의 참언에 쉽게 좌우되고, 겉치레 말에도 능한 왕은 아니었지만, 범저의 '원교근정遠交近政' 책이 공을 세워 그의 시대에 진나라는 통일의 발판을 마련한 것도 사실이었다. 한때 '서제西帝'를 참칭할 정도였지만, 금방 취소하였다.

소양왕

백기 장군을 함정에 빠뜨린 간신 범저

조나라를 멸망시키기 위해 단 한 번의 공격만 남겨놓은 상황에서 소양왕이 철수를 명한 것은 재상인 범저가 백기 장군의 전공을 질투하여 왕에게 훈수를 두었기 때문이다. 이듬해에는 백기의 반대를 묵살하고 조나라로 출병하도록 왕을 부추긴 것도 그였다.

결국 전쟁에서 대패하자 이번에는 출병에 반대한 백기 장군에게 출격을 명하게 한다. 그러나 장군이 병을 핑계로 고사하자 "백기는 자기 의견을 듣지 않아서 이 꼴이 되었다고 말하고 있습니다."라고 왕에게 참언, 이에 격노한 소양왕은 그에게 죽음을 명한다.

소양왕이 죽은 후 효문왕(치세 1년), 장양왕(치세 2년)을 거쳐 시황제로 이어졌으니 만약 이때 백전백승의 장군인 백기가 살아 있었다면 통일은 훨씬 앞당겨졌을 것이다.

정치가로서 결코 무능하지는 않았지만, 항상 보신保身을 우선시하고, 그러기 위해서라면 국익에 도움이 되는 인물이라도 연달아 함정에 빠뜨린 간신 범저. 그러나 그에 대한 세상의 평가는 생각 외로 높다.

12
필리프 페탱
1856~1951

제1차 세계대전 때 독일군의 맹공을 격퇴하고
조국을 지킨 프랑스 구국의 영웅.
그러나 말년에는 매국노로 사형 판결을 받는다.

페탱 장군 하면 제1차 세계대전 때 가열하기 짝이 없는 독일의 맹공에 굴복할 뻔한 조국을 그 마수에서 구해낸 '구국의 영웅'으로서 적어도 프랑스에서는 모르는 사람이 없는 유명인이다. 그리고 동시에 제2차 세계 대전 때 독일의 침공을 앞두고 조국을 적에게 팔아넘긴 '매국노'로도 유명하다.

'두 얼굴'을 가진 남자

같은 인물인데 이렇게 정반대의 얼굴을 가진 사람도 드물다.

제1차 세계대전 후 국민들의 갈채를 한 몸에 받았던 그가 그로부터 4반 세기 후에는 사형 판결을 받을 정도로 국민들로부터 증오의 대상이 된 이유는 무엇일까?

그는 제1차 세계대전이 발발할 무렵 이미 쉰여덟 살이었다. 퇴역을 눈앞에 두고 있었음에도 불구하고 대령(연대장)[1]에 머무를 정도로 전혀 주목을 받지 못하는 군인이었다.

"재능은 햇빛을 받아야 꽃을 피운다."

그것은 그가 무능했기 때문이 아니라 그가 군인으로서 절정기에 올랐을 무렵에는 큰 전쟁이 일어나지 않아서 그의 재능을 발휘할 장이 없었기 때문이다. 아무리 뛰어난 재능을 갖고 있어도 그 재능을 발휘할 장이 없으면 어쩔 도리가 없다. 자칫 (특히 젊은이는) '재능만 있으면 출세할 수 있다!'고 꿈을 꾸는 경향이 있는데, 안타깝게도 현실은 그렇지 않다.

예를 들면 후한 왕조의 초대 황제가 된 유수(광무제)도 재능이 뛰어난 인물이었지만 그가 젊었을 때 "관직에 오른다면 집금오執金吾,[2] 아내를 얻는다면 음여화陰麗華,[3]"라고 장래의 꿈을 말했다가 주위의 비웃음만 샀다.

"어디서 횡설수설이야······?"

"음, 말로는 뭔들 못하겠어."

'꿈 많은 젊은이의 허언'으로 받아들여진 것도 무리는 아니었다. 실제로 시대가 움직이지 않았다면 이 '허언'은 말 그대로 허언으로 끝났을

---

1 그가 지휘한 제33보병연대의 부하 중에는 훗날 제5공화제 초대 대통령이 되는 드골이 있었다.
2 수도의 순찰 및 경비를 맡는 장관 현대의 서울지방청장.
3 유수의 동향 사람으로 당시 미인이면서 총명하기로 평판이 높았던 광무제의 두 번째 부인.

것이고, 그의 이름이 역사에 새겨지는 일도 없었을 것이다.

그러나 그 후로 역사는 급속하게 움직이기 시작한다. 각지에서 반란이 일어나며 전란의 세상이 열리자 그는 두각을 나타냈고, 결국 도저히 손에 넣을 수 없을 것 같았던 '그림의 떡' 음여화를 아내로 맞이했을 뿐만 아니라 집금오에서 만족하지 않고 황제의 자리에까지 오르게 되었던 것이다.

이 모든 것이 '시대'가 그에게 '재능을 발휘할 수 있는 무대'를 마련해 주었기 때문이다.

인간은 재능만으로는 출세할 수 없다. 시대의 요청을 받거나 혹은 남(윗사람)에게 발탁되지 않으면.

필리프 페탱도 그러한 점에서 시대의 덕을 보지 못하고 지금까지 제자리걸음만 하고 있었다.

'햇빛'이 비친 순간

그러다 마침내 제1차 세계대전이 발발한다.

당시 프랑스 참모본부의 '적극적 공격론'이 모두 어그러지면서 독일군은 파죽지세로 프랑스의 북동부를 연이어 점령한다. 조국이 순식간에 존망의 기로에 선 것이다. 이때 '적극적 공격론'에 혼자 이견을 달았던 페탱에게 이목이 집중된다.

"그러고 보니 저 페탱이라는 사내만이 '공격론'에 반대한 셈이군. 처음부터 저 사내의 작전을 채용했다면 이런 상태가 되지 않았을지도 몰라."

이렇게 주목을 받은 페탱은 출세 가도를 달리기 시작했고, 또 그 기대에 부응해 전과를 올렸다. '햇빛'이 비친 순간 그야말로 '물 만난 물고기'였다.

병법의 '기본 정신'이란?

그럴 때 독일군에 포위된 베르됭 요새가 함락되기 직전의 상황에 처하게 된다. 베르됭이라면 프랑스의 수도 파리의 '절대방어선'이다. 이곳이 적의 수중에 넘어간다면 파리까지 독일군을 막을 것은 아무것도 없다. 독일군은 들판을 내달리듯 거침없이 파리로 진격할 것이다. 다시 말해서 베르됭의 함락은 곧 파리의 함락을 의미하고, 그것은 또 프랑스의 멸망을 의미한다.

"안 돼! 이대로는 베르됭이 끝장이다!"

"무능하고 부지런한 일꾼은 제거할 수밖에 없다."

이 무렵 독일의 작트 장군이 한 말[4]이다.

"유능한 자든 무능한 자든, 부지런한 자든 게으른 자든 각각 용도가 있다. 얼핏 용도가 없는 것처럼 보이는 '무능하고 게으른 자'도 용도는 있다. 그러나 '무능'하고 '부지런한 자'의 조합만은 안 된다. 무능한 주제에 부지런한 자는 쓸모가 없을 뿐만 아니라 살려두면 해만 되기 때문에

---

4 유능하고 부지런한 자는 참모에 적합하다. 유능하고 게으른 자는 사령관이 어울린다. 무능하고 게으른 자는 병사로 쓸 수 있다. 그러나 무능하고 부지런한 자는 제거할 수밖에 없다.

죽일 수밖에 없다."

사령관이 무능하기만 하면 또 모르지만 그 무능함을 깨닫지 못할 때 병사들은 비참하다. 이때의 프랑스 참모총장인 조제프 조프르는 '적극적 공격론'의 선봉에 서서 그저 돌격밖에 외칠 줄 모르는 인물이었다. 바로 작트 장군이 말하는 '무능하고 부지런한 자'의 전형이다.

"프랑스군의 목적은 독일 야전군의 격파다! 공격만이 그 목적을 달성할 수 있다! 요새에서 나가 싸워라! 출격하라!"

물론 자국(프랑스)의 영웅이자 용병의 천재 나폴레옹은 "요새에 틀어박힌 자는 반드시 토멸당한다."[5]는 말을 남겼다. 그러나 그것은 요새가 포위되어 보급이 끊겼을 때의 이야기이고 이번처럼 아직 배후에 병참을 확보하고 있는 경우는 이야기가 다르다.

그리고 성이나 요새를 공격할 때는 공격하는 쪽이 압도적으로 손해가 크기 때문에 이 경우에는 배후의 보급에 의지하며 요새에 틀어박혀서 적이 피폐해지기를 기다리는 것이 가장 좋다.

그러나 조프르 참모총장은 그것을 전혀 이해하지 못했다. 기껏 요새라는 강력한 무기를 갖고도 일부러 그것을 포기하고 출격했으니 프랑스군이 터무니없는 손실을 입은 것은 당연하다.[6]

더 이상 뒤로 물러날 수 없게 된 조프르 참모총장은 히스테릭하게 "철저하게 공세를 취하라!"라는 말만 계속 외칠 뿐이었다.

당시 참모차장이었던 에두아르 카스텔노는 이를 보다 못해 진언한다.

---

5 그의 저서 《보케르의 야식》에 나온 말.
6 이 '베르됭 요새 공방전'에서는 프랑스와 독일 양군을 합해서 100만 명 가까운 병력이 손실된다. 이러한 손실은 1차 대전 전체를 놓고 봐도 최대급이었다.

"저기, 잠시만 각하! 여기서 일단 저 페탱 장군을 베르됭의 총사령관에 임명하여 써보시는 건 어떻겠습니까?"

분명 지금의 이 사태를 타개하지 못하면 조프르에게 책임이 돌아온다.

이렇게 해서 페탱이 참모부에서 베르됭 총사령관에 임명되었을 때 그는 자신만만하게 선언한다.

"적은 결코 여길 통과할 수 없을 것이오! 안심하시오!"

그가 선택한 작전은 '종심방어전술縱深防禦戰術'. 이것은 그가 고안한 오리지널 신전법이 아니라 '마라톤 전쟁'이나 '칸나에 전쟁', 혹은 '삼제회전' 등등 옛날부터 사용된 전술과 그 근본에 흐르는 정신은 같다.

1. 우선 일부러 적에게 약점을 노출시켜서 적에게 그 약점을 공격하게 하고,
2. 방어 지점이 돌파되어도 저항하지 않고 오히려 군사를 물린다.
3. 기세가 오른 적군이 더욱 깊이 밀고 들어와도 적군의 포위태세를 구축하는 데 진력한다.
4. 적군이 알아차렸을 때는 전후좌우의 포위망이 완성된 상태이니 궤멸시킨다.

아무리 시대가 바뀌었다 해도, 병기가 근대화되어도, 전술이 바뀐 것처럼 보여도, 병법의 기본 정신은 바뀌지 않고 통하기 마련이다. 페탱 장군

은 이 전법으로 결국 독일군의 맹공을 버텨내고, 이를 격퇴하는 데 성공한다.

영광의 저편

그 결과 머지않아 독일군은 항복하고 1차 대전은 막을 내렸다.

이 팔면육비八面六臂의 활약에 힘입어 1차 대전이 발발할 당시에는 '대령'이었던 그는 전후 육군의 가장 높은 계급인 '원수'의 자리에까지 오른다.

국민들로부터는 '베르됭의 영웅'이라 불리며 어디를 가든 갈채를 받았고, 독신이었던 그는 예순네 살의 나이에 딸뻘밖에 안 되는 마흔두 살의 여성과 결혼한다. 그야말로 '인생의 봄날'을 구가한다. 이미 나이도 나이이고, 이대로 풍요롭고 만족스러운 노후를 보내며 천수를 누릴 것으로 보였다.

그러나 이때부터 그의 인생은 몰락의 길을 걷기 시작한다. 일선에서 물러난 뒤에는 조용하게 여생이나 즐기면서 살면 이렇게 되지는 않았을 텐데, 그 후에도 '육군최고고문'이라는 감투를 쓰고 육군의 방침에 관여했던 것이 훗날 그의 인생을 망치게 된다.

그는 자신의 성공체험으로부터 독일과의 국경에 강대한 요새 건설을 지지했다. 소위 '마지노선'이다.

"같은 상대에게 같은 수는 통하지 않는다."

시대는 항상 진화하고 있고, 특히 뼈아픈 패배를 당한 쪽은 사력을 다해 패인을 분석하고 대책을 강구한다.[7] 한번 이겼다고 해서 같은 상대를 같은 수로 상대한다면 반드시 뼈아픈 패배를 초래하게 된다. 이겼기 때문에 한층 더 깊은 연구를 하여 상대의 대책을 능가하는 전략을 새로이 세워두어야만 한다. "이겨도 투구 끈을 죄어 매라."는 속담은 이를 두고 한 말이다.

그런데 이미 노인이 되어버린 페탱으로서는 이러한 것을 전혀 이해할 수 없었다. 인간은 나이를 먹으면 먹을수록 새로운 것을 받아들이는 능력이 떨어지고, 과거의 방법이 그대로 미래에도 통한다고 믿는 경향이 있다. 이것이 노해老害(늙음의 폐해)다.

"요새만 있으면 가령 앞으로 독일군이 쓰나미처럼 밀려들어와도 종심방어전술로 적을 무찌를 수 있다!"

같은 방법이 통하는 것은 적이 아주 멍청할 때뿐이다. 게다가 요새라는 것은 폭격기가 존재하지 않는 시대의 유물이다. 하늘에서 빗발치듯 공습을 받으면 요새는 더 이상 방어 수단이 되지 못한다.

페탱은 그러한 시대의 움직임을 보지 못하는 '노해' 자체가 되어버렸지만, 이미지를 먼저 떠올리는 국민들은 여전히 페탱에게 기대하고 있다는 비극이 빚어지고 말았다.

---

7 앞에서 나온 러일전쟁 때도 황해 해전에서는 아키야마가 생각한 정자 전법이 깨끗하게 실패로 끝났다. 그러나 그 패인을 철저하게 규명하였기 때문에 다음 쓰시마 해전의 승리로 이어질 수 있었던 것이다. 한편 러시아 함대는 황해 해전에서 정자 전법을 깨부순 것에 자만하여 다음 대책을 세우지 않았다. 그것이 뼈아픈 패배로 돌아오게 된다.

그리고 매국노로

이윽고 제2차 세계대전이 발발한다.

군사 예산의 대부분을 쏟아 부어 만든 마지노선은 아무 도움도 되지 못하고,[8] 독일군은 영불 연합군을 몰아내면서 순식간에 수도 파리까지 진격한다.

"아아, 이제는 틀렸는가!? 아니다 아니야, 독일군 따위는 두렵지 않다! 우리에겐 아직 '구국의 영웅' 페탱 장군이 계시다!"

이렇게 해서 영웅 '페탱'이 다시 추대되었다. 그러나 이때 이미 여든 네 살이 된 그에게는 더 이상 히틀러와 싸울 전술도 없고 기력조차 남아 있지 않았다.

20년 전 '구국의 영웅'이었던 페탱은 그 무렵 이름도 없는 패군의 하사[9]에 지나지 않았던 히틀러 앞에 어이없이 무릎을 꿇게 된다. 페탱은 전후 '매국노'로 재판에 회부되었을 때 이렇게 말한다.

"베르됭의 전공으로 나의 군사적 정신은 빗장이 걸렸다. 전후 새로운 도구, 새로운 병기, 새로운 전술이 속속 발명되어 도입되었음에도 나는 그것에 무관심했던 것이다."

그가 19세기의 군사지식으로 20세기의 새로운 전쟁에 대응하지 못하고 '시대에 뒤처졌기' 때문에 초래된 비극이었다. 그러나 그의 경우 제1차 대전 종료 시에 이미 노령이었기 때문에 그 자체를 탓하는 것은 가혹할지도 모른다. 그의 죄는 선진 정신을 잃은 것 자체가 아니라 그것을

---

8 현재 프랑스에서는 '도움이 되지 않는다'의 대명사로 일상회화에서 사용되고 있을 정도다.
9 정확하게 히틀러는 '하사'가 아니라 '하사 대행 상병'이었지만 다양한 이유에서 습관적으로 '하사'라 불리고 있다.

자각하지 못하고 언제까지나 신시대에 참견한 것이다.

"늙으면 자식을 따라라."

가령 젊었을 때 아무리 우수했다 해도 사람은 늙으면 많든 적든 머리가 굳고, 시대에 뒤처지고, 옛날 방식을 고집하기 마련이다. 그것은 이번 장의 주제인 '항상 상황의 변화에 맞춰 임기응변으로 대응한다.'는 것을 할 수 없게 된 것을 의미한다.

따라서 그는 사후의 일은 깨끗하게 후진에게 양보했어야 했다.

페탱은 사형 판결을 받은 후 당시의 대통령인 드골에 의해 무기금고형으로 감형된다. 그리고 사형 판결로부터 5년 후 그는 유형지인 고도에서 쓸쓸하게 인생을 마쳤다. 향년 아흔다섯 살.

그가 잘못된 길로 들어서지 않고 후진에게 길을 양보했다면 풍요롭고 충실한 여생을 보냈을 뿐만 아니라 현재에 이르기까지 '영웅'으로서 칭송받았을 것이다.

그는 '영웅'이 된 것에 만족한 채 이후의 연구·노력·정진을 게을리 한 것을 자책했다. 그것이 그의 인생을 궁지에 몰아넣게 되었지만, 그가 '영웅'이 된 1차 대전이 종결된 시점에서 이미 예순두 살. 남은 인생은 '여생'이 될 텐데 설마 그로부터 20년 후 다시 무대에 서게 되리라고는 꿈에도 생각하지 못했을 것이니 동정의 여지는 있다.

필리프 페탱

도움이 되지 않는다의 대명사 '마지노선'

제2차 세계대전 후 프랑스는 독일과의 국경을 따라 페탱의 제안에 근거한 요새선要塞線을 구축하기 시작한다. 이것이 그 유명한 '마지노선'이다. 국방비가 200억 프랑인데, 건설비 160억 프랑에 유지비가 연 140억 프랑이라는 그야말로 돈 먹는 하마인 이 요새는 '난공불락'이라 불렸다.

그러나 막상 전쟁이 시작되자 전혀 도움이 되지 않았다. 애초에 독일군이 이 철벽같은 요새를 바보처럼 순진하게 정면에서 공격한 것이 아니라 프랑스가 '돌파 불가능'이라며 전선을 펼치지 않은 아르덴 숲으로 침공했기 때문이다.

일단 국경선이 돌파되자 프랑스군은 마지노선에 국방비의 태반을 허비하는 바람에 탱크나 전투기 등의 배치가 늦어져서 독일군의 전격전電擊戰을 상대로 제대로 손도 못쓰고 궤멸당하게 된다.

'마지노선'은 지금도 프랑스에서는 '도움이 되지 않는다.'의 대명사로 일상생활 속에서도 사용될 정도다.

7장

매번 이기는 비결은 전력 집중

물방울조차 한 점에 집중시키면 돌도 뚫는다.
가지고 있는 힘을 한 점에 집중시키는 것이
싸움의 기본이다.

❖

전력 집중.

이것은 병법 중에서도 사람들 입에 가장 많이 오르내리는 '기본 중의 기본'이다. 그럼에도 불구하고 막상 유사시에는 이것을 실천할 수 있는 사람이 놀라울 정도로 적다.

'전력 집중'을 백퍼센트로 만들어서 자유자재로 구사하여 연전연승, '용병술의 천재'라고 자칭한 나폴레옹조차 때로는 이 철칙을 깨는 바람에 뼈아픈 실패를 맛보기도 했다. 마렝고에서는 대패 직전까지 몰렸을 뿐만 아니라 신뢰하던 드제 장군을 잃었고, 또 아우어슈테트에서는 다부 장군[1]을 잃었다.

이 모든 것은 전력이 '분산'되어버렸기 때문이다.

말하기는 쉽고, 행동하기는 어렵다. 그만큼 '전력 집중'을 실천하는 것은 어렵다. 얼핏 '그냥 갖고 있는 힘을 한 점에 집중시키면 될 뿐.'이라는 지극히 간단한 병법처럼 보이는데, 어떻게 이런 간단한 것조차 할 수 없는 것일까.

---

1 '불패의 다부'라고도 불리는, 나폴레옹의 26인 원수 중 가장 뛰어난 장군. 나폴레옹의 신뢰도 절대적이었다.

"살을 베고 뼈를 끊는다!"

그것은 '전력 집중'의 특질에 이유가 있다.

확실히 갖고 있는 힘을 한 점에 집중시키면 집중시킨 그 한 점에서는 승리를 거둘 수 있다. 그러나 그 대가로서 '강화시킨 한 점' 이외의 모든 부분은 약화되기 때문에 설령 그 한 점에서 승리를 거두었다 해도 다른 각 부분에서 전패하면 결국 전체적으로 지는 셈이다.

막상 전선에 서게 되면 범부는 아무래도 그 생각을 떨쳐버리지 못하고 '약점 보강' '전력 분산'의 유혹에 지고 만다. 그러나 실제로는 그러한 걱정은 대부분 '기우'에 불과하다. 희한하게도 전력을 집중시키면 그렇게 해서 강화된 한 점에서뿐만 아니라 전체적으로도 승리할 수 있다.

이번 장에서는 이것에 대해 역사상 인물들의 실패로부터 배워보도록 하겠다.

13
소 몰트케
1848~1916

위대한 대 몰트케의 조카.
백부의 후광만으로 출세한 참모총장.
독일 제국을 멸망으로 이끈 A급 전범.

농을 얻고 촉을 바란다.[1] 천 석을 취하면 만 석을 부러워한다.

인간이라면 누구나 이 세상에 태어난 이상 입신출세를 바라기 마련이
다. 그러나 인간의 행복이라는 관점에서 보면 입신출세를 했다고 꼭 행
복한 것만도 아니고, 특히 무능한 인간이 '분수에 맞지 않는' 높은 지위
에 앉는 것만큼 불행한 것도 없다.

그것은 주위 사람들에게 막대한 피해를 줄 뿐만 아니라 본인 역시 자
신의 그릇을 넘은 중책에 고통스러워지기 때문이다.

백부의 후광으로 큰 출세

그러한 의미에서 H. J. L. 몰트케(통칭 소 몰트케)는 불행한 사람이었다.

---

1 훗날 후한 왕조의 초대 황제가 되는 광무제가 농서 지방을 얻었을 때 그것에 만족하지 않고 바로 촉
을 공격했다는 고사.

그의 백부는 독일 제국의 초대 참모총장인 H. K. B. 몰트케[2](통칭 대 몰트케)로, 독일 제국에 있어서는 '건국의 아버지'라 불릴 만한 위대한 존재였지만, 그런 백부를 닮지 못하고 그는 아주 무능[3]했다.

그럼에도 불구하고 백부의 명성에 의해 주위로부터 촉망을 받게 된 것이 불행의 시작. 당시 독일의 황제 빌헬름 2세도 그에게 큰 기대를 하며 "조부(빌헬름 1세)께서는 (대)몰트케 덕에 천하를 얻었다. 짐도 '짐의 (소)몰트케'를 갖고 싶다."며 아무 실적도 없는 소 몰트케를 참모총장에 앉히기를 열망했다. 이렇게 그는 단지 '백부의 후광'만으로 '참모총장'이라는 높은 지위에 오른다.

그는 A. 슐리펜 참모총장으로부터 그 직을 이어받았는데,[4] 그 슐리펜 참모총장 대에 프랑스와 러시아가 급속도로 가까워지기(프랑스·러시아 협상) 시작했다.

지리상 프랑스와 러시아의 한가운데에 있는 독일은 위기감이 고조되었다.

"만약 이대로 프랑스와 러시아를 적으로 돌리고 전쟁이라도 벌어지게 되면 독일은 서쪽에서는 프랑스군, 동쪽에서는 러시아군의 협공을 받게 된다!"

적에게 협공을 받았을 때 가장 좋은 대항 조치는 협공이다.

"눈에는 눈을, 이에는 이를, 협공에는 협공을."

문제는 그것이 불가능할 때.

---

2 4장에 등장한 독일의 참모총장. 독일 제국의 성립에 중요한 역할을 한 명장.
3 역사상의 인물을 평가하는 데 있어서 아무리 변명의 여지가 없는 무능한 인물이라도 반드시 그 사람을 옹호하는 사람이 나타난다. 따라서 이 소 몰트케조차 그를 옹호하는 사람은 있다.
4 독일 제국의 역대 참모총장은 초대 대 몰트케, 2대 발더제, 3대 슐리펜. 소 몰트케는 4대째였다.

그렇다면 남은 길은 하나 '전력 집중' '각개 격파'밖에 없다. 가지고 있는 힘을 50%씩 나눠서 대처한다는 것만은 절대로 해서는 안 되는 우책 愚策이다. 그것은 도대체 왜 그럴까?

"전력과 병력은 별개."

4장에서 "수단과 목적을 혼동해서는 안 된다." "전략과 전술을 혼동해서는 안 된다."는 이야기를 했는데, '전력과 병력'도 엄격하게 구별해두지 않으면 빈틈을 보여 패배하게 된다.

여기서 문제를 하나 내겠다.

A국과 B국의 군대가 대치하고 있다. 대치하고 있는 양국의 병력은 A국이 5개 사단, B국이 3개 사단. 나머지 모든 조건[5]은 일체 생각하지 않는 것으로 하고 이 병력만으로 정면에서 서로 사력을 다해 싸웠다. 다른 것은 병력의 차이뿐이므로 병력에서 우세한 A군의 승리는 확실하고, B군이 전멸했을 때 승리한 A군에 남은 병력은 얼마나 될까?

상식적으로 생각하면 A군 병력이 '5', B군 병력이 '3'이므로 A군의 잔존 병력은 2개 사단(5−3)이 되어야 한다. 그러나 실제로 전쟁을 하면 그런 수치는 되지 않는다. 정답은 'A군이 4개 사단을 남기고 압승'이 된다.

희한하게도 실제로 싸워보면 A군은 단 1개 사단의 소모만으로 B군의 3개 사단을 전멸시킬 수 있다.

---

5 장수의 능력, 병사의 사기, 전략·전술의 우열, 무기, 장비, 훈련 정도, 전황, 기후, 지리적 이점, 기타 모든 것.

다른 조건은 모두 같은데 왜 이런 결과가 나올까? 이 수수께끼를 해결하기 위해 '전력'이라는 개념이 등장한다. 'A군의 병력 5' 'B군의 병력 3'으로 생각하니까 안 되는 것이다.

각각의 병력이 아니라 전력으로 생각한다.

전력은 '병력을 제곱'한 것(전력 제곱의 법칙)이므로 양군의 전력은 'A군의 전력 25(5의 제곱)', 'B군의 전력 9(3의 제곱)'가 된다. 그러면 25의 전력과 9의 전력이 서로 죽였을 때 A군에 남은 전력은 '16(25−9)'이 되고, 이것을 원래 병력으로 되돌리면 '4(16의 제곱근)', 실제 수치 '4개 사단'과 일치한다.

"힘은 집중시킬수록 기하급수적으로 강해진다."

즉, '힘'을 집중시키면 그 효과는 비례해서 강해지는 것이 아니라 기하급수적으로 강해지고,[6] 분산되면 약해져버리게 된다.

그럼 만약 자신이 B국 쪽인 경우 어떻게 하면 이길 수 있을까? 그때야말로 '전력 집중'이 필요하다. 가지고 있는 병력(3개 사단)으로 적의 1개 사단에 집중포화를 가한다.

이렇게 하면 병력으로는 '3대1', 전력으로는 '9대1'이 되어 압승할 수 있다. 그런데 이랬다가 A국의 나머지 4개 사단으로부터 총공격을 받으면 궤멸당할 것 같지만 실제로는 그렇게 되지 않는다. 눈앞에서 순식간에 전멸한 부대를 보고 다른 4개 사단이 도망치려고 하기 때문이다.

---

6 2배로 하면 2배, 3배로 하면 3배, 4배로 하면 4배로 강해지는 것이 아니라 2배로 하면 4배, 3배로 하면 9배, 4배로 하면 16배로 가속도를 붙여 강해진다는 것이다.

이때의 독일도 만약 병력을 동부전선 50%, 서부전선 50%로 균등하게 나눠버리면 각각의 전력은 25%(50%의 제곱)로 떨어져버리기 때문에 제국 전체의 전력은 동서를 합해도 절반(25%×2)으로 떨어져버리게 된다. 참모총장인 슐리펜은 이 전력 원리를 잘 이해하고 있었기 때문에 군사 배치를 다음과 같이 했다.

동부전선(대 러시아)에 12.5%.

서부전선(대 프랑스)에 87.5%.

한쪽으로 이상하게 편중된 배치였지만 그는 이렇게 생각했다.

'동부전선(대 러시아)에는 최소한의 병력만 남기고 방어에 치중한다. 나머지 모든 병력을 서부전선(대 프랑스)에 투입하여 전력 소모를 최소한으로 억제한다.[7] 이것으로 프랑스를 단기간에 항복으로 몰아넣는 데 전력을 다한다! 이것은 잘못하면 동부전선의 붕괴도 걱정해야 하는 숫자로, 서부전선의 결론이 나는 것이 빠를지, 동부전선의 붕괴가 빠를지를 놓고 벌이는 큰 도박이지만 그래도 이 방법밖에 없다!'

그의 말버릇은 "우리에게 강한 우익을!"[8]이다.

그러니 어쨌든 독일 육군이 가동할 수 있는 최대한의 병력을 우익에 '전력 집중'시킨다. 그리고 우선은 프랑스, 다음으로 러시아와 '각개 전투'한다.

이것이 소위 '슐리펜 계획'이다.

이미 '협공'을 받게 된 것 자체가 빌헬름 2세의 전략상의 실책이고, 그

---

7 병력을 87.5%로 줄인다면, 전력은 76.6%(87.5%의 제곱)가 줄어드는 것으로 억제할 수 있다.
8 서부전선을 말한다. 수도 베를린의 남쪽을 향해 서서 오른쪽이 프랑스, 왼쪽이 러시아이므로 서부전선이 우익이 된다.

것을 보완하기 위한 작전이므로 실제로 이 작전이 처음부터 순탄치만은 않은 전개가 되리라는 것은 잘 알고 있었지만, 그래도 이 방법밖에는 없었다.

'소 몰트케의 개악'이란?

그러나 독일에게 불행했던 것은 이 작전을 세운 슐리펜이 살아 있는 동안에 제1차 세계대전이 일어나지 않았다는 것이다. 그리고 그의 후임으로 참모총장이 된 것이 공교롭게도 소심하고 무능한 소 몰트케였다는 것이다.

그는 슐리펜 계획의 '진의'를 도저히 이해할 수 없었다.

'군사 배치가 이렇게 서쪽으로 치우쳐버리면 동부전선이 순식간에 붕괴되어버리지 않는가. 동부전선에 군사들을 좀 더 배치하지 않으면 안심할 수 없다.'

이렇게 소 몰트케는 슐리펜 계획을 개악하여 동부전선의 병력을 30%, 서부전선의 병력을 70%로 변경하여 배치한다.

"공격은 최선의 방어!"

'전력 집중'의 이점을 이해하지 못하는 사람은 아무래도 '병법에 의해 강화된 부분'이 아니라 '그것에 의해 약화된 부분'이 걱정되기 마련이다. 앞에서도 말했지만 이것이야말로 평범한 장수가 '전력 집중'에 철저하지 못한 가장 큰 이유다.

그러나 '공격은 최선의 방어'라는 것을 잊어서는 안 된다.

공격 부분이 강화되면 적은 그 '강한' 부분에 압도되고 그쪽에 대응하느라 모든 신경을 쏟아 약화되어 있는 부분을 공격하는 데 주의가 미치기 어려워진다. 공격을 강화하는 것은 약화된 부분을 감추기 위해서다.

그것을 도저히 이해할 수 없었던 소 몰트케.

슐리펜 참모총장이 기껏 강화한 서부전선의 병력을 70%로 떨어뜨림으로써 전력은 49%(70%의 제곱)까지 약화되어버렸고, 이로써 슐리펜 계획의 '프랑스를 단기 결전으로 제압한다.'는 대전제가 무너지게 된다. 게다가 기껏 보강한 동부전선도 결국 전력은 9%(30%의 제곱)이므로 대대적인 보강이 되지 못해 붕괴될 우려가 줄어든 것이 아니다.

최악의 우책을 실행하다

이처럼 슐리펜 계획이 개악된 최악의 타이밍에서 제1차 세계대전이 발발한 것은 독일의 입장에서는 불행한 일이었다. 게다가 소 몰트케는 개전 후에도 약점으로 생각하던 동부전선이 너무 걱정되어 마음을 놓을 수 없었다.

'동부전선에는 30%로도 여전히 너무 적지 않을까? 지금이라도 동부전선에 20%를 더 보내야 하지 않을까?'

소심한 몰트케는 약점(동부전선)이 너무나 마음에 걸린 나머지 결국 이것을 보강해야겠다는 유혹을 이기지 못하고 병력을 균등하게 배치하는 죄악의 우책을 실행에 옮기고 만다.

서부전선 우익에 35%(전력 12%).

서부전선 좌익에 30%(전력 9%).

동부전선에 35%(전력 12%).

최종적으로 전군은 3분의 1씩 균등하게 배치되게 되었다.[9]

아니나 다를까 서부전선은 머지않아 병력 부족으로 비명을 지르기 시작했고, 그 전선의 구멍이 공격 받아 대패를 당하게 된다. 그 이후는 수렁에서 헤어 나오지 못하고 이윽고 제국을 멸망으로 몰아넣는 결과가 되었다.

모든 것은 소 몰트케의 무능 탓, 그는 그러한 자각에 노이로제가 걸려서 탄식한다.

"내 어깨에 걸린 책임의 무게는 필설로 다 표현하기가 어렵구나! 내 실패가 제국의 존망을 가름한다고 생각하니 두려움을 억누를 수 없고, 절망감에 모든 의욕을 잃었도다."

이 말에서도 그가 '애초에 참모총장의 그릇이 아니다.'라는 것을 명백하게 알 수 있다.

그는 곧 심신모약에 빠져서,[10] 집무 불능 상태가 되어 경질된다.

---

9 이것에 의해 독일 전군을 합해도 그 '전력'은 3분의 1로 떨어져버리게 되었다. 적의 3분의 1의 군사력으로는 이길 수 있을 리가 없다.
10 완곡하게 표현했지만 요컨대 '미쳤다.'는 말이다.

"새도 자기 몸에 맞춰서 둥지를 튼다."

그의 인생을 살짝 엿보기만 해도 알 수 있듯이 자신의 그릇에 맞지 않는 지위, 직책에 앉아보았자 결국엔 그 중책을 이겨내지 못하고 정신에 이상을 일으킬 정도로 괴로울 뿐이다.

자기 자신만 괴로울 뿐이라면 단순히 '자업자득'으로 끝나고 말 일이지만 무능한 자가 분수에 맞지 않는 높은 지위에 오르는 것은 주변 사람들에게 막대한 피해를 주게 된다는 것을 자각해야 한다.

분수를 안다는 것도 매우 중요하다.

포성을 향해 돌진하는 군대가 이긴다

하긴 언제나 반드시 '전력 집중'이 좋다고도 할 수 없고, 조건에 따라서는 '전력 분산'에도 이점은 있다.

적이 아직 멀리 있을 때, 또 적군의 위치를 파악할 수 없을 때는 전력을 넓게 분산시켜두는 것이 좋다. 군사를 넓게 배치하면 그만큼 교통편도 원활해지고, 숙영지나 군수물자의 확보도 용이해지고, 적군 발견도 수월해지고, 또 적군에게 측후방을 공격당할 가능성도 낮아진다.

그러나 막상 전투가 개시되면 전력 분산은 아무래도 도움이 되지 않는다.

그래서 유럽에서는 '포성을 향해 돌진한다.'는 필승법칙이 생겼다. 적이 멀리 있을 때는 전력을 폭넓게 분산시켜서 진군하여 그 이점을 살린다. 그러나 일단 어딘가에서 조우전이 시작되면 전군이 그 '포성'을 향해 군을 돌진시킴으로써 단숨에 전력을 '집중'시키는 것이다. 그때 '포성을 향해 돌진하는' 군은 설령 눈앞의 적을 무시하더라도 곧장 돌진해야 한다. 이것이 어려운 점이다.

'분명히 포성은 들리지만, 지금 여기서 내가 이 전선을 지키지 않으면 눈앞으로 다가오는 적군을 상대로 누가 이 전선을 지킨단 말인가? 궤멸당하지는 않을까?'

그러한 생각을 떨쳐버리지 못하는 자가 조직 전체를 붕괴로 이끈다.

나폴레옹이 워털루 전투에서 대패하고 센트 헬레나 섬으로 유배되자 그 결과만을 보고 '한물 간 나폴레옹은 워털루 전투에서 패할 만해서 패했다.'고 생각하는 사람도 많다.

그러나 실제로는 격전, 종이 한 장 차이였다.

나폴레옹군과 웰링턴군은 모두 전황이 어려운 가운데 최후의 일격 한 번이면 적을 궤멸시킬 수 있는 상태였다. 그런 아슬아슬한 전황 속에서 워털루의 동쪽에서는 나폴레옹군의 별동대인 그루시군과 연합군의 별동대인 블뤼허군이 대치하고 있었다.

나폴레옹은 초조했다.

'제기랄, 그루시 이 바보 같은 놈은 뭘 하고 있는 거야! 이 포성이 들리

지 않을 리가 없잖아!'

어려운 전투가 계속되는 와중에 그루시군만 달려와준다면 단숨에 역전승할 수 있었기 때문에 나폴레옹의 눈은 자연스럽게 우익 방면(동쪽)만을 향하고 있었다. 그때, 그 우익 방면에서 '커다란 먹구름 같은 대군'[11]이 나타났다.

'됐어! 그루시군이다! 이제야 와주었구나, 기다리고 있었다!'

그런데 그 '커다란 먹구름 같은 대군'은 그루시군이 아니라 그 그루시군이 붙잡고 있어야 할 블뤼허군이었다. 실은 무능한 그루시 장군은 부하에게 "포성을 향해 돌격하셔야 됩니다."라는 진언을 듣고도 어리석게도 "난 폐하(나폴레옹)로부터 블뤼허군을 추격하라는 명령을 받았다!"라며 이를 일축해버렸다.

그에 비해 블뤼허 장군은 즉각 눈앞[12]의 그루시군을 방치하고 '포성을 향해 돌격'했다. 그 차이가 승패를 갈랐던 것이다. 예로부터 '포성을 향해 돌진하는' 군은 반드시 이기고 그렇지 못한 군은 반드시 졌다.

"한 명의 어리석은 자가 조직 전체를 망친다."

이것은 군대에만 해당되는 말이 아니라 기업에도 그 외의 조직에도 해당되는 말이다. 리더의 호령(포성) 한 번에 조직의 각 부서(군단)가 일제히 리더 아래로 모여 그 에너지를 한 점에 집중시킬 수 있는 조직이

---

11 나폴레옹이 직접 표현한 말.
12 '눈앞'이라고 표현했지만 '매우 가까운 거리'라는 의미이고, '눈에 보이는 거리에 있었다.'는 의미는 아니다. 따라서 그루시 장군은 블뤼허군이 '눈앞'에서 사라진 것을 몰랐다.

잘되지 않을 리가 없다. 그러나 기껏 조직이 이처럼 훌륭한 움직임을 하려는데 그 움직임에 '제동'을 거는 '소 몰트케'가 불행하게도 어느 조직에나 반드시 있기 마련이다.

"그러면 이쪽 부서의 인력이 부족하지 않겠나!"

이러한 '소 몰트케'의 장난질을 어떻게 막을까? 여기에 조직의 명운이 달려 있다고 해도 과언이 아니다.

개전한 지 고작 35일 만에 독일군이 "파리까지 50km를 남겨둔 곳까지 육박했다."는 보고를 받고 독일 황제 빌헬름 2세는 순진하게 "승리의 날이 다가왔다!"고 기뻐했다. 그러나 몰트케의 실태에 의해 마른에서 패배하자 그는 즉시 황제에게 전보를 친다. "폐하, 이번 전쟁은 패했습니다!" 빌헬름 2세의 승리 선언으로부터 고작 일주일 후의 일이었다.

헬무트 J.L. 몰트케

참호전

소 몰트케가 '전력을 균등하게 분산한다.'는 최악의 우책을 실행해버린 탓에 결국 그 잘못이 마른에서 표면화되었고, 이것을 경계로 독일 전선은 일제히 후퇴하기 시작했다. 그리고 이 후퇴를 어떻게든 늦춰보려고 독일군은 참호를 파기 시작했다.

그러나 이것이 생지옥을 낳는 결과가 된다.

당시에는 참호에 대처할 수 있는 것이 참호밖에 없었기 때문에 독일군에 맞춰 프랑스군도 참호를 파기 시작했다. 참호전에서는 적병에 쓰러지는 것보다 '비위생'에 의한 병사病死가 많다. 화장실은 지면에 구멍만 파놓은 것이었기 때문에 비가 내리면 분뇨가 참호 안으로 흘러들어와 참호는 늘 분뇨가 섞인 진흙탕 상태. 이것에 상시 발을 담그고 있기 때문에 균이 침투하여 괴저를 일으키고 결국 썩어버리게 된다(참호족).

과도한 스트레스로 발광하는 자도 끊이지 않는 지옥이 이때부터 4년 동안이나 지속되었던 것이다.

8장

잘하려고 생각하지 말고
언제나 전력을 다하라

밀어붙일 때는 단숨에, 물러날 때도 단숨에.
더불어 타이밍을 놓쳐서는 안 된다.

❖

"소수·늑장 투입은 병법의 우愚."

이 또한 자주 듣는 대표적인 병법 중 하나인데, 역시 앞 장의 '전력 집중'과 마찬가지로 그 '심리적 이유' 때문에 언뜻 간단한 것처럼 보이지만 실천하는 것이 꽤 어려운 것 중 하나다.

사람은 어떤 일에 대처할 때 되도록 자신의 손실을 줄이려고 조금이라도 적은 힘으로 '효율적'으로 끝내고 싶어 한다. 그것이 자연스럽게 '소수' '늑장' 투입이 되어버리는 것이다. 그러나 이것은 그 의도와는 '정반대'의 결과를 초래한다.

"격수激水는 세차게 흘러서 돌을 떠다니게 한다."

형태가 없는 물도 격류가 되어 흐르면 큰 돌조차 움직일 수 있지만, 졸졸 흐르는 물로는 총량에 있어서 아무리 많은 물을 흘려도 돌은 미동조차 하지 않는다.

이것은 적은 힘으로 어떤 일을 마무리 지으려고 하면 할수록 오히려 손실만 늘어나고, 큰 힘으로 단숨에 부딪치면 거의 손실 없이 일을 성사시킬 수 있다는 것을 나타내지만, 이론으로는 알아도 사람은 막상 '적'과 대치했을 때 특히 우세일 경우에는 많은 사념邪念에 사로잡히게 된다.

그것은 '이기는 방법'.

'이기는 것은 당연한데, 어떻게 하면 스마트하고 멋있게 이길 수 있을까?'

'어떻게 하면 최소한의 힘으로 효율적이면서 손실 없이 적을 쓰러뜨릴 수 있을까?'

"잘하려고 생각하지 말고, 언제나 전력을 다하라!"

그러나 그처럼 '잘하려고' 부심하다 보면 그만큼 '적' 자체에 의식을 집중시키지 못하고 결국 허를 찔려서 대패하는 경우가 종종 있다. '스마트하고 멋지게 이기자.' 따위의 사념은 '이길 수 있는 싸움에서 진다.'는 최악의 결과를 초래한다.

'배수의 진'으로 유명한 정형 전투가 그 전형적인 예로 한신의 우수함만이 부각된 전투이지만, 실은 패한 조나라에서도 이좌거가 한신군을 확실히 격파할 수 있는 계책을 헌책했다. 그런데 거기에 이의를 단 것이 진여 장군.

"우리 군은 20만 명, 한신군은 고작 3만 명이오. 이 정도로 적을 압도하고 있는데 계책이 무슨 소용이오? 이기는 데에도 이기는 방법이 있소. 일시적인 방편인 계책 따위는 쓰지 않고 정정당당하게 싸워서 이긴다! 이기면 되는 거 아니겠소?"

진여 장군은 '멋지게 이기는' 것에 너무 집착한 나머지 고작 3만 명의 군사에게 대패를 당해 나라를 멸망으로 이끌었고, 죽는 날까지 조롱거리가 되었다.

'잘해야지.' 따위로 생각해서는 안 된다. 지금 할 수 있는 것, 지금 갖고 있는 힘, 할 수 있는 것을 아끼지 않고 전력을 다한다! 그렇게 하면 '사념'에 사로잡히지 않고 적을 쓰러뜨리는 것에만 의식을 집중시킬 수 있으므로 이길 수밖에 없다.

예를 들면 도요토미 히데요시.

"울지 않으면 울게 만들어주마, 두견새야."

이 노래에도 나타나 있듯이 그는 '지혜로운 자'로 이름이 높고, '스노마타 일야성'[1] '가네가사키 철퇴전' '주고쿠 대회군' 등 수많은 일화를 남기고 있기 때문에 그가 치른 전쟁이 하나같이 그의 기지가 발휘된 명작전의 연속이라 생각하기 쉽지만 의외로 그런 재미있는 전쟁은 거의 없었다.

그가 전쟁을 치르는 방법은 언제나 '갖고 있는 병력을 아끼지 않고 투입하여 대군으로 단숨에 밀어붙여서 적을 압도하여 무찌른다.'는 것이었다.

5만 명 정도의 병력밖에 안 되는 시마즈를 상대로 20만 명의 대군으로 규슈 정벌.

---

1 '스노마타 일야성'에 대해서는 후세 사람들이 창작한 이야기라는 설도 있다.

8만 명 정도의 병력밖에 안 되는 호조를 상대로 20만 명의 대군으로 오다와라 정벌.

이처럼 병력을 소수로 나누어서 투입시키는 우를 범하지 않은 것이 그의 승리 비결이었다.

이번 장에서는 이 점에 대해 구체적으로 알아보도록 하겠다.

14

메흐메트 2세

1432~1481

오스만 제국의 제7대 황제.
초대 황제 이래, 꿈에서도 열망하던 콘스탄티노플을 함락하고
오스만 제국의 판도를 대폭 넓힌 명군.

'대제국' 하면 어떤 제국이 떠오르는가?

동아시아에서는 진, 한, 당, 원, 명, 청 등의 역대 중화제국. 유럽에서는
로마 제국, 나폴레옹 제국. 서아시아에서는 아케메네스 왕조, 알렉산드
로스 제국, 우마이야 왕조.

그러나 그들 제국은 그 거구를 스스로 지켜내지 못하고 비교적 단기
간에 붕괴된 나라가 대부분이었다.[1]

'대제국'이라고 해서 장기 정권이 되기는 어려웠다.

그런 가운데 아시아 대륙 · 유럽 대륙 · 아프리카 대륙 등 세 개 대륙
에 걸쳐 그 요충지를 지배하며 13세기 말부터 20세기 초까지 600년 이
상을 군림한 대제국이 바로 오스만 제국이다.

---

1 본문에 예로 든 제국 중에서는 명, 청이 300년으로 비교적 장기 정권이었지만, 한은 전한, 후한으로
   나뉘어 실질적으로는 각각 200년 정도였고, 로마 제국도 후반에는 '로마 제국'이라는 이름만 남았을
   뿐 수습할 수 없는 혼란기였다.

오스만 제국, 잠시 멸망으로

건국 이후 1세기 동안 오스만 제국은 거의 지는 법을 몰랐다. 그 결과 제4대 바예지트 1세 때는 아나톨리아 반도(지금의 터키)의 거의 전 지역을 제압했다. 위기감을 느낀 유럽이 발칸 반도의 니코폴리스에 전 유럽 연합군[2]이라 불러도 무방할 정도로 대군을 파병했지만 이 또한 어렵지 않게 격파하고,[3] 그야말로 '천하무적'과 같은 양상을 보이게 된다.

그러나 지금까지 3장에서 '연전연승의 위험성'을, 5장에서 '자만심이 야말로 최대의 적'이라는 것을 배웠다.

아니나 다를까 바예지트 1세도 너무 이기기만 한 탓에 자만심에 빠진다.

그로부터 얼마 후(6년 후), 당시 중앙아시아를 제패한 티무르가 오스만에 도전장을 던졌다.

"너, 나 티무르의 명에 따르라. 그렇지 않으면 너, 나의 저주에 벌벌 떨게 될 것이다."

이미 자만심에 빠져 있던 바예지트 1세는 이 말에 코웃음을 쳤다.

"흥! 말도 제대로 할 줄 모르는 촌구석 왕이 나한테 감히 도전한다고? 티무르라는 미친개야! 어디 해볼 테면 해봐라! 네놈에게 주제라는 것을 가르쳐주마!"

이렇게 양웅은 앙카라[4]에서 만나게 되었는데 "동쪽 끝자락에 있는 변경[5]의 왕 따위는 단칼에 죽여주마."라고 바예지트 1세는 거만을 떨며 전장에 황비를 데리고 가는 등 티무르를 모욕했을 뿐만 아니라, 적군 20만

---

2 니코폴리스 십자군, 영국 · 프랑스 · 독일 · 룩셈부르크 · 폴란드 · 헝가리 · 왈라키아 · 베네치아 등의 연합군.
3 1396년 니코폴리스 전투.
4 현재 터키의 수도.
5 어디까지나 오스만 제국의 입장에서 봤을 때이지만.

명에 대해 아군 12만 명이라는 압도적으로 불리한 병력에도 아무 대책도 세우지 않고 정면 돌격을 명한다.

결과는 불을 보는 것보다 명백했다.

오스만군은 궤멸 상태에 이르는 타격을 입었고, 바예지트 1세는 생포되어 굴욕 속에서 분사憤死, 그리고 제국은 해체되어버렸다. 바예지트 1세의 자만심이 어제까지 반석이었던 제국을 고작 하루 만에 멸망으로 몰아넣었던 것이다.

"진정한 성공은 시련의 끝에 있다."

1장에서도 배웠듯이 시련 · 실패 · 고난을 넘어가지 않고 '순풍에 돛단 듯 얻은 성공'은 오래가지 못한다. 그것은 '사막에 뜨는 신기루' 같은 것으로 눈앞에 있는 듯 보여도 실은 존재하지 않는 것이다.

종종 아직 인생의 쓴맛 단맛도 제대로 모르는 젊은이가 어떤 계기로 손쉽게 막대한 부를 쌓는 경우가 있는데, 그 끝은 대부분의 경우 '부정하게 얻은 재물은 오래가지 못한다.'는 속담대로 되어버린다. 시련을 경험하지 못한 사람은 아무래도 과신, 기쁨에 겨운 흥분, 자만심 따위를 억제하지 못하기 때문이다.

진정한 성공은 그 성공에 상응하는 시련을 극복한 자에게만 주어진다.

젊은 황제의 도전

이때의 오스만 제국도 그랬다. 바예지트 1세는 지나치게 승승장구한 것이 화가 되어 죽음에 이르렀지만, 그로 인해 '널방'이라는 거나란 시련을 이겨내고 부활한 오스만 제국에는 '진정한 영광'이 주어진다.

그렇다 하더라도 일단 해체된 제국을 원래 모습으로 되돌리는 것은 역시 어려운 일이었다. 전전의 영토로 회복恢復[6]시키는 데 메흐메트 1세(제5대), 무라트 2세(제6대)의 2대가 소요되었다.

제국은 이때부터 다시 태세를 갖추고 재출발하게 되었다.

이러한 배경에서 새로운 황제로 즉위한 것이 제7대 메흐메트 2세. 약관 스무 살.[7] 이 젊은 황제가 즉위하자마자 맨 처음 노린 것이 콘스탄티노플이었다.

콘스탄티노플은 당시 세계적으로도 손에 꼽히는, 기독교 세계에서만 따지면 독보적인 대도시[8]였다.

게다가 동쪽은 보스포러스 해협, 북쪽은 금각만(골든 혼), 남쪽은 말마라 해로 3면이 바다로 둘러싸여 있고, 유일하게 육지와 연결된 서쪽은 이중의 거대한 성벽(테오도시우스 성벽)과 방책과 큰 해자로 철통같이 보호받고 있는 난공불락의 대요새였다.

전장에서는 천하무적이었던 바예지트 1세조차 네 차례나 포위하고도 결국 함락시키지 못했고, 선대 황제(무라트 2세)도 포위는 했지만 끝내 함락시키지 못한 성이었다.

6　回復 : '回 '는 방향 전환을 나타내고 약해진 것을 원래 상태로 되돌리는 것. 예) '건강 회복' '피로 회복'. 恢復 : '恢 '는 넓이나 크기를 나타내고, 잃은 것을 되찾는 것. 예) '실지 회복' '명예 회복'. 현재는 回가 남용되고 있다.
7　만 나이로는 열아홉 살.
8　당시 기독교 세계에서는 콘스탄티노플 인구의 10분의 1밖에 안 되는 도시조차 있었다.

젊은 황제의 야망에 선대 황제의 신하들이 일제히 반대했다.

"폐하, 아니 되옵니다! 재건된 지 얼마 되지도 않은 지금은 아직 국가의 기반을 다질 때! 이런 시기에 역대 황제께서도 이루지 못한 저 난공불락의 대요새를 함락시키겠다니, 제정신에서 하실 말씀은 아니라고 사료되옵니다."

"내부를 단속하지 않고 외부를 제압할 수 없다."

이것은 기업을 예로 들어 비유하자면 선대 사장이 죽고 그의 젊은 아들이 새로 사장이 되었을 때의 상황을 상상하면 이해하기 쉽다.

젊은 사장은 "이것도 하고 싶다." "저것도 하고 싶다."며 그때까지 갖고만 있던 신규 사업 안을 꺼내 추진하려고 하지만 그럴 때면 꼭 그것에 '제동'을 거는 것이 은연한 힘을 갖고 있는 선대 사장의 측근들이다. 그들은 새 사장이 아직 대소변을 가리지 못할 때부터 잘 알고 있던 터라 '부하의 입장'이지만 태도는 '윗사람의 시선'이다. 젊은 사장은 경쟁사와 싸우기 전에 우선 그들과 싸워야 된다.

조직이라는 것은 무엇보다도 결속이 우선이다. 결속이 깨지면 외부의 적을 결코 이길 수 없다.

다케다 신겐은 성다운 성을 가지고 있지 않았지만 "사람은 성, 사람은 돌담, 사람은 해자, 인정은 아군, 원수는 적."이라고 조직의 결속이야말로 어떤 성이나 돌담이나 해자보다 견고한 보호막이 된다며 센고쿠 시대 최강이라 불리는 군단을 만들어냈다.

새 사장이 사장의 자리에 앉아 가장 먼저 싸워야 하는 것은 '외부'의 경쟁사가 아니라 이 '내부의 적'[9]이다. 이것을 알아채지 못하고 외부에만 신경을 쓰고 내부에는 소홀히 하면 반드시 빈틈을 보여 실패하게 된다.

다케다 신겐도, 오다 노부나가도, 다테 마사무네도 당주가 된 초기에는 이 '선대 중진'을 배제하는 데 힘을 쏟았다. 이때의 메흐메트 2세도 예외가 아니었다.

그는 즉위하자마자 선대 황제 때부터 중용된 중신들을 잇달아 좌천시켰다. 그러나 그를 어린 시절부터 보살펴오고 황제도 '할아범'이라 불러온 재상 찬다를르 할릴 파샤만은 손을 대지 못했다.[10] 그러나 메흐메트 2세는 할아범(재상 할릴)의 반대를 뿌리치고 이 사업(콘스탄티노플 공략)을 강행한다.

역대 황제가 실패한 이유

그러나 이것은 메흐메트 2세에게도 인생 최대의 승부였다. 재상의 반대를 뿌리치고 감행한 출병이기 때문에 만약 실패라도 한다면 "그것 보십시오! 제가 말한 대로 되지 않았습니까! 폐하께서는 아직 정치를 하기에는 어리십니다." 따위로 비아냥거리며 정권을 빼앗아갈 것이다. 반대로 여기서 공략이 성공하게 되면 황제파에 붙어야 할지, 재상파에 붙

9　물론 선대 측근의 의견이 옳고, 새 사장이 틀린 경우도 있으므로 어디까지나 새 사장의 입장에서 볼 때의 경우다.
10　찬다를르 가문은 부자 3대에 걸쳐 재상을 지낸 명문가였다 다른 지배층과의 유대관계도 깊고, 은연한 힘을 갖고 있었기 때문에 상응하는 이유 없이 경질하는 것은 불가능했다.

어야 할지로 우고좌면하던 신하들이 일제히 황제파로 돌아서서 권력이 안정을 이루게 된다.

이번 사업은 메흐메트 2세에게는 황제로서의 미래를 건 절대로 실패할 수 없는 원정이었던 셈이다.

"순차 투입은 최악의 우책."

그래서 그는 역대 황제가 아무리 해도 함락시키지 못했던 패인을 생각해보았다.

'이제까지 선대 황제들이 무슨 수를 써도 함락시키지 못했던 것은 갖고 있는 병력을 아끼느라 어정쩡하게 공격했기 때문이다. 저만한 대요새를 함락시키려는 것이다. 이번엔 우리 제국이 갖고 있는 힘을 모두 단숨에 쏟아 붓는다!'

공격할 때는 기회를 노려 단숨에 친다!

이것이야말로 확실하게 승기를 잡는 요령이다.

동서고금을 불문하고 손자도 클라우제비츠도 전력의 순차 투입은 엄중하게 경고하고 있다.

러일전쟁 때 그 좋은 예가 있다.

이 전쟁을 치르며 일본이 가장 큰 피해를 본 것이 여순과 봉천인데, 당초 대본영[11]은 "여순 따위는 대울타리로 둘러싸두면 된다."고 얕잡아 보

---

11 전시나 사변이 일어났을 때 설치된 일본 제국의 육군 및 해군의 최고 통수 기관.

고 있었기 때문에 병력의 순차 투입이 반복된 결과 막대한 손실과 비극을 초래했다. 이를 반성한 육군은 여순 함락 후 갖고 있는 병력을 모두 봉천으로 집결시켰다. 그 결과 러시아군 37만 명 대 일본군 25만 명이라는 '사상 유례를 찾을 수 없는 일대 결전'을 치르게 되었지만, 일본은 이 전투를 승리로 이끌 수 있었다.

이때의 봉천처럼 메흐메트 2세는 적게 어림잡아도 10만 명, 일설에 의하면 20만 명이라는 대군을 콘스탄티노플로 집결시켰다. 한편 농성하는 콘스탄티노플의 병력은 고작 7,000명. 뿐만 아니라 구경 76센티미터라는 상식에서 벗어나는 거포(우르반 거포)[12]까지 개발하여 투입하는 정성을 쏟는다.

이 정도면 아무리 난공불락의 대요새라 해도 조만간에 함락될 것이라고 생각했을 것이다.

그러나 20만 명의 대군에 포위되어 우르반 거포의 맹공을 받았지만 고작 7,000명의 병력밖에 없는 콘스탄티노플은 함락되지 않았다.

전함 월구越島 작전

러일전쟁 때의 여순에서도 일본이 자랑하는 거포(28센티미터 포)가 빗발치듯 쏟아졌지만 좀처럼 함락되지 않았던 것과 흡사하다. '난공불락'이 괜한 말이 아니었다는 것이 증명되고, 메흐메트 2세는 서서히 초조

---

12 앞서 러일전쟁을 예로 들었는데, 그 러일전쟁 때 일본군이 자랑하는 거포가 28센티미터 포. 그 이름대로 구경이 28센티미터나 되었지만 우르반 거포는 그 세 배에 가까운 구경이었으니 현격한 차이였다.

해지기 시작한다.

'제기랄! 아직도 함락되지 않은 건가! 이 이상 끌게 되면 이번엔 우리 병참을 유지할 수 없다!'

큰 짐승일수록 많이 먹는다. 20만 명이라는 대군을 유지하는 것은 아무리 오스만이라 해도 상당한 부담을 느낄 수밖에 없다.

"사태 타개의 돌파구는 '상식'이라는 베일에 가려져 있다."

이미 6장에서도 배웠듯이 하나의 방법이 막다른 곳에 다다랐을 때 같은 방법에 언제까지나 집착해서는 안 된다.[13] 항상 상황에 따라 임기응변으로 방법을 바꿀 수 있는 사람만이 영광을 거머쥘 수 있다.

그렇다 해도 이것이 말처럼 간단한 일은 아니다. 왜냐하면 막다른 곳에 다다랐을 때의 사태 타개의 돌파구는 대개 '상식을 넘어선 건너편'에 있기 때문이다. 상식에 얽매이는 사람에게는 좀처럼 사태 타개의 해결책이 떠오르지 않는 것은 그런 이유 때문이다.

사람은 많든 적든 '상식'이나 '선입관' 같은 것에 얽매이기 마련인데, 막다른 곳에 다다랐을 때는 일단 머릿속을 백지로 만드는 것이 중요하다.

이때의 메흐메트 2세는 생각했다.

'과연 콘스탄티노플은 소문과 다르지 않은 난공불락의 대요새구나. 서쪽 성벽(테오도시우스 성벽)은 철벽이라 신병기 우르반 거포를 써도 쉽

---

13 여순에서는 제3군 참모인 이지치 고스케가 '정면 돌파'에 집착하여 1차 총공격이 실패했음에도 불구하고 2차, 3차 총공격 때도 이를 반복해서 시체만 쌓이는 결과를 초래했다.

게 무너뜨릴 수 없어!'

정면 돌파가 어려워지면 우선 생각하는 것이 적의 측후방이나 약점을 공격하는 것이다.

콘스탄티노플은 유일하게 금각만을 바라보는 북쪽 성벽이 얇고, 그곳이 약점이다. 그러나 물론 대비책이 없는 것은 아니었다. 금각만 어귀에는 거대한 쇠사슬이 깔려 있는데, 오스만 함대는 아무리 해도 이것을 돌파할 수가 없었다.

"제기랄! 오스만 함대가 금각만으로 침입할 수만 있다면 승리할 수 있건만!"

그래서 메흐메트 2세는 과감히 상식을 '파괴'하는 방법을 명한다.

불가능을 가능케 하는 방법

"바다(만 어귀)로 침입하는 것이 불가능하다면 육지로 들어가면 된다! 갈라타 언덕을 배로 넘어라!"

뭐? 언덕을 배로 넘는다고!?

금각만의 북쪽은 갈라타 언덕에 의해 보호받고 있는데 이것을 배로 넘으라니 상식에서 벗어나도 한참 벗어난 말이었다.

"네, 폐하!? 이 거대한 배를 언덕을 넘어 옮기라는 말씀입니까? 그, 그것은 불가능합니다!"

불가능? 그것은 '상식'에 얽매여 있기 때문이다.

"날갯짓하여 하늘을 날아라."라고 명령한 것도 아니고, 나폴레옹이 알프스를 넘어간 것을 예로 들 것까지도 없이 범인이 상식에 얽매여 '불가능'하다고 단정 짓는 것이기에 할 만한 가치가 있는 것이다.

"결단과 행동은 일치시켜라."

이렇게 해서 황제의 명령에 따라 다음 날에 '전함 월구 작전'이 실행에 옮겨졌다.

소수 · 늑장 투입은 병법의 우.

메흐메트 2세는 병력을 아끼지(소수 투입) 않고 대군으로 성을 포위하고, 또 망설이지(늑장 투입) 않고 즉단즉결로 작전을 행동으로 옮겼다.

그야말로 병법의 귀감이다.[14]

언덕을 반반하게 고르고, 목재를 깔고, 기름을 칠하고, 배를 썰매에 올려서 소와 사람이 일체가 되어 배를 끌게 했다.

하면 된다.

'불가능'할 것이라던 전함 월구 작전은 멋지게 성공했다.

이로써 하룻밤 사이에 금각만에는 70척에 달하는 오스만 함대가 늘어서게 되었고, 이를 본 비잔틴 제국은 경악을 금치 못했다!

"어떻게 오스만 함대가 여기에 있지!?"

이를 계기로 콘스탄티노플의 방위 체제에는 균열이 생겼고, 머지않아

---

14 오스만으로서도 병참이 파탄 직전이었던 터라 헛되이 시간을 보낼 여유가 없다는 사정도 있었다.

함락되기에 이른다. 이렇게 해서 초대 오스만 1세 이래 그토록 염원하던 콘스탄티노플을 손에 넣을 수 있었던 것이다.

나폴레옹조차 저지른 우책

마지막으로 나쁜 예도 간략히 소개한다.

그것은 바로 러시아 원정에 나선 나폴레옹이다.

원정 중인 무적 나폴레옹군에 두려움을 느낀 러시아군은 도망쳐 다니기에 급급했지만, 유일하게 정면으로 맞선 것이 볼로디노 전투였다. 싸우려고 하지 않는 러시아군에 속을 끓이던 나폴레옹에게는 이것이 유일하게 승기가 된 전투였다.

나폴레옹군 13만 명, 러시아군 12만 명.

양군의 결사적인 격전이 벌어졌지만, 결국 러시아군이 더 이상 버티지 못하고 철수하기 시작했을 때 나폴레옹군도 피해가 막심하여 추격할 수 있는 상태가 아니었다. 전선에서는 나폴레옹을 재촉하는 급보가 빗발쳤다.

"적이 퇴각하기 시작했는데 저희에겐 더 이상 추격할 힘이 없습니다. 지금이야말로 온존한 근위병에게 추격을 명할 때입니다. 그렇게 하면 놈들을 궤멸시킬 수 있습니다."

그러나 이 무렵의 나폴레옹은 놀라울 정도로 우유부단했다.

"불가한다. 근위병은 모스크바까지 온존시킨다. 현재 병력으로 추격하라!"

전선에서는 이 결정에 아연실색했다.

"온존!? 이런 상황에서 쓰지 않고 폐하는 도대체 언제 쓸 요량이란 말인가!?"

전선에서는 분노가 하늘을 찔렀지만 결정은 번복되지 않았다. 결국 러시아군을 추격하지 못하고 날이 저물기 시작한다. 그러자 그제야 나폴레옹은 후회한다.

"역시, 근위군을 투입해야 하는가?"

이 말에는 측근들이 경악했다.

"네!? 이제 와서 말입니까!? 이미 늦었습니다!!"

소수 투입에 늑장 투입, 악수의 연속이었다. 전투의 신과 같은 지휘력을 발휘한 나폴레옹이라고는 도저히 믿을 수 없을 정도로 형편없는 지휘였다.

"'다음' 일은 '다음'에 생각하라."

인간은 아무래도 '다음' 일까지 생각하며 힘을 남겨두고 싶다는 심리가 작용하기 마련이다. 물론 다음 일까지 생각해서 '선수'를 친다는 것은 중요하다. 그러나 그것은 어디까지나 '지금' 눈앞의 문제를 해결하는 것을 전제로 한 이야기다.

'선수를 친다.'고 생각해서 그것이 '소수 · 늑장 투입'이 되어버려서는 본말전도, '다음'은 오지 않는다. 백전백승의 군신 나폴레옹조차 이러한 우를 범하였고, 그것이 그가 몰락하는 원인이 되었다.

모든 일에서 매번 '다음'은 생각하지 않고 '지금'에 전력을 다한다. 이것이야말로 승리의 비결이다.

'정복자'로 불리며 '오스만 제국'의 기초를 만든 황제. 콘스탄티노플을 함락한 후에도 정복전쟁을 멈추지 않고 발칸 반도와 아나톨리아 반도를 거의 대부분 제압했다. 이후 '두 개의 바다와 두 개의 대륙의 지배자'로 불리게 되었는데, '두 개의 바다'란 동지중해와 흑해를, '두 개의 대륙'이란 유럽 대륙(발칸 반도)과 아시아 대륙(아나톨리아 반도)을 가리킨다.

메흐메트 2세

콘스탄티노플이 함락된 주요 원인은?

콘스탄티노플은 정말로 '난공불락'이라 불리기에 손색이 없는 대요새였다. 역대 오스만 황제의 수차례에 이르는 공격에도 함락되지 않았고, 작심하고 나선 메흐메트 2세가 20만 대군으로 포위한 채 신병기 우르반 거포를 투입하고 전함 월구 작전이라는 기발한 작전을 펼친 끝에 겨우 함락시킬 정도로 견고했다.

그러나 실제로 콘스탄티노플을 함락시킨 결정적인 방법이 무엇인지는 지금까지도 명확하게 밝혀지지 않았다. 일설에 의하면 "성벽을 지나는 문을 깜빡하고 잠그지 않아 이 문으로 오스만 군사가 난입했다."는 이야기도 전해진다. 누군가가 우스갯소리로 한 말일 테지만 우스갯소리치고는 꽤 재미있기도 하여 많은 사람들에게 유포되며 사실로 믿는 사람도 많은 듯하나 도시전설의 영역을 넘어서진 못한다.

또 다른 일설에 의하면 "성 안으로 잠입한 스파이가 안에서 문을 열었다."는 설도 있다. 오디세우스 장군의 '트로이의 목마'와 판박이인데 이쪽이 그나마 신빙성이 있지만 진실은 아무도 모른다.

9장

작은 실패는 신의 조언

행동을 일으키려고 생각한 순간의 작은 실패.

그것은 '큰 실패의 징조'다.

◆

"To be or not to be, that's the question!" (사느냐 죽느냐 그것이 문제로다!)

햄릿의 유명한 말[1]로, 인간은 살아 있는 한 항상 이러한 양자택일을 강요받는 상황에 놓이게 된다. 그리고 그 선택이 잘못될 때마다 인생은 궁지에 몰리게 되고, 올바르게 선택할 때마다 인생은 호전된다. 경우에 따라서는 한 번의 판단 미스로 '인생이 완전히 끝장나는' 경우도 있기 때문에 선택을 내리기가 두렵다.

대부분의 사람들은 올바른 선택과 잘못된 선택을 번갈아가며 하면서 부침을 겪고 플러스마이너스를 반복한다.

그런데 역사상의 위인들 중에는 항상 올바른 선택만 하며 눈 깜빡할 사이에 성공을 거머쥔 사람이 있다. 그들은 어떻게 늘 '올바른 선택'이 어떤 것인지 알 수 있었을까? 때마침 맞아떨어진(우연) 것일까? 아니면 그것을 판별하는 어떤 방법(필연)이라도 있었을까?

그러나 이성적으로 생각해서 '어느 쪽이 올바른 선택인지' 판단할 수

---

1 이 말의 'be'는 어떤 식으로든 해석할 수 있는 단어로, 이것을 어떻게 해석해야 하는지에 대해서는 여러 가지 말이 있다. 일반적으로는 '살아야 하느냐, 죽어야 하느냐'라는 해석이 유명하다.

있는 경우도 있지만, 해보지 않으면 절대로 모르는 것에 직면하는 경우도 있다.

그럴 때는 어떻게 해서 '정답'을 이끌어내면 될까?

"주사위는 이미 내 손을 떠났다!"

예를 들면 때는 기원전 49년 1월 10일.

장소는 루비콘[2] 강 왼쪽 기슭. 한 남자가 강을 앞에 두고 고민하고 있었다. 정적 폼페이우스와의 대립이 심각해지는 가운데 국가 반역죄의 오명을 쓰고 본국(원로원)으로부터 "무장해제한 뒤 귀국하라."는 명을 받고 귀국 중인 율리우스 카이사르였다.

'이대로 순순히 무장해제하고 로마로 돌아간다면 정적들의 음모에 빠져 국가 반역죄로 재판에 넘겨지게 될 것이다. 그러나 그렇다고 해서 무장해제를 하지 않고 이 강을 건넌다면 조국(로마)은 즉각 내란 상태에 빠져 아비규환의 지옥이 될 것이다.'

무장해제를 하지 않은 경우에는 내란이 벌어지게 되고, 무장해제를 선택한 경우에는 재판에 넘겨지게 되는데, 어느 쪽이나 그 후의 일은 전혀 예측할 수 없었다.

'결과가 어떻게 될지 전혀 예측할 수 없는 양자택일'을 강요받게 된 카이사르는 고민에 고민을 거듭한 끝에 큰 도박을 하기로 했다.

---

2 북 이탈리아를 동서로 흐르는 강. 당시는 로마 본국과 속주의 국경이었다.

"이 강을 건너면 인간 세계가 비참해진다. 이 강을 건너지 않으면 내가 파멸한다! 그렇다면 건너야 한다! 주사위는 이미 내 손을 떠났다!"

이 유명한 대사는 이때 그가 한 말로 그는 자신의 결단을 주사위에 비유하며 '짝수가 나올지 홀수가 나올지는 모른다. 하지만 던져보겠다!'라는 의사를 나타낸 것이었다.

결과적으로 그는 '성공'이라는 선택지를 고른 셈이었는데, 이것이 '필연'일까, 아니면 '우연'일까?

또 카이사르는 어떻게 올바른 선택인지 알았을까?

누구든 '루비콘'에 세워질 수 있다. 그때 어떻게 하면 '올바른 선택'을 할 수 있을까? 역사 속에 그 힌트가 숨어 있다.

이번 장에서는 그것을 역사적인 사례에서 배우도록 하겠다.

15
헤라클리우스 1세
c. 575~641

주변국들이 일제히 융성기에 접어드는 가운데,
황혼의 제국을 지키려고 동분서주하며
팔면육비로 싸운 동로마 황제.

    흥미롭게도 6세기에서 7세기로 세기가 바뀌는 시기가 세계적으로
'혼미의 시대'에서 '융성의 시대'로 바뀌는 시기와 일치한다.

    예를 들면 동아시아에서는 6세기 말까지 오랫동안 혼란[1]이 지속되고
있었지만, 6세기에서 7세기로 세기가 바뀌는 시기에 수나라가 오랜만
에 재통일을 달성(589년)하고 7세기 이후의 당(618~907년)에 의한 통일
왕조시대로 연결된다.

    남아시아에서도 역시 6세기 말까지 혼란을 겪고 있던 북인도를 하르
샤 바르다나(바르다나 왕조 초대 왕)가 재통일(606년)하고 불교 인도 최후
의 번영기로 접어든 것이 7세기 초부터다.

    서아시아는 일단 사산 왕조의 통일정권 아래에 있었다고는 해도 역시

---

1   위진남북조 시대를 말한다. 후한 멸망(220년)으로부터 수에 의한 재통일(589년)까지 약 4세기.

6세기 말에는 나라가 어지러워지면서 혼란·분열 상태였지만, 호스로 2세가 즉위(590년)하자마자 제국을 정비하고 7세기 이후의 초번성기로 이어진다.

아라비아 반도는 사막으로 뒤덮인 가난한 지역으로 인류 역사상 이때까지 한 번도 통일왕조가 생긴 적이 없었지만, 무함마드라는 한 상인이 돌연 "신(알라)의 계시를 받았다(610년)."고 칭하더니 이것이 이슬람 제국 대발전의 계기가 되었는데 그 또한 7세기 초였다.

이처럼 어느 지역, 어느 나라를 막론하고 6세기 말까지의 혼란기에서 7세기 초 이후 마치 다시 태어난 것처럼 발전과 융성으로 바뀌었던 것이다. 그런 시기에 유럽 대륙·아시아 대륙·아프리카 대륙, 이 세 개 대륙을 호령하며 대제국으로 군림한 것이 동로마 제국(비잔틴 제국)이다.

존망의 기로에 선 대제국

그러나 이 대제국도 예외 없이 유스티니아누스 대제의 말년인 6세기 후반부터 급속하게 혼미의 길을 걷기 시작하더니 급기야 6세기 말에는 '존망의 기로'라 할 수 있는 상태로까지 쇠락했다.

유스티니아누스 대제 시대의 무리한 군사 행동이나 건축 사업[2]으로 인해 황실 재정이 급속도로 궁핍해졌을 뿐만 아니라 잇따른 자연재해(안티오키아 대지진)와 질병(흑사병 대유행) 등에 의해 인구도 급감했던 것이다.

---

2 고대 로마 제국의 재건을 꿈꾼 대정복 전쟁이나 성 소피아 대성당의 재건 등.

인구와 재력은 '국력' 그 자체다. 이 두 가지가 약화되면 군사력도 급속하게 약화되게 되는데,[3] 엎친 데 덮친 격이라고 그런 시기에 동쪽에서는 마침 절정기에 들어간 사산 왕조가, 북쪽에서는 아바르가 쳐들어온다.

그야말로 위급존망지추危急存亡之秋(나라의 존망이 걸려 있는 중요한 때). 이런 때야말로 믿음직스럽고 강한 황제가 요구되기 마련이건만, 유스티니아누스 대제 이후의 역대 황제 중에서는 이 위기에 대처할 수 있는 그릇의 인물이 나타나지 않았다.

유스티니아누스 대제의 다음 황제인 유스티누스 2세는 정신에 이상을 나타냈다. 그 다음인 티베리우스 2세는 도중에 제위를 내던졌다. 그리고 다시 그 다음인 마우리키우스 1세 때는 고작 백인대장(로마 군대의 조직 가운데 100명으로 조직된 단위 부대의 우두머리)에 불과한 포카스가 일으킨 반란에 의해 제위를 빼앗겼다.

'이런 위기의 시기에 역대 황제들이 이래서는……'

새로운 황제를 기다리는 시련

이렇게 국민들 사이에 고통스러운 절망감이 퍼지는 가운데 "더 이상 이런 놈들한테는 나라를 맡겨둘 수 없다!"며 멀리 카르타고[4]에서 대함대를 이끌고 온 것이 헤라클리우스 장군이다.

제국이 이런 형편이었으니 쿠데타가 깨끗하게 성공한 것은 말할 것도 없고, 새로운 황제 헤라클리우스 1세는 국민들로부터 기대를 한 몸에

---

3 군대라는 것은 풍부한 인력과 재력을 필요로 한다.
4 현재의 튀니지.

받게 되었다. 그러나 헤라클리우스 1세 앞에 놓인 시련은 그의 상상을 훨씬 뛰어넘는 것이었다.

이미 교전 중[5]이었던 사산 왕조는 절정기. 잘 훈련된 사산군은 강했고, 이를 상대하는 제국군은 처량할 정도로 약했다.

황제가 되었다고는 해도 그는 왕좌에 앉지도 못한 채 전장을 전전하며 분전했지만, 그러한 노력도 헛되게 제국군은 머지않아 각지에서 무너지기 시작한다. 613년에는 시리아 팔레스티나가 함락되었고, 이로 인해 이듬해에 통치권에서 벗어난 이집트를 빼앗겼다(614년). 사산군은 그 기세를 몰아 결국 아나톨리아까지 쳐들어왔다.

이때도 제국군은 이렇다 할 방책도 없이 패주했고, 사산군은 순식간에 황성인 콘스탄티노플의 목전까지 밀어닥친다.

"성이 아무리 견고해도 사람들의 마음이 하나가 되지 않으면 아무 쓸모가 없다."[6]

그러나 그렇다 해도 콘스탄티노플은 난공불락의 요새다.

'그리 쉽게 함락되지는 않을 것이다.'라고 생각했을지도 모르지만 결국 성을 지키는 것은 '사람'이다. 난공불락의 요새인 이나바 산성(현 기후 성)도 다케나카 한베에가 이끄는 16명에 의해 함락되었다. 해자로 겹겹이 둘러싸인 천하의 명성 오사카 성도 요도도노[7]를 지켜주지는 못했다. 명군 세

---

5 비잔틴 · 사산 전쟁(602~628년)을 말한다.
6 다케나카 한베에의 말.
7 도요토미 히데요시의 측실로 오사카 성에서 도쿠가와 이에야스에게 패해 자결했다.

르 샤[8]가 지은 대요새 로타스 요새도 쉽게 함락되었다. 성을 지키는 사람들의 마음이 제각각이면 아무리 견고한 성도 아무 쓸모가 없다.

망명 결심. 그러나……

그때까지 기를 쓰며 분전하던 그의 마음도 결국엔 꺾이고 말았다.

"제기랄! 여기까진가! 군은 궤멸되었고, 이곳이 함락되는 것도 시간문제! 고향(카르타고)으로 피신해야겠다! 금은보화를 있는 대로 배에 실어라!"

뭔가 유스티니아누스 대제 때의 '니카의 반란'과 같은 양상을 띠고 있었지만,[9] 그때는 '국내 반란'이었기 때문에 그나마 나았다. 이번엔 이교도·이민족인 적국의 군대가 성 안으로 밀려들어오는 판국이니 사태가 비교할 수 없을 정도로 심각했다. 게다가 이번엔 테오도라 같은 '여걸'이 나타나지도 않고, 망명 준비는 착착 진행되었다. 만약 이때 헤라클리우스 1세가 그대로 망명했다면 이 시점에서 제국은 멸망하고 '제국 천년의 역사'는 이슬로 사라져버렸을 것이다.

"흐름을 거스르는 자는 반드시 망한다."

예를 들어 바다나 강에 빠졌을 때 물살을 거슬러 헤엄치면 오히려 물속으로 깊숙히 더 빠진다고 한다. 이것은 역사에도 해당되는 말로 역사

---

8 인도 역사상 '최고의 명군'이라 불리는 수르 왕조의 초대 황제. 한때 무굴 제국을 멸망으로 몰아세웠지만, 그의 사후 제국은 급속도로 붕괴되었다.
9 2장의 첫 번째 단원 참조.

에도 '흐름'이 있고, 이 흐름을 거스르는 자는 반드시 역사에 의해 죽음을 맞이한다.[10]

예를 들면 일본의 막부 말기.

'무사의 세상'에서 '근대 국가'로 옮겨가는 흐름 속에서 도저히 이를 받아들일 수 없었던 사람들이 동북 전쟁과 서남 전쟁 등을 일으키며 저항해보았지만, 이 또한 역사의 흐름을 거스르는 일이었기 때문에 그들의 저항이 최종적으로 성공하리라는 전망 따위는 처음부터 만에 하나도, 아니 억만 분의 일도 없었다. 역사의 흐름을 거스르는 자는 역사에 의해 무정하게 말살될 뿐이다.[11]

그리고 범아일여梵我一如. 우주의 진리는 반드시 사람의 진리에도 해당된다는 이념[12]으로, 다시 말해서 역사에 '흐름'이 있다면 인생에도 '흐름'이 있게 된다. 그리고 역사의 흐름을 거스르는 자가 반드시 망하는 것처럼 인생의 흐름을 거스르는 자에게는 머지않아 불행이나 재앙이 찾아와 신세를 망치게 된다.

바꿔 말하면 지금 현재 불행이나 재앙이 잇따라 찾아오는 사람은 인생의 흐름을 거스르며 살기 때문에 그렇게 된 것이다. 그의 앞에 기다리고 있는 것은 인생 파탄.

그럼 어떻게 하면 '흐름'을 읽고 거스르지 않으며 살 수 있을까?

예를 들어 강물을 거슬러서 걸어가려고 하면 다리가 무겁다. 반대로 강물의 흐름을 따라서 걸어가면 힘을 들이지 않고도 뒤에서 물살이 밀

---

10 '예외가 없는 예외는 없다.'는 말처럼 모든 일에는 예외가 있지만 이것만은 예외가 없다.
11 역사의 흐름을 거스르는 것은 거대한 쓰나미를 우뚝 버티고 서서 막으려는 사람과 같다. 도저히 불가능한 일이다.
12 힌두교의 가르침.

어주어서 쉽게 걸음을 옮길 수 있다.

"행동을 일으킬 때는 '신의 조언'에 귀를 기울여라."

인생도 마찬가지다. 인생의 '흐름'을 따라 행동하면 주위의 모든 존재
가 자기편이 된 것처럼 뒤에서 밀어주고, 거스르는 행동을 하려고 하면
즉각 주위의 모든 것들이 적이라도 된 듯 방해하고 장애가 된다. 이러한
방해와 장애를 '신의 조언'이라 이해하고 진지하게 귀를 기울이면 '흐
름'을 느낄 수 있게 된다.

옛날에도 많은 사람들이 이러한 이치를 알았다. 따라서 어떤 일을 일
으키려고 생각한 순간 '차질'이 생기면 "재수가 없다!" "조짐이 좋지 않
다!"고 말하며 예정된 행동을 중지했던 것이다.

지금은 '미신' 취급을 받고 있지만, 까닭 없는 일은 없다.

도망갈 길은 막히고, 미혹은 사라졌다

다시 헤라클리우스 1세의 이야기로 돌아간다.

그는 망명 준비를 착착 진행하고 있었지만, 이때 궁정에서 변고가 생
긴다.

신하가 황제에게 보고하러 왔을 때의 일이다.

"짐의 명령대로[13] 재물을 남기지 않고 배에 실어 고향에 보냈느냐!?"

---

13 우선 재물을 가득 실은 배를 선발대로 카르타고로 보낸 다음 선발대가 무사히 도착했는지를 보고 헤
라클리우스 1세도 카르타고로 출발할 예정이었다.

"······그렇습니다."

"좋다! 이제 한시도 지체할 여유가 없다! 그럼 짐도 즉시 배에 타겠다!"

그런데 신하는 무슨 이유에선지 황급히 황제의 앞을 막아서며 말을 이었다.

"폐하. 실은 그······ 분명히 폐하의 분부대로 재물을 모두 배에 실어서 보냈습니다. 그런데 방금 들어온 보고에 따르면 그 배가 출항하자마자 전복되었다고 합니다······."

뭐라고! 제국의 재물이 모두 바다로 사라졌다고?

"재물의 무게를 견디지 못한 듯하옵니다."

행동을 일으키려고 생각한 순간의 차질. 이것이야말로 속된 말로 표현하면 "재수가 없다." "조짐이 좋지 않다."이고, 기독교식으로 표현하면 '신의 계시'다.

헤라클리우스 1세는 하늘을 우러르며 포효했다.

"아아! 도대체 무슨 일이란 말입니까! 이것이 '신의 계시'입니까? 신은 '도망쳐서는 안 된다.'고 말씀하시는 것입니까? 제국을 이교도들에게서 지켜야 한다고?"

이렇게 헤라클리우스 1세는 보물선의 침몰을 '신의 계시'로 받아들이고 싸울 것을 결심한다.

인간은 도망갈 길이 있으면 그 자리에서 도망가고 싶은 마음을 억누르지 못하고 매우 약해지지만, 도망갈 길이 막히면 오히려 놀라울 정도로 강해진다.

"미혹이야말로 해결책을 감춰버리는 안개. 안개가 걷히면 출구도 보이게 된다."

그리고 도망갈 길이 막히고 미혹이 사라진 순간 눈앞의 안개가 걷히듯이 지금 자신이 무엇을 해야 하는지를 확실하게 자각할 수 있게 된다.

헤라클리우스 1세도 그랬다.

그 후 그가 보인 활약은 그야말로 팔면육비. 도망가지 않고 맞서겠다는 각오를 했다면 우선은 궤멸된 군을 다시 일으켜 세워야 한다! 그러나 그러려면 무엇보다도 재원이 필요했다. 지금 제국에 그런 재원은 어디를 어떻게 뒤집어봐도 없다. 그래서 내린 결단이 국민들에게 무상 지급하던 빵[14]을 중지.

이 방법을 시행하기에는 국민들의 극심한 반발이 예상되었기 때문에 결심하기 전의 그는 생각조차 할 수 없었지만, 사태가 이 지경에 이르자 다른 일엔 일절 마음을 쓸 수 없었던 것이다.

그런데 막상 국민들의 반발을 각오하고 실시해보았더니 의외로 국민들은 순순히 받아들여주었다. 각오를 단단히 하고 있던 헤라클리우스 1세도 맥이 빠졌다. 그리고 거기서 그는 내친김에 그때까지 '성역'으로서 손을 대지 못했던 교회 재산의 몰수도 강행한다.

---

14 당시 로마에서는 제국이 빈민들에게 무료로 '빵과 서커스'를 제공하는 관습이 있었다.

이때는 아니나 다를까 저항이 있었지만 이렇다 할 저항으로 발전하지 못하고 결국 재원 확보에 성공한다.

"돛에 바람을 받아라! 그러면 어떠한 거함도 앞으로 나아간다."

꿈쩍도 하지 않을 것처럼 보이는 거대한 배도 돛을 올리고 바람을 받으면 놀라울 정도로 쭉쭉 나아가듯이 '흐름'을 타고 있을 때는 아무리 곤란하다고 생각한 사업도 놀라울 정도로 간단히 실현할 수 있다.

이때의 헤라클리우스 1세도 '도저히 불가능하다.'고 생각한 강경책이 잇따라 성공하여 군대를 재편성하는 데도 쉽게 성공한다.

이것은 '흐름'을 타고 있다는 증거다.

그때부터 그는 6년 동안 거의 황성으로 돌아오지 않고 전장을 누빈다. 그 정신력이야말로 '이것이 한때 제국을 버리고 도망치려고 했던 유약한 황제였던가?' 하고 눈을 의심할 정도였다. 이것이 '각오한 인간'의 저력이고, '흐름을 타고 있을 때'의 기세다.

이렇게 한때는 황성과 그 주변 이외의 영토를 대부분 잃고, 멸망 직전까지 몰린 제국은 잃어버린 영토의 거의 대부분을 탈환하기에 이른다. 그야말로 대단한 전과이자 믿을 수 없는 역전극이었다!

헤라클리우스 1세는 6년 동안의 전쟁을 마친 후 황성으로 돌아와 시민들의 열화와 같은 환영을 받으며 개선했다.

만약 그때 보물선이 침몰하지 않았다면?

가령 침몰했어도 그가 이것을 '신의 조언'으로 받아들이지 않고 무일푼으로 망명을 강행했다면?

그에게 오늘의 이와 같은 영광스러운 무대는 오지 않았을 뿐만 아니라 제국은 멸망하고 그의 그 후의 인생도 비참해졌을 것이다.

항상 자신의 주변에 흐르는 '기류'를 읽어야 한다.

'신의 조언'에 귀를 기울여야 한다.

그러한 것이 얼마나 중요한지 그의 인생은 가르쳐준다.

이번 장의 서두에서 율리우스 카이사르가 루비콘 강 앞에 서서 '건너야 할지 건너지 말아야 할지' 결단에 쫓겼을 때 그가 올바른 결단을 내릴 수 있었던 것도 그 후의 쾌속 질주를 감안하면 이러한 '바람'을 느끼고 '신의 조언'을 들었기 때문임이 틀림없다.

헤라클리우스 1세

페르시아 제국을 격퇴하고 옛 영토를 회복하는 데 성공한 시점에서 천수를 다했다면, 비잔틴 역대 황제 중에서도 '유스티니아누스 대제에 이은 명군'으로서 그 이름을 새겼을지 모르는 인물이었지만, 그에게 있어서 불행했던 것은 때마침 이 무렵에 이슬람이 급성장하고 있었다는 것이다. 그가 페르시아에서 개선하고 나서 얼마 지나지 않아 이슬람의 도전을 받은 비잔틴 제국은 이미 대 페르시아 전에서 힘을 다 쓴 까닭에 패퇴를 거듭하게 된다.

동로마 제국과 비잔틴 제국

서력 395년, 고대 로마 제국이 동서로 갈라졌다. 그러나 두 개로 갈라진 후에도 양국의 정식 국호는 어디까지나 '로마 제국'이었기 때문에 후세에 이것을 구별하기 위해 '동로마 제국' '서로마 제국'이라는 이름이 생겼다. 그런데 '서로마'는 그로부터 80년 만에 멸망하지만, '동로마'는 1000년이나 이어지게 된다.

한 나라가 1000년이나 이어지면 그동안 국가의 본질이 바뀌지 않을 리도 없고, 실제로 헤라클리우스 1세를 경계로 동로마 제국의 양상은 크게 변모한다. 헤라클리우스 1세 이전에는 '제국'으로서 로마의 이상을 추구하는 입장을 고수했지만, 그 이후에는 '지방 정권'으로 몰락하여 로마의 이상 추구도 비현실화되어 간다.

그래서 후세의 역사가들은 헤라클리우스 1세 이전을 '동로마 제국', 이후를 '비잔틴 제국'이라 부르며 구별하게 된다. 다만 일반적으로는 이 두 명칭을 특별히 구별하지 않고 사용하는 경우가 많기 때문에 딱히 신경 쓰지 않아도 된다.

10장

포위된 적에게는 반드시
도망갈 길을 열어준다

궁지에 몰린 쥐는 고양이를 문다.

적에게 도망갈 길을 열어주는 것이 편하게 이기는 요령.

❖

　동양을 대표하는 병법이 손무의 《손자》라면 서양을 대표하는 병법은 클라우제비츠의 《전쟁론》이다. 양자를 비교해보면 같은 병법으로서 공통점도 많이 볼 수 있지만, 역시 유럽인과 아시아인의 가치관의 차이를 반영하여 그 근본에 흐르는 정신은 큰 차이가 있다.[1]

　클라우제비츠의 병법은 그 근저에 '싸워서 이긴다!' '적 병력의 섬멸!' 이라는 이념이 면면히 흐르고 있다.

　"백전백승은 최선의 최선이 아니다."

　"싸우지 않고 적병을 굴복시키는 것이 최선의 최선이다."

　이렇게 가르치는 《손자》와는 큰 차이가 난다.

　나폴레옹이 '싸우지 않고 이긴다.'는 생각을 하지 못해서 자멸했지만, 그 또한 이러한 민족적 가치관이 그 배경에 있었을 것이다.

　적을 쓰러뜨리지 않겠다고 했을 때 "어정쩡한 공격으로 적을 놓치면 도망간 적이 복수를 하려고 재결집하여 뼈아픈 보복을 당할지도 모른다! 따라서 적을 섬멸하여 미래의 손실까지 단번에 제거하는 것이 상

1　왜 이런 차이가 생겼는지를 설명하려면 그것만으로도 한 권의 책이 되어버리기 때문에 여기서는 다루지 않는다.

책!"이라는 의견을 들으면 일리가 있는 것처럼 들린다. 그러나 이것은 현명한 처사라고는 할 수 없다.

"쥐도 궁지에 몰리면 고양이를 문다."

포위를 당한 채 퇴로가 막힌 자는 그야말로 죽을힘을 다해 저항하기 마련인데, 이것이 여간 골치 아픈 게 아니다. 평소 인간은 설령 본인은 최선을 다하고 있다고 해도 실제로는 80% 정도[2]의 힘밖에 내지 못한다고 한다.

예를 들어 차의 엔진을 풀가동하면 엔진이 금방 퍼지는 것과 마찬가지로 인간도 안이하게 전력을 다했다가는 금방 몸이 망가지기 때문에 뇌가 이를 제어한다.

병법도 마찬가지다.

'적을 섬멸하는 것'보다 '아군의 소모를 최소한으로 억제하는 것'이 최종적으로 살아남는 비결이 된다.

유럽인은 이러한 이치를 이해하지 못하고 '싸워서 이긴다.' '적을 섬멸시킨다.'는 취지로 전쟁을 반복한 결과, 결국 두 번에 걸친 총력전(세계대전)을 초래하여 자멸하고 말았다. 제1차 세계대전과 제2차 세계대전에서 모두 '전승국'이었던 영국과 프랑스는 현재 옛 영광을 찾아볼 수 없을 정도로 쇠락했다.

2　이 숫자에 대해서는 여러 가지 설이 분분하다. 적게는 고작 '30%'라는 설도 있다.

눈앞의 작은 전쟁에서 승리하고도 결국에는 신세를 망친다. 대국大局을 전혀 읽지 못하는 전법이다.

이번 장에서는 일본 센고쿠 시대의 세 영걸을 통해 이 점에 대해 배우도록 하겠다.

16

도요토미 히데요시

1537~1598

센고쿠 시대의 무장. 세 영걸 중 한 명.
아시가루 또는 빈농의 신분에서 천황 아래 최고의 자리인
다이코까지 오른 인물.

"오다가 찧고 도요토미가 반죽한 천하라는 이름의 떡을 앉은 채로 먹
은 도쿠가와."

에도 시대 말기 작자 미상[1]의 시가로 〈두견새〉와 마찬가지로 세 영걸
을 잘 표현한 시가다.

전란을 끝내고 일본을 통일하기 일보직전까지 왔지만 혼노 사에서 죽
은 오다 노부나가.

아시가루[2]라는 최하급 병졸에서 일본을 통일하고 최고의 자리에 오른
도요토미 히데요시.

이 차이는 어디에 있었을까?

물론 그 이유는 다원적이고 복합적이지만, 본 장에서는 '포위된 적에

---

1 도쿠가와 이에야스를 모욕하고 있는 것이 명백하기 때문에 이름이 알려지면 막부에서 처벌을 받게
   된다.
2 그의 출신에 대해서는 사실 확인이 어렵다. 빈농 출신이라는 설과 부농 설, 장사치 설, 심지어 천황의
   사생아라는 설까지 있다.

게는 반드시 도망갈 길을 열어준다.'는 시점에서 둘 사이에 어떤 차이가 있었는지 살펴보도록 하겠다.

노부나가가 '떡을 찧는 방법'

오다 노부나가는 천재적인 기질에 격정적이고 저돌적으로 맹진하는 사람이었고 도요토미 히데요시는 노력형에 인정적이고 숙려단행하는 사람이었다.

어느 면으로 보나 대조적인 두 사람이었지만 좀 더 근원적인 시점에서 살펴보면 노부나가는 그 행동양식이 유목민의 모습이었고, 히데요시는 농경민의 모습이었다.

예를 들어 노부나가는 아사이·아사쿠라 가문을 멸망시키고 그 촉루에 금박을 입혀서 술잔으로 삼아 축배를 들었는데, 이러한 행동은 유목민의 습관 중 하나[3]다. 신하들은 어이가 없었지만 노부나가는 전혀 개의치 않았다.

전쟁에 대해 갖고 있는 기본 이념도 유목민과 농경민은 백팔십도로 다르다.

유목민은 적을 근절시킬 때까지 싸우는 것을 목적으로 하고 농경민은 주군만 쓰러뜨리면 그 백성들의 생명은 보전[4]하는데 이 점에 있어서도 역시 노부나가는 유목민의 습성을 보였고 히데요시는 농경민의 전쟁 이념에 부합하는 모습이었다.

---

3 흉노 모돈선우가 월씨 국왕을, 사파비 왕조 이스마일 1세가 샤이바니 칸을, 롬바르드 왕 알보인이 게피드 왕을 제압하고 보인 행동으로 모두 유목민 계다. 농경민으로 이런 행동을 한 사람은 오다 노부나가 정도다.
4 이러한 가치관은 장기에도 나타나 있다. 일본의 장기는 상대의 장기 말을 잡으면 자신의 말로 사용할 수 있다. 이것은 실제 전쟁에서도 적을 섬멸시키지 않고 아군으로 편입시키기 때문이다. 이에 비해 유목민족의 체스에서는 잡은 말은 두 번 다시 사용할 수 없다. 그들은 잡은 적을 모두 죽이기 때문이다.

노부나가는 이세 나가시마를 10만 명의 병사로 포위하고 성[5]을 하나 함락시킬 때마다 성 안에 있는 사람들을 모두, 남녀노소를 불문하고 모두 죽였다. 히에이잔이나 이시야마에서도 마찬가지였다. 이러한 노부나가의 행위는 일본인의 가치관에 부합하지 않아서 당시부터 비난의 표적이 되어 냉혹 · 무도 · 잔인 · 무자비……하다는 평가가 쏟아졌다.

그러나…….

"창조자가 되려는 자는 우선 파괴자가 되어야 한다."

이 말은 독일의 철학자 프리드리히 니체의 말이다.

예를 들어 '새 건물'을 지으려고 생각했다면 그전에 '옛 건물'을 무너뜨려야 하듯이 새로운 시대를 창조하려는 사람은 우선 그전에 '구시대의 유물'을 파괴해야 한다.

힌두교의 가르침에도 우리가 사는 세계(우주)가 다시 태어날 때, 시바신이 눈을 뜨고 구세계를 카오스 상태까지 파괴한 뒤에 신세계를 창조하기 시작한다고 가르치고 있다.

노부나가의 야망인 '천하포무'는 오랫동안 지속되어온 전란의 세상(구시대)을 끝내고, 천하통일(신시대)을 창조하려는 것이었으므로 그에게 주어진 역사적인 역할은 그 자신이 '파괴자'가 되어 '구시대의 유물'에 매달리는 무리를 철저하게 배제하는 것이었다. 설령 노부나가가 좋아하

---

5   구체적으로는 오도리이 성, 나가시마 성, 나카에 성, 야나가시마 성 등.

든 좋아하지 않든 상관없이.

그의 얼핏 잔인무도해 보이는 행태도 그러나 '대국적인 시야'에서 보면 어쩔 수 없는 측면도 있었던 것이다.

반대로 그렇게 할 수 없는 자에게 '신시대의 창조자'가 될 자격은 없다. 다케다 신겐이나 우에스기 겐신 등이 모두 '센고쿠 시대 최강'이라 불리는 군단을 이끌었지만 천하를 통일할 수 없었던 가장 큰 이유가 거기에 있다. 그들은 오다와 같은 '파괴자'가 될 수 없었던 것이다.[6]

"신설新雪이 쌓인 들판을 가는 것은 고난의 길이지만 삶의 기쁨을 실감할 수 있는 걸음."

신설이 쌓인 은백의 세상을 자기 발로 한 걸음 한 걸음 밟으며 '내 길을 만들면서 간다.'는 것은 아주 기분 좋은 일이다. 자기 앞에 길은 없고, 자기 뒤에 길이 생긴다. 다른 사람은 자기가 만든 길을 더듬어가며 뒤에서 따라온다. 그러나 그러기 위해서는 설면을 자기 발로 다지며 길을 만들면서 나아가야 하기 때문에 상당한 수고를 필요로 하고, 체력도 금방 소모된다.

이와 마찬가지로 '신시대'를 개척하며 나아가는 오다 앞을 '구시대'에 집착하는 자들이 가로막고 서서 오다군을 소모시켰다. 게다가 하나의 적을 섬멸하는 데 성공했다 해도 각 방면의 원한이나 반발을 사서 다른

---

6 다케다 신겐과 우에스기 겐신은 모두 구시대(무로마치 막부)의 지배 시스템에 매몰된 채 그 굴레 속에서만 살 수 있는 인물이었다.

새로운 적을 만드는 결과가 되어 아무리 적을 쓰러뜨려도 새로운 적이 잇따라 나타나는 바람에 오다군은 계속되는 군사적인 소모로 힘든 전쟁을 할 수밖에 없었다.

이것은 3장에서 배운 손자병법 "백전백승은 최선의 최선이 아니다. 싸우지 않고 적병을 굴복시키는 것이 최선의 최선이다."와는 정반대의 전개가 되기 때문에 그 전쟁의 끝에 있는 것은 '파멸'이다.

"무력으로 제압한 자는 무력으로 제압당한다."

예를 들어 오다처럼 '무력으로 천하를 제압한다(천하포무).'는 길을 선택한 인물로서 중국에는 항우, 유럽에는 나폴레옹이 있었는데, 이 두 사람 역시 탁월한 군사력으로 연전연승하지만 싸우면 싸울수록 적이 늘어나고 포위망이 구축되어 아군만 소모될 뿐이었다. 이기면 이길수록 전황이 악화되어갔던 것이다.

노부나가 역시 몇 번이나 포위망에 갇혀 절체절명의 위기에 빠지지만 그때마다 그는 타고난 '강운'으로 이를 돌파하면서 계속 진격했다.[7]

그러나 천하 통일을 눈앞에 둔 그때 노부나가는 순간의 방심으로 혼노 사에서 죽음을 맞이하게 된다. 혼노 사의 변의 직접적인 원인은 지금까지도 명확하게 밝혀지지 않았지만, 대국적으로는 노부나가의 처사에 대한 불만이 사방으로 확산되어 이것이 돌고 돌아 일어난 것이라고 해

---

7 예를 들어 다케다 신겐이나 우에스기 겐신이 교토로 진격하려고 했을 때도 노부나가는 궁지에 몰리지만 그때마다 신겐과 겐신 모두 교토 입성 직전에 급사한다는 '강운'으로 무사할 수 있었다.

도 무방할 것이다.

노부나가의 경우 '천하포무'를 위해서는 어느 정도 어쩔 수 없다고는 해도 역시 이러한 '적을 섬멸한다.'는 방법은 일시적으로 뜻을 이룬 것처럼 보여도 긴 안목으로 보면 결국 자신의 신세를 망치게 된다는 것을 역사는 말하고 있다.

히데요시의 '떡을 반죽하는 방법' 그 첫 번째

그에 비해 히데요시는 노부나가와는 대조적이었다. 그의 말 중에 이런 말이 있다.

"적이 도망갈 길을 만들어놓고 나서 공격하라."

그는 노부나가처럼 '적을 섬멸'하려고는 하지 않았다. 공격한다 해도 우선 '도망갈 길'을 만들어놓고 나서 공격했다.[8]

예를 들어 회사 등에서 부하가 지각했을 때,

부하 "지각해서 죄송합니다. 실은 그게……."

상사 "닥쳐! 변명 따위는 하지 마! 지각에 변명에, 자네는 사회인으로서의 자각이 결여되어 있군!"

이처럼 무턱대고 야단을 치면 도망갈 곳을 잃은 부하는 반성은커녕 반발심을 갖게 된다.

---

8 히데요시도 미키 성이나 돗토리 성을 완전히 포위하고 '말살'하긴 했지만 그것은 적이 항복하지 않았기 때문이다. "항복하면 곧바로 포위를 풀고 식량을 주겠다!"고 적에게 통보하여 '도망갈 길'을 만들어주었다. 이에 비해 노부나가의 경우는 '항복조차 허락하지 않고 모두 죽인다.'였다.

그때는 화를 꾹 참고 변명을 들어준 다음 이야기한다.

"그런가. 하지만 그것은 이렇게 했으면 피할 수도 있지 않았을까? 이 번엔 봐주겠지만 다음부터는 이런 일이 없도록 하게."

이렇게 '도망갈 길'을 만들어주면 부하도 순순히 반성한다.

여담은 그만하고 히데요시가 빗추 다카마쓰 성(모리 령)을 공격하던 때였다.

히데요시는 급보를 받고 아연실색했다.[9]

"노부나가, 혼노 사에서 척살!"

히데요시는 즉각 모리와 화친하고 교토로 돌아갔다. 이것이 그 유명한 '주고쿠 회군'으로 히데요시군은 교토의 입구라 할 수 있는 야마자키(요도가와와 덴노잔 사이의 좁은 길)에서 아케치군과 결전을 벌였다. 소위 '야마자키 전투(덴노잔 전투)'인데, 히데요시군의 허를 찌르는 군사 행동에 준비가 부족했던 아케치군은 얼마 못 가 완패당하고 후방인 쇼류지 성에 틀어박힌다.

그러나 이때 이미 히데요시군도 만신창이.

궤멸된 아케치군을 추격하는 것조차 여의치 않은 상태였지만 이때도 총대장이 노부나가였다면 "쇼류지 성을 포위하고 한 놈도 남기지 말고 모두 죽여라!"라고 명했을 것이다.

그러나 히데요시는 구로다 간베에의 헌책도 있고 해서 일부러 사카모토 성[10] 방향의 포위를 풀어준다. 만약 여기서 완전 포위, 총공격을 명했

---

9 "실은 히데요시가 혼노 사의 변을 미리 알고 있었다."라든가 "히데요시는 미쓰히데의 공모자였다." 는 설도 있지만 모두 속설에 불과하다.
10 아케치 미쓰히데가 거주하는 성.

다면 아케치군도 사생결단의 기세로 저항했을 것이다. 설령 목적을 달성했다 해도 히데요시군도 심각한 피해를 입었을 것이 틀림없다.

그러나 인간은 도망갈 길이 있으면 아무래도 그쪽으로 마음이 가기 마련이다. 포위가 풀리자 아케치군은 마지막 저항 의지를 잃고 사카모토 성 방면으로 뿔뿔이 도망가기 시작해서 순식간에 소멸되어버렸다.

이것이야말로 손자가 말하는 '싸우지 않고 이기는' 방법이다.

야마자키 전투에서 승리한 히데요시는 단숨에 천하인으로 가는 계단을 뛰어오른다.

히데요시의 '떡을 반죽하는 방법' 그 두 번째

'노부나가의 복수'에 성공한 히데요시는 오다 가의 중진 사이에서 단숨에 발언권이 늘었고, 오다 가의 계승 문제를 정하는 기요스 회의에서도 히데요시가 추천하는 산보시(노부나가의 적손)를 후계자로 정하는 데 성공했다. 이제까지 오다 가 가신의 필두였던 시바타 가쓰이에는 빈농 출신인 히데요시에게 권력이 넘어가는 것을 참지 못하고 이듬해 시즈가타케에서 히데요시에게 도전했지만 패하고 자결한다.

이렇게 히데요시의 천하가 확고해지자 이것을 기꺼워하지 않는 두 사람이 손을 잡는다.

노부나가의 차남임에도 불구하고 빈농 출신인 히데요시에게 신하 취급을 받으며 혼노 사 이후의 거성 아즈치 성에서도 쫓겨난 오다 노부카쓰와 역시 빈농 출신인 히데요시의 수하로 들어가는 것에 불만을 품은 도쿠가와 이에야스.

결국 10만 명의 히데요시군과 1만 6,000명의 도쿠가와군이 이누야마 성과 고마치 성에 진을 치고 대치한다.

이것이 고마키 · 나가쿠테 전투다. 과연 늙은 너구리 이에야스, 시즈가타케 때와는 달리 전투는 일진일퇴의 공방이 이어지며 교착 상태에 빠진다. 그동안 히데요시 측은 네 명의 장수가 목숨을 잃는 등 결코 바람직한 전황이라고는 할 수 없었지만, 역시 병력과 재력에서 모두 도쿠가와를 압도하고 있었기[11] 때문에 설령 서전에서 패했다고 해도 끝까지 전력투구했다면 히데요시는 이길 수 있었을 것이다.

그러나 전쟁이 길어지면 길어질수록 대군을 이끌고 있는 만큼 병참이 비명을 지를 것은 자명한 사실이고, 다른 다이묘의 동향도 의심스러워지면서 설령 이긴다 해도 히데요시가 입을 피해도 심각해진다.

역시 이럴 때는 히데요시 '전가의 보도'인 '결위缺圍의 진'.

적에게 도망갈 길을 만들어줌으로써 그 결속을 약화시킨다. 단, 이번엔 '전술'이 아니라 '외교'로.

히데요시는 노부카쓰에게 접근하여 '이가 · 이세 영토의 절반을 인정한다.'는 조건으로 강화를 맺는다. 사실 히데요시는 오와리에서는 이에야스에게 패했지만 이가 · 이세(노부카쓰의 영지)에서는 연전연승하며 잇따라 성을 함락하고 있었다.

---

11 히데요시 20개 지역, 이에야스 5개 지역, 노부카쓰 3개 지역.

노부카쓰의 마음은 이미 포기 상태였지만 그래도 고집스럽게 항복하지 않았던 것은 여기서 항복하면 자신이 소유하고 있는 모든 영지가 몰수되어버린다고 생각했기 때문이다. 막다른 길에 몰린 노부카쓰는 영지를 지키기 위해 필사적으로 이에야스에게 매달리고 있는 상태였다.

그러던 차에 히데요시가 나타나 "이가·이세의 절반을 인정한다."고 했으니 이보다 더 좋은 조건은 없었다. 노부카쓰는 이에야스와는 아무 상의도 없이 이 조건을 받아들인다. 이처럼 뚫린 '구멍'으로 잽싸게 도망쳐나온 노부카쓰. 이렇게 되면 대의명분을 잃은 이에야스도 철병시킬 수밖에 없다.

역시 이에야스보다 히데요시 쪽이 한 수 위였던 것이다.

이에야스의 '떡을 먹는 방법'

그러나 히데요시가 죽은 뒤의 도요토미 가는 머지않아 도쿠가와에 의해 멸망하게 되었다.

이때의 '오사카 전투'에서도 이 '결위의 진'이 효과를 발휘한다.

이에야스는 우선 '겨울 전투'에서 해자를 메우는 데 성공하고도 '여름 전투'에서는 포위 체제를 갖추지 못하고 메운 바깥 해자에서 멀리 떨어진 남쪽에 포진한다. 이래서는 어렵게 해자를 메운 의미가 없다.

그러나 이렇게 성의 북쪽을 비워두자(결위) 전황이 불리해진 순간 성을 지켜야 할 장병들이 제각기 성을 버리고 도망쳐나갔다. 한번 균형이 무너진 도요토미 진영이 단숨에 총 붕괴를 일으켜서 공성전조차 제대로 하지 않고도 성을 함락할 수 있었던 것은 '겨울 전투에서 해자를 메웠기 때문'이라기보다 이 '결위의 진'이 제대로 효과를 발휘했기 때문이다.

이렇게 전란으로 어지러운 세상은 오다에서 도요토미를 거쳐 도쿠가와에 의해 수습되었다.

"내가 하는 일을 후회하지 않는다!"

이처럼 역사에 비추어 알 수 있듯이 '포위 섬멸'의 방법을 고수한 오다 노부나가가 뜻을 이루지 못한 채 죽고, '결위의 진'으로 임한 도요토미 히데요시와 도쿠가와 이에야스에게 천하가 굴러들어간 것을 보면 역시 '결위의 진'이야말로 뛰어난 전술이라는 것을 알 수 있다. '포위 섬멸'은 설령 당장은 성공했다 해도 결국엔 신세를 망치는 결과로 이어진다.

그러나 그렇다고 해서 노부나가가 히데요시보다 전술적으로 능력이 떨어진다는 것은 아니다.

앞에서도 말했듯이 노부나가는 신시대를 개척하는 '파괴자'로서의 역사적 역할을 자각하였기 때문에 그에게는 이 방법밖에 없었던 것이다. 어쩔 수 없다고 한다면 어쩔 수 없다고 할 수 있다.

그것을 증명하는 듯한 말이 있다.

앞에서 노부나가와 마찬가지로 '무력으로 패자가 되고, 무력으로 망한' 인물로 '항우'와 '나폴레옹'을 예로 들었는데, 노부나가를 포함한 그들 세 명이 '죽음을 앞두고 남긴 말'이 제각각 매우 흥미로워서 소개하고자 한다.

나폴레옹은 아들(나폴레옹 2세)에게 유언을 하며 반성의 변을 남겼다.

"아들아, 내 흉내를 내서는 안 된다. 유럽은 이성에 의해 따르게 해야지 무력으로 복종시키려고 생각해서는 안 된다."

이와는 대조적으로 항우는 전혀 반성하지 않았다.

"역발산기개세力拔山氣蓋世(힘은 산을 뽑을 수 있고, 기개는 온 세상을 덮을 만한데) 시불리추불서時不利騅[12]不逝(전쟁에 패한 것은 운이 나빴을 뿐이다. 애마가 달리지 않았기 때문이다) 추불서가내하騅不逝可奈何(애마가 달리지 않으니 어쩔 수 없지 않은가!)."

죽음을 앞두고 단호하게 자신에게는 한 점의 실수도 없었다고 주장했을 뿐만 아니라 그 책임 또한 타자(무운과 애마)에게 떠넘겼다.

그럼 노부나가는 이 두 사람 중 어느 쪽이었을까? 실은 '반성'도 '변명'도 하지 않았다. 그의 마지막 말은 단 한마디였다.

"부득이했다(어쩔 수 없었다)!"

나폴레옹처럼 자기가 한 행동을 반성하지 않았다. 그러나 항우처럼 변명조의 말도 하지 않았다. 그저 자신이 한 행동의 결과를 모두 받아들인 말이 '부득이했다!'였다.

'그렇게 할 수밖에 없었기 때문에 그렇게 했던 것이지 달리 길은 없었

---

12 추는 항우의 애마.

다. 그것이 이런 결과가 되었다면 그것은 어쩔 수 없지 않은가.'

이러한 생각이 그의 입을 통해 나온 말이 바로 '부득이했다'가 아니었을까?[13]

"내가 하는 일을 후회하지 않는다(미야모토 무사시《오륜서》)."

인간은 간혹 '잘못된 방법'이라는 것을 알고 있으면서도 입장상 그렇게 하지 않으면 안 되는 경우가 있다. 그러나 항상 신념을 갖고 모든 일에 임한다면 결과가 어떻게 되든 그 결과에 반성도 변명도 생기지 않는다.

---

13 사실 노부나가가 마지막에 남긴 '부득이했다'는 말의 진의는 그만 알 뿐 다른 누구도 알 수 없다. 다만 필자는 본문에서 말한 의미로 이해하고 있을 뿐이다.

일본의 모든 역사를 통틀어서 가장 출세한 인물. 중국에 "하나의 왕조를 열 만한 위대한 인물에겐 반드시 보통 사람과는 다른 특이한 신체적 특질이 나타난다."는 전설이 있는데 히데요시는 그 조건을 갖추었다고 할 수 있다. 오른손 엄지손가락이 두 개이고 그 용모도 본 사람에게 강렬한 인상을 심어준 듯하다. '마치 원숭이 같다.' '쥐 같다.' '추악한 외관.' 등 제각각이지만.

도요토미 히데요시

기요스 성의 성벽 수축

히데요시가 아직 어렸을 때 기요스 성의 성벽이 태풍으로 크게 파손되어 신속하게 수축해야 했지만 인부들의 태업으로 공사가 전혀 진척되지 않았다.

단단히 화가 난 노부나가에게 히데요시가 "저라면 사흘만 있으면 됩니다."라고 말한다. 노부나가의 허락이 떨어지자 히데요시는 일손을 멈추게 하고 말하기 시작한다.

"성벽이 무너져 있을 때 전쟁이라도 나면 너희들은 물론 처자식의 목숨도 위험해질 것이다."

일의 의의를 이해시킨 후 인부들을 열 개 조로 나누어 "가장 빨리 일을 마친 조에게 상을 내린다."고 약속한다.

일의 의의를 알고, 게다가 상까지 내린다는 것을 안 인부들은 필사적으로 일하게 되어 순식간에 성벽이 완성되었다. 일을 강제로 시키는 것이 아니라 의의를 부여하고 경쟁시킨다. 리더의 마음가짐을 이미 이해하고 있던 히데요시는 그 공을 니와 나가히데에게 양보하는 것도 잊지 않았다. 무엇보다도 무서운 것이 질투라는 것을 잘 알고 있었기 때문이다. 과연.

11 장

공격하면 물러나고,
물러나면 공격하라

적이 강할 때 정면으로 싸우는 것은 어리석은 짓이다.
승기가 올 때까지 참고 버티는 것이 중요하다.

◆

역사를 공부하다 보면 소군으로 대군을 물리치는 장면이 종종 나온다. 이것은 보기만 해도 통쾌해서 나까지 행복해지는 것 같다. 그러나 원래 강한 적과는 싸워서는 안 된다. 손자도 이것을 엄중히 경계하고 있다.

"적으면 도망가고, 열세라면 피한다."

"아군의 병력이 적을 때는 퇴각하라. 전력의 차이가 너무 클 때는 전투에 들어가는 것 자체를 피하라."

항상 이기는 비결은 자기보다 강한 상대와 싸우지 않는 것이다. 자기보다 약한 상대와 방심하지 않고 싸우면 항상 이긴다.

"그런 건 일일이 손자에게 새삼스럽게 배우지 않아도 누구나 알고 있다! 그런데 내가 싸우고 싶지 않아도 강한 적이 무턱대고 싸움을 걸어왔을 때는 어떻게 하면 될까?"

그럴 때야말로 지금까지 봐온 병법을 구사하여 싸우면 많은 적을 물리치는 것도 결코 불가능하지 않다.

단, 여기서 명심해야 할 것은 이러한 병법이 성공하는 것은 반드시 적이 무능하거나 또는 방심하고 있는 경우뿐이다.

장기와 마찬가지로 병법 중에 '이 병법을 실행하면 반드시 이긴다.'는 만능 병법은 존재하지 않는다. 어떤 병법이든 반드시 대처법이 있으므로 적에게 적절한 대처법을 주게 되면 아무리 훌륭한 병법이라도 무효화되어버린다. 그렇게 되면 그 다음은 병력만이 모든 것을 좌우하기 때문에 소군은 패배할 수밖에 없다.

"제갈량의 실패에서 배워라."

예를 들어 《삼국지》의 군사 제갈량(공명)은 남정南征(남중과의 전투)에서는 큰 전과를 올렸지만, 북벌北伐(조위와의 전투)에서는 생각했던 전과를 올리지 못한 채 뜻을 이루지 못하고 철수했다. 그 결과만을 보고 "제갈량도 그렇게 대단한 인물은 아니야!"라고 수군거리기도 하는데, 그리 쉽게 단정 지을 수 있는 문제가 아니다.

제갈량이 아무리 뛰어난 군사라도 적이 대군이고 우수한 데다 방심하지 않고 전력을 다하기까지 하면 어쩔 도리가 없기 때문이다.

남중에는 뛰어난 군사가 없었기 때문에 제갈량의 계책이 통했을 뿐이다. 한편 조위에는 제갈량에 버금가는 군사 사마의가 있는 데다 대군을 거느리고 있었다. 제갈량이 파고들 틈만 있다면 나머지는 사마의가 방심하기만을 기다리면 되었지만, 사마의는 제갈량을 두려워하고 있었기 때문에 방심 따위는 털끝만큼도 하지 않았다. 이런 상태에서는 아무리 천재적인 군사라 해도 어쩔 수 없었을 것이다.

그럼 이럴 때는 어떻게 대처하면 될까?

이번 장에서는 이 점에 대해 배우도록 하겠다.

17
타흐마스프 1세
1514~1576

사파비 왕조 페르시아 제국의 제2대 황제.
아버지의 죽음으로 열 살에 즉위하여
혼란한 제국을 안정으로 이끈 명군이다.

16세기 초, 현재의 이란에 해당하는 지역에는 '사파비 왕조'가 군림하고 있었는데, 왕조는 아직 건국한 지 얼마 되지도 않아 벌써 존망의 기로에 있었다. 동쪽에서는 샤이반 왕조[1]가 국경을 끊임없이 침범하며 노략질을 일삼았고, 서쪽에서는 오스만 제국이 강력한 국력을 앞세워 압박하고 있었기 때문이다.

초대, 이스마일 1세의 교만

사파비 왕조 제2대 황제인 타흐마스프 1세가 태어난 해(1514년)는 초대 이스마일 1세(타흐마스프의 아버지)가 오스만 제국과 일대 결전[2]을 벌인 해였는데, 현저한 전력 차이로 철저하게 패하고 만다.

---

1 몽골 제국에서 분열되어 킵차크한국이 생겼고, 그 킵차크한국이 다시 분열되어 청장한국이 생겼는데, 그 청장한국의 군주인 시반 가의 후예가 건국한 나라.
2 찰디란 전투.

이스마일 1세는 일곱 살에 교주[3]가 되고 열네 살에 왕조를 세운 이래 20년에 걸쳐 한 번도 전쟁에서 패한 적이 없는 '불패의 전설'을 세운 황제였다. 그러나 3장에서 보았듯이 연전연승은 변변한 결과를 낳지 못하고, 1장에서 보았듯이 시련이나 좌절을 경험한 적이 없는 자는 맷집이 너무 약하다.

이처럼 젊었을 때 순풍에 돛 단 듯한 인생을 걸어온 사람일수록 위험하다.

세상 물정에 눈을 뜰 무렵부터 20년에 걸친 연전연승이 그를 교만하게 만든 탓에 오스만 제국이 20만 명의 대군과 근대 무기로 무장한 채 찰디란으로 진군해왔을 때 이스마일 1세는 고작 1만 2,000기의 기병만을 모으고도 전혀 위기감을 느끼지 못했다.

"나야말로 구세주다! 적이 아무리 대군을 몰고 와도 절대로 질 리가 없다!"

위기감을 느낀 측근 중 한 명[4]이 "아군은 압도적으로 불리합니다. 야습을 해야 합니다!"라고 진언했음에도 불구하고 황제는 이를 무시한다.

"이것은 황제(샤)와 황제(술탄)의 자존심을 건 전투다![5] 야습 같은 비겁한 짓을 어찌 한단 말이냐!"

이렇게 근대적인 중화기로 무장한 20만 대군을 상대로 중세의 칼을 든 1만 여의 기마대가 정면으로 돌격한다. 계란으로 바위 치기나 다름없는 너무나 큰 전력 차에 무참한 대패를 당한 것은 당연한 결과였다.

---

3 사파비 왕조는 종교 교단에서 생긴 나라이기 때문에 원래는 '교주'라는 입장이었다.
4 무함마드 칸 우스타즐루 장군.
5 양국 모두 황제라고 번역되지만 사파비 황제는 '샤', 오스만 황제는 '술탄'이라고 부른다.

"젊을 때의 고생은 사서라도 한다!"

그러나 그는 이 '단 한 번의 패배'로 크게 낙심한 채 술에 빠져서 방탕한 세월을 보내다 정확히 10년 뒤[6] 세상을 떠난다.

향년 서른일곱 살.

젊었을 때 고생하지 않은 사람은 위기가 닥치면 이처럼 너무나 나약하다.

삼십육계 줄행랑만도 못하다

그의 뒤를 이어 새 황제에 즉위한 타흐마스프 1세는 고작 열 살에 불과한 어린아이였다. 제국은 새 황제를 업신여기며 큰 혼란에 휩싸인다. 국내에서는 제국의 군단(키질바쉬)이 각지에서 반란을 일으켰고, 대외적으로는 샤이반 왕조가 끊임없이 국경을 침범하며 노략질을 일삼았다.

간신히 키질바쉬를 제압하고, 샤이반 왕조를 격퇴하는 데 성공했을 때는 즉위로부터 20년 가까이 흐른 뒤였다.

그러나 타흐마스프 1세에겐 잠시 가슴을 쓸어내릴 틈조차 주지 않고 더 큰 시련이 찾아온다.

이번엔 서쪽에서 오스만 제국이 군대를 보낸 것이었다(1534년). 게다가 군대를 이끌고 오는 것은 오스만 600년의 유구한 역사 속에서 절정기를 연 술레이만 대제(1520~1566년). 그 수만도 9만 명.

---

6 찰디란 전투가 발발한 날이 8월 23일이었는데, 기이하게도 그로부터 정확히 10년 뒤 8월 23일 그가 죽었다.

이에 비해 타흐마스프 1세가 준비한 군은 고작 7,000명. 이것은 야전은 물론 농성조차 할 수 없는 병력의 차이였다. 어정쩡한 병법도 전혀 통하지 않는다. 이런 난국에 처했을 때는 어떻게 대처하면 될까?

"패배 속에 승리의 힌트가 있다."

그 힌트는 찰디란에 있었다.

찰디란에서 유례가 없는 대패를 당하고도 사파비 왕조는 멸망하지 않았다.

왜일까?

그 원인은 오스만의 대군에 있었다. 모든 일이 다 많다고 좋은 것은 아니다. 또 무조건 출병한다고 좋은 것도 아니다. 타브리즈에 입성하는 데 성공한 오스만군이었지만 20만 명이라는 어마어마한 대군이 주둔하면서 이를 감당하지 못하고 병참이 비명을 지르기 시작했던 것이다. 여기는 수도 이스탄불에서 2,000킬로미터나 떨어진 적지의 한가운데.

장기전으로 병사들의 사기도 눈에 띄게 떨어졌는데, 지금 만약 여기서 총 반격이라도 받아 병참이 끊기고 포위라도 당한다면 오스만군은 단숨에 붕괴될 수밖에 없다.

이런 이유로 찰디란에서 대승을 거두고도 오스만군은 철수할 수밖에 없었던 것이다.

그때의 교훈을 거울삼아 이번에는 오스만군도 이전(1514년)의 절반도 안 되는 9만 명의 병력으로 공격해왔다.

그렇다 해도 9만 명도 충분히 대군[7]이다. 그 대군이 다시 사파비 왕조의 수도인 타브리즈로 몰려온 것이다.

타흐마스프 1세는 결단을 내렸다.

"수도를 버리고 도망간다!"

이렇게 타흐마스프 1세는 한 번도 싸워보지 않고 수도도 궁지도 내팽개치고 남동쪽으로 400킬로미터나 떨어진 가즈빈까지 줄행랑쳤다.

"이기지 못해도 지지 않으면 된다. 져도 죽지 않으면 된다."

얼핏 '겁쟁이' 황제처럼 보이지만 이것이 '정답'이다.

인간이라면 아무래도 '이기지 못한다면!'이라는 생각에 얽매여 잘못된 판단을 내리는 경우가 있다. 상대가 자신과 대등하거나 그 이하라면 그것도 플러스로 작용할 수 있겠지만, 아무리 발버둥 쳐도 이길 수 없는 강대한 적이 상대일 경우 그것은 오히려 적의 생각대로 움직이는 꼴이 된다.

예를 들어 복싱 등에서도 약한 쪽 선수가 마음을 단단히 먹고 적극적으로 공격해주면 상대는 오히려 편하게 요리할 수 있다. 가장 상대하기 어려운 것은 상대가 철저하게 방어적으로 나올 때다. 그런 경우에는 예

---

7   '20만 명'이라는 숫자에서 보면 적은 느낌이 들지도 모르지만 '9만 명'도 결코 적은 숫자가 아니다.

를 들어 실력에 차이가 나도 좀처럼 승부를 내기가 어렵다.

마찬가지로 역량의 차이가 너무 커서 이길 수 없다면 철저하게 지지 않는 방법으로 일관한다. 만약 그것조차 무리일 때는 져도 죽지 않는 방법을 생각한다. 살아남아야지만 역전의 기회를 잡을 수 있다. 죽어버리면 아무것도 할 수 없다.

기회는 반드시 고난 뒤에 찾아오는 법이니까.[8]

시련 뒤에 찾아온 절정기

이렇게 오스만군은 빈 껍질만 남은 타브리즈에 무혈입성하게 되었다. 피 한 방울 흘리지 않고 적의 심장부를 손에 넣었으니 얼핏 완벽한 형태로 목적을 달성한 것처럼 보인다. 그러나 공성 따위는 손에 넣어봐야 전략적으로 아무런 가치도 없을뿐더러 식량을 비롯해 아무것도 없는 공성을 언제까지나 유지할 수도 없다.

오스만군은 지지 않았음에도 (싸움 자체를 할 수 없었기에) 이기지도 못하고 이번에도 어쩔 수 없이 철수할 수밖에 없었다.

이런 일이 세 번이나 반복된[9] 결과 결국 사파비 왕조는 이라크에서 아제르바이잔까지 광대한 토지를 잃게 되었다.[10] 그렇다 해도 진짜로 싸웠다면 멸망도 피할 수 없는 대국을 농락하며 일부 영토를 할양하는 것으로 마무리 지었으니 이것은 타흐마스프 1세의 '외교의 승리'라 할 수 있을 것이다.

---

8 이것은 이미 이 책의 1장에서 배웠다.
9 1534년, 1548년, 1554년.
10 1555년 아마시야 조약.

살아만 있으면 빼앗긴 것은 되찾아올 수 있는 기회가 찾아오기 마련이다.

그로부터 반세기 후.

제5대 아바스 1세 때 실지를 모두 회복한 사파비 왕조는 수도 이스파한이 '세상의 절반'이라 불릴 정도로 번성하며 절정기를 맞이할 수 있었다. 이 모든 것이 타흐마스프의 인내 덕분이었다.

그가 아직 어린 나이인 열 살에 즉위했을 때 사파비 왕조는 동쪽으로 샤이반 왕조, 서쪽으로 오스만 제국이라는 대국에 끼인 채 안으로는 키질바쉬의 반란이 이어지며 존망의 기로에 있었다. 그러나 그는 '각개격파'와 '인내주의'로 이 시련을 이겨낸다. 때마침 그 무렵 인도에서 제위를 빼앗긴 무굴 황제 아마윤이 사파비 왕조로 망명하자 이를 계기로 방위에서 확장으로 돌아서게 된다.

타흐마스프 1세

이스파한은 세상의 절반

사파비 왕조는 근세에 들어서 최초의 페르시아 제국이었다. 오스만 제국, 샤이반 왕조 등 열강에 둘러싸여 오랫동안 시련을 겪지만 와신상담, 제5대 아바스 1세 때 마침내 공세에 들어간다.

그는 그때까지 잃었던 영토를 모두 되찾아오고, 왕조는 절정기에 들어간다. 그 상징으로서 수도가 '세상의 절반'이라고까지 칭송받게 된 것은 유명한 얘기지만, 사실 당시 이스파한의 인구는 40만 명가량이었으니 이것은 '세상의 절반'은커녕 세계에서 가장 큰 도시조차 되지 못했다.

당시 세계에서 가장 큰 도시는 북경으로 인구가 100만 명이었고, 일본의 에도조차 70만 명이었다. '허풍이 너무 심하다.'고 생각할지도 모르지만 실은 이 말 자체에는 별다른 의미가 없고, 이란어로 '이스파한 네스페자한(네스페자한이 세상의 절반이라는 뜻)'이라는 음운에 맞춘 말장난에 불과하다.

18
도쿠가와 이에야스
1543~1616

센고쿠 시대의 무장. 세 영걸 중 한 명.
노부나가가 개척하고, 히데요시가 안정시킨 일본을
그가 훔쳐서 300년의 태평성대를 이룬다.

또 한 사람 더 예를 들어보겠다. 앞에서는 성공한 예였지만 이번엔 실패한 예를.

타흐마스프 1세와 술레이만 대제가 전쟁을 벌이고 있을 무렵 일본에서는 총이 전래(1543년)되었고, 오다 노부나가가 가문을 상속했다.

그로부터 얼마 지나지 않아 이나바 산성을 함락하고 '천하포무'를 내건 노부나가는 그 후 히에이잔 엔랴쿠 사를 불태워버리는 등 다수의 행동에서 '마왕'의 면모를 보이지만, 그런 노부나가도 두려워하는 자들이 있었다.

그들은 바로 '센고쿠 시대 최강'이라 불리던 다케다 신겐과 우에스기 겐신이다. 그 무렵엔 아직 우에스기 겐신의 영지와는 떨어져 있었기 때문에 당장의 위협은 되지 않았지만, 다케다 신겐과는 미노를 경계로 대치하고 있던 터라 위협이 되었다.

지금 노부나가가 신겐과 싸워서 이길 가능성은 희박하다. 게다가 당시의 노부나가는 교토 입성을 염두에 두고 마음이 '서쪽'을 향하고 있었기 때문에 '동쪽'의 다케다와 일을 만들 여유도 없었다.

강적에 대처하는 세 가지 방법

그래서 노부나가는 신겐과의 우호적인 관계를 꾀하게 된다. 우선 혼기가 찬 딸이 없었던 노부나가는 자신의 조카(류쇼인)를 양녀로 삼아 그녀를 가쓰요리(신겐의 적자)에게 시집보내 친분을 다지려고 한다(1565년). 그런데 그로부터 불과 2년 후 류쇼인이 죽자 이번엔 당시 아직 다섯 살이었던 마쓰히메(신겐의 막내 딸)와 자신의 적자 노부타다를 결혼시킨다. 노부나가가 신겐과 우호 관계를 맺으려고 얼마나 절치부심했는지 알 수 있는 일화다.

> *"먼저 이길 수 없게 만든다. 싸움을 잘하는 사람은 쉽게 이길 수 있는 상대에게 이긴다."*

이러한 노부나가의 방법은 손자병법에 따른 것이다. 손자는 '강적에 대처하는 방법'에 대해 이렇게 말했다.

① 싸움에 임할 때는 무작정 공격하는 것이 아니라 먼저 지지 않도록 방어 태세를 굳건히 하는 데 힘을 쏟는다

② 방어 태세를 유지한 채 적이 약점을 드러낼 때까지 가만히 기다린다

③ 적의 약점을 발견하여 승기를 잡았다면 단숨에 공격한다

다케다 신겐을 두려워한 노부나가는 다케다 가문과 인연을 맺는 것으로 대결을 피하고 형세가 역전될 때까지 결전을 피했다.[1] 그러나 그것도 이윽고 한계에 다다른다.

승부를 결정짓는 것은 '전의'

노부나가의 교토 입성을 기점으로 오다·다케다 양가의 관계가 급속하게 회복 불가능할 정도로 악화된 것이다. 노부타다와 마쓰히메의 결혼도 다케다에 의해 파기된다.

당시 노부나가는 서쪽의 아사이·아사쿠라·마쓰나가·이시야마 등과 대결하고 있었기 때문에 도저히 동쪽의 다케다와는 전쟁 등을 할 여유가 없었다. 그래서 어떻게든 다케다와의 우호 관계를 유지하고 싶었지만 결국 신겐은 교토로 군사를 움직이고 말았다.

사면초가에 빠진 노부나가가 유일하게 믿을 수 있는 것은 당시 동맹 관계에 있었던 도쿠가와 이에야스였다. 그가 자신의 배후를 지켜주기만

---

1 참고로 신겐은 《손자》를 열독하고 그 가르침을 지킴으로써 '센고쿠 시대 최강'이라 불리며 거만하게 굴었다. 이것은 '이기는'것보다 '지지 않는'것을 중시하는 가르침 때문에 확실히 신겐은 진 적이 거의 없었지만, 그 대신 무승부가 많았다. 유명한 가와나카지마 전투 등은 5전 0승 0패 5무.

을 바랄 뿐이었지만 그 또한 거의 가망이 없었다.

이렇게 노부나가는 '생애 최대'라 해도 과언이 아닌 위기 상황에 빠진다. 신겐은 당시의 다케다군을 총동원하여 도쿠가와의 지성枝城을 잇따라 함락시키면서 밀어닥쳤다.

"'최초의 일격'을 견뎌내라! 그러면 승기는 저절로 나타난다."

그런데 인간은 순식간에 승부가 나버린 싸움을 보았을 때 그 인상으로 인해 '양자 사이에 압도적인 실력의 차이가 있었다.'고 생각하는 경향이 있다. 그러나 딱히 그렇다고 잘라 말할 수는 없다.

예를 들어 씨름을 보자. 심판의 경기 개시 신호와 함께 승부가 나는 경우가 종종 있는데, 그렇다고 해서 두 선수에게 압도적인 실력 차이가 있었던 것은 아니다. 오히려 자력으로 이기는 쪽이 순식간에 지는 것보다 이상하지 않을 정도다.

'순식간에 승부가 날' 때라는 것은 대부분의 경우 '최초의 일격'을 받고 전의를 잃었을 때다.[2]

이때 양자의 실력 차이는 별로 관계가 없고 설사 '약자'라 해도 적의 '최초의 일격'만 견뎌내면 의외로 승기를 찾는 경우도 적지 않고, 또 '강자'라 해도 약자가 마지막까지 사력을 다해서 덤비면 상당히 애를 먹는다. 애를

---

2 5장에서 '장군이나 잔공격보다 선제공격이 무섭다.'는 것은 이미 배웠다가라데 같은 격투기에서도 '일격필살'을 목적으로 하는 유파가 많은 것은 이 때문이다.

먹기만 하면 괜찮지만 자칫 잘못했다간 대군을 등에 업고 '낙승 무드'였던 것이 의외의 고전에 사기가 떨어져서 역전패하는 경우도 드물지 않다는 것은 '프리드리히 대왕'의 예에서도 이미 배운 바 있다.

요컨대 승부를 결정짓는 것은 '전력 차'보다 '전의'라 할 수 있다.[3]

도쿠가와 이에야스의 큰 실태

다시 말해서 다케다의 대군을 상대로 이에야스가 해야 할 것은 이 '최초의 일격'을 견뎌내는 것이었다. 그러기 위해서는 야전 등은 당치도 않다. 대규모의 공격을 방어하기 위해서는 농성밖에 없다.

이에야스도 바보가 아니기 때문에 그 점은 잘 알고 있었다.

"그래! 이 하마마쓰 성에서 농성하면 넉 달은 버틸 수 있다!"

이는 손자병법과도 통한다.

"먼저 이길 수 없게 만든다."(우선은 지지 않는 태세를 갖추는 데 전력을 다하라.)

"싸움을 잘하는 사람은 쉽게 이길 수 있는 상대에게 이긴다."(유능한 장수는 이길 수 있는 태세를 갖추고 나서 승부에 나선다.)

이기지 못해도 지지 않으면 된다!

4개월만 견디면 그 사이에 승기를 찾을 수 있을지도 모른다!

그러나 다케다 신겐 쪽에서 보면 도쿠가와의 농성에 막혀 '최초의 일격'이 불발로 끝나버리면 자군의 사기가 떨어지고 병참 확보 등 지금은

---

3 하긴 이 '전력 차'야말로 적의 전의를 꺾는 데 가장 효과적인 요소인 것은 틀림없지만.

출정 초기의 기세로 억제하고 있는 다양한 불안 요소[4]가 한 번에 분출될 수밖에 없다.

신겐의 목표는 어디까지나 오다 노부나가다!

이런 곳에서 우물쭈물할 여유는 없다!

그래서 이에야스의 눈앞에 나타난 다케다군은 하마마쓰 성을 포위하지 않고 성 앞을 그냥 지나쳐 오와리 쪽으로 서진했다. 이 모습을 본 하마마쓰 성 안에서는 놀라움과 함께 안도감이 퍼졌다.

"주군! 다케다군은 이곳을 공격할 생각이 없는 듯하옵니다."

"사, 살았다!"

"분노의 감정은 '눈'을 흐리게 한다."

그러나 이러한 목소리와는 별개로 이에야스는 분노에 떨었다.

"신겐! 이 건방진 놈이 나를 모욕하는구나. 이런 굴욕을 당하고 어찌 가만히 있을 수 있겠는가! 전군, 출진하라! 출진 준비를 하라! 신겐의 엉덩이를 걷어차주자!"

발끈한 이에야스는 즉각 출진한다.

그러나 이것은 신겐의 함정이었다.

다케다군을 쫓아간 도쿠가와군 앞에 느닷없이 만반의 준비를 한 다케다군이 나타났던 것이다.

---

4 그리고 가장 큰 불안 요소는 신겐의 건강 문제였다.

"당했다, 속았어!"

그러나 이미 때는 늦었다.

이것이 그 유명한 '미카타가하라 전투'다.

야전에 있어서 다케다군은 무적이다. 게다가 이번엔 병력에 있어서도 다케다군이 압도하고 있었다.

도쿠가와군은 순식간에 총 붕괴를 일으켰고, 이에야스는 가신들의 목숨을 줄줄이 방패로 삼으면서[5] 겨우 목숨만 건져 하마마쓰 성으로 돌아왔을 때는 너무 무서운 나머지 똥을 쌌다고 한다.

기껏 병법이라는 지식을 갖추고도 그것을 '감정'에 날려버리고 병법의 철칙을 깬 결과가 이것이었다.

이때 이에야스는 서른 살.

이 무렵의 이에야스는 아직 적의 도발에 금방 발끈해서 쉽게 함정에 빠지고, 궁지에 몰리자마자 가신을 방패로 삼아 자기만 도망치고, 목숨이 아까워서 똥이나 싸는 하잘것없는 애송이였다. 도저히 '천하인'의 그릇과는 거리가 먼, 이런 자가 훗날 '너구리 영감'이라 불리는 노회한 이에야스와 동일인이라는 것이 의심스러울 정도이지만, 오히려 이때의 실패가 있었기 때문에 비로소 이에야스가 다른 사람으로 다시 태어날 수 있었다고 할 수 있다.[6]

"시련이 있고 난 후 도약을 이룬다!"

---

5 가신들이 "내가 바로 이에야스다!"라고 위장하여 다케다군의 주의를 끄는 사이에 자신은 도망치기를 반복했다.
6 실은 이에야스가 미카타가하라에서 칼에 맞아 죽고 이 이후의 '이에야스'는 대역의 다른 사람이라는 속설도 있다.

이에야스가 다케다의 '방패'가 되어주지 못한 지금 노부나가는 전면 대결을 할 수밖에 없는 상황에 몰리게 되었지만, 승산이라곤 전혀 찾아볼 수 없었다.

"지금은 시기가 너무 나쁘다! 병력도 총도 너무 부족해!"

더 이상 취할 수 있는 방법이 없었던 노부나가는 만사 끝장이라고 생각했다. 그런데 죽기 전까지 포기하지 않는 한 언제 무슨 일이 일어날지 모른다는 것을 우리는 봐왔다(2장). 천만뜻밖에도 이때 신겐이 급사[7]했던 것이다.

노부나가에게 찾아온 '최대의 위기'는 노부나가가 전혀 예상치 못한 곳에서 갑작스럽게 해결되었다.

그뿐인가, 단박에 형세가 역전된다.

"큰 칼의 칼집은 작은 칼에 맞지 않는다."

칼집이라는 것은 칼의 크기에 딱 맞도록 만들어진다. 이와 마찬가지로 조직(칼집)이라는 것도 창업자(칼)의 '기량(크기)'에 맞게 조직된다. 칼집에 넣는 칼을 큰 칼에서 작은 칼로 바꾸면 그 칼집은 더 이상 쓸모가 없어지듯이 후계자의 기량이 작아지면 조직은 금방 제대로 돌아가지 않게 된다.

---

7 위암이라는 설이 있다.

카리스마를 갖춘 우수한 사장의 경영 수완에 의해 급성장한 회사가 아들에게 계승된 순간 순식간에 도산하는 일은 종종 일어나는 일이지만, 이것을 꼭 '후계자가 무능하기 때문'이라고만은 할 수 없다. 선대 사장에는 미치지 못하지만 '무능하다.'고 불릴 정도도 아닌 평범한 후계자라 해도 망하는 경우는 많다. 그것은 선대 사장에게 맞춰 만들어진 '칼집 (조직)'이 후계자의 크기에 맞지 않기 때문이다.

신겐이 죽은 뒤 다케다 가문을 상속한 가쓰요리도 특별히 무능한 것은 아니었지만 신겐과 비교하면 아무래도 역량이 모자란 것은 부정할 수 없다. 그런 그가 '신겐에게 맞춰 만들어진 조직'을 유지하는 것은 어려운 일이었던 것이다. 신겐이 죽고 나서 겨우 2년 후(1575년)에 나가시노 전투에서 궤멸적인 타격을 입고, 10년도 버티지 못하고 다케다 가문은 멸망(1582년)하게 되었다.

시련의 시기를 승기가 찾아올 때까지 꾹 참고 버틴 노부나가의 '인내의 승리'였다.

이에야스가 배운 교훈

노부나가의 측근에서 이것을 배운 이에야스는 이후 자신의 실패를 음미하며 훗날 이렇게 말한다.

"인내는 무사장구無事長久(아무 일 없이 오래 버티는 것)의 근본이요, 분노는 적이라고 생각하라."

"전쟁에서는 강한 자가 이긴다. 인내심이 강한 자가."

"이기는 것만 알고 지는 것을 모르면 해가 자기 몸에 미친다."

훗날 "울 때까지 기다린다."는 시구로 묘사된 '인내의 달인 이에야스'는 이때 태어났다고 해도 될지 모르겠다.

도쿠가와 이에야스

나가시노 전투 때 도리이 스네에몬이 처형된다. "아군에 거짓을 보고하면 살려준다."는 다케다 가쓰요리의 말을 따르지 않았기 때문인데, 이 소식을 전해들은 이에야스는 "가쓰요리는 대장의 그릇이 아니다! 용사를 다루는 방법도 모른다. 도리이 같은 호걸은 설령 적이라 해도 살려주고 그 뜻을 칭찬함으로써 아군에게 '충의'라는 것을 주입시켜야 한다. 이런 식으로는 가쓰요리가 내리막에 접어들었을 때 누대의 충신들도 그를 버릴 것이다."라고 말했다. 실제로 그의 말대로 되었다.

이에야스의 천하 쟁취

노부나가가 살아 있었을 때는 노부나가에게 복종하고, 노부나가가 죽은 뒤에는 히데요시에게도 복종한 이에야스. 그러나 히데요시가 죽고 나자 이에야스는 결국 야욕을 드러내며 세상에 자신의 존재를 알린다.

이것이 일반적인 이에야스의 천하 쟁취에 대한 해석이지만, 과연 이에야스는 처음부터 천하 쟁취를 생각하며 히데요시의 죽음을 기다리고 있었을까? 이런 의문에 최근에는 히데요시가 살아 있었을 때는 물론 그의 사후에도 한동안은 이에야스에게 천하에 대한 야심 따위는 없었다는 설도 대두되고 있다.

도쿠가와 가문과 다른 가문의 인척 관계를 공고히 하며 어디까지나 히데요시 정권하에서의 최대 세력이면 만족한다고 생각했을지도. 그런데 이에야스는 어떤 일로 인해 마음이 바뀌었다고 한다. 그것은 바로 아들 히데타다와 도요토미 히데요리의 기량 차.

자기 아들은 아무리 봐도 평범하고 어리석은 데 비해 히데요리는 그릇이 컸다. 이러한 사실이 도쿠가와 가문의 미래에 불안감을 안겨주어서 이에야스는 도요토미 가문을 멸망시키겠다고 결심했다고 한다.

12장

재능이 있는 매는 발톱을 숨긴다

뛰어난 재능은 '양날의 검'이다.
그것이 때로는 자기 몸을 살리고
때로는 자기 몸을 죽인다.

모든 일이 삼라만상森羅萬象, '앞'이 있고 '뒤'가 있고, 양자가 하나다.

예를 들어 이점과 결점이라는 언뜻 상반되는 특성도 표리일체다. 어느 측면에서 보았을 때 이점이라 해도 같은 것을 다른 시점에서 보면 결점이 되고, 그 반대 또한 그렇다.

"잡목을 꺾으면 산이 무너진다."

잡목(결점)이라고 해서 무턱대고 베어 넘기면 산의 비탈면을 지지하고 있던 뿌리(이점)까지 말라버려서 산사태 등의 대재해를 초래할 수도 있다. 따라서 조직을 개혁할 때는 이 이치를 알고 있는 자가 하지 않으면 무시무시한 대참사를 초래하는 경우가 종종 있다.

예를 들어 이 이치를 전혀 이해하지 못한 것이 20세기 중반 당시의 중국 국가 주석이었던 마오쩌둥이다.

머리가 나쁜 사람이 어쩌다 조직의 리더가 되면 그 아래에 있는 사람들은 비참하다.

어느 날 그는 "참새가 농작물을 쪼아 먹는 피해가 발생하고 있다."는 보고를 잇달아 받는다. 참새가 주는 피해는 오랜 옛날부터 반복되어온 지극히 당연한 일로 전체적으로 보면 심각한 피해도 아니다. 단지 관리가 감산의 책임을 피하기 위해 '참새 탓'을 하며 보고서를 만든 것에 지나지 않았다. 그런데 마오쩌둥은 이것을 심각하게 받아들였다.

"그렇다면 참새를 말살시켜라."

무엇이든 '방해되는 것은 모조리 말살시킨다.'는 것이 마오쩌둥의 근본이념. '응? 그렇게 하면…….' 하고 누구나 마음속으로는 걱정했지만 그때 이미 '벌거숭이 임금님'이 되어버린 마오쩌둥에게 그런 말을 할 수 있는 자는 아무도 없었다.[1] 아무 이의 없이 중국 전역에서 일제히 '참새 사냥'이라는 어리석은 짓이 벌어진[2] 결과 참새는 순식간에 중국 전역에서 자취를 감추었고, 참새가 입히는 피해 또한 없어졌다. 그러나 이것을 마냥 기뻐할 수만은 없었다.

이점과 결점은 표리일체다.

참새는 농작물을 쪼아 먹는 '해조'의 측면도 있지만 동시에 메뚜기 같은 해충을 부지런히 잡아먹는 '익조'이기도 하다. 그런 것은 농민이라면 누구나 알고 있는 상식이다. 그럼에도 불구하고 마오쩌둥의 명령 한 마디에 전국 규모로 '익조(참새)'를 박멸했으니 그 다음에 초래될 결과는 불을 보듯 뻔하다.

1　마오쩌둥에게 말대꾸했다간 즉시 처형당했으니까.
2　너무 수가 많아서 전체 수는 불명하지만 중국 전역에서 약 수천만 명 규모의 사람들이 동원되어 수백만 마리의 참새를 살육한 것으로 보인다.

중국 전역에서 하늘을 새까맣게 뒤덮을 정도로 메뚜기 떼가 출몰했다. 한번 출몰한 메뚜기 떼를 멈출 수 있는 방법 같은 건 전혀 없었다. 메뚜기 떼가 지나간 자리는 풀 한 포기 없는 황무지로 바뀌는 등 그 피해는 참새에 비할 바가 아니었다.

이렇게 전국에서 수천만 명 규모의 아사자가 생기는 대기근[3]을 초래하게 되었다.

'이점과 결점은 표리일체'라는 이치를 모르는 자가 조직의 정점에 섰을 때의 무서움을 알려주는 사례다.

그런데 '재능' 또한 예외가 아니어서 좋은 일만 있는 것은 아니다. 항간에서는 그 '이점'만이 강조되는 경향이 있는데, 이 이치를 알아두지 않으면 모처럼의 재능도 오히려 그것이 해가 되어 '몸을 죽이는' 원인이 될 수밖에 없다.

"재능은 때때로 자기 몸을 살리고, 때때로 자기 몸을 죽인다."

이번 장에서는 이것에 대해 배우도록 하겠다.

---

3 이 또한 아사자의 수가 너무 많아서 실제로 얼마나 죽었는지는 모르지만 일설에 의하면 5,000만 명이라고 한다. 참고로 이것은 인류 역사상 최대 전쟁인 제2차 세계대전의 전 세계 전사자 수에 필적하는 수다.

19

가후 문화

147~223

후한 왕조 말기부터 삼국시대에 걸쳐
동탁, 이각, 단회, 장수, 조조, 조비로
주군을 바꿔가며 활약한 명군사.

뛰어난 재능을 갖고 있다는 것은 근사한 일이다.

이번 단원에서 다루는 가후(賈詡)도 당대 최고의 재능을 갖춘 인물이
었다. 그러나 그처럼 화려한 측면에 시선을 빼앗겨서 사람들은 재능의
'부정적인 측면'을 놓치는 경향이 있다. 그리고 그것을 놓치는 사람은
아무리 반짝거리는 재능을 갖고 있다 해도, 아니 그것을 갖고 있기 때문
에 오히려 신세를 망치게 된다.

가장 무서운 것은 '질투'

'뛰어난 재능'이라는 것을 누구나 갖고 있는 것은 아니다. 그러나 그
렇기 때문에 뛰어난 재능을 갖고 있는 사람은 주위 사람의 '질투'나 '두

려움'의 대상이 되기 쉽다.

"인간은 사회적인 동물이다." (출전 : 《국가》)

이 말은 고대 그리스의 철학자 아리스토텔레스가 한 말인데, 인간은 안개를 먹고 사는 신선이 아닌 이상 사회 속에서 태어나고 사회 속에서 살고, 그리고 사회 속에서 죽어가는 존재로 타인과 아무 관계를 맺지 않고는 살 수 없다.

그렇다면 주위 사람과 어떻게 조화를 이루며 살아가는지, 이것이 인생을 성공으로 이끌 수 있느냐 없느냐의 열쇠가 된다. 특히 젊은이들은 이 이치를 이해하지 못하고 '주위 사람 따위는 알 바 아니다! 재능만 있으면 성공의 정점에 도달할 수 있다!'고 생각하는 경향이 있는데, 그것은 세상 물정에 어두운 풋내기의 허튼소리에 지나지 않는다.

주위 사람의 '질투'나 '두려움'을 어떻게 억제할까.

뛰어난 재능도 어떻게 쓰느냐에 따라 신세를 망치는 '양날의 검'이 된다는 것을 명심하지 않으면 안 된다.

동란의 시대에 살아남는 조건

중국에서는 400년에 이르는 한 왕조도 결국 황혼의 시대로 접어들었고, 그로부터 약 100년[1] 동안에 이르는 전란의 시대를 맞이하는데 이것이 삼국시대다.

그러나 처음부터 '삼국'이었던 것은 아니다. 후한 말에는 어중이떠중

---

1 한 왕조가 어지러워지는 계기가 된 황건적의 난이 발발한 것이 184년. 그로부터 삼국시대를 거쳐 진이 천하를 재통일한 것이 280년이므로 거의 100년이다.

이 군웅이 사방에서 들고일어났고, 그것이 서서히 통폐합되면서 최종적으로 위·촉·오 삼국으로 집약된 것이다.

동서고금을 불문하고 이런 전란의 시대에는 기라성처럼 재능이 넘치는 자들이 나타나서 각자의 재능을 겨루며 온갖 권모술수와 농간을 총동원해 격전을 벌인다. 그렇기 때문에 어설픈 재능으로는 도저히 살아남을 수 없고, 설령 빼어난 재능을 지녔다 해도 한 순간의 판단 미스, 실언으로 순식간에 목숨을 잃는 경우도 드물지 않다.

《삼국지》에는 재능이 뛰어난 사람들이 대거 등장한다.

그러나 아무리 재능이 뛰어난 사람들도 역사의 큰 소용돌이 속에서는 '지저깨비'와 마찬가지로 천수를 다할 수 있는 사람이 매우 드물다. 이것은 재능을 발휘하는 것보다 동란의 시대에 살아남는 것이 훨씬 어렵다는 것을 나타낸다.

당태종(제2대 황제)의 고사에 "창업은 쉽고 수성은 어렵다."는 말도 있듯이 사업을 일으키는 것보다 그것을 오랫동안 유지하는 것이 어려운 법이다.[2] 그러나 그 와중에도 이번 단원의 주인공 가후(문화)는 그 몇 안 되는 인물 중 한 명이었다.

"교룡[3]이 물속에 숨어 있는 것은 하늘로 올라가지 못하기 때문이다!"

---

2 중국에서 제국을 일으킨 자는 수없이 많지만 300년 이상 지속된 제국은 하나도 없는 사실이 그것을 증명한다.

3 교룡이라는 것은 용의 새끼를 말한다. 용으로 변태할 때까지 물속에서 가만히 몸을 숨기고 있다.

고금을 통틀어 '대성한 사람'의 인생을 더듬어가 보면 대부분이 젊었을 때 여러 직업을 전전했다. 그렇게 함으로써 다양한 경험을 '폭넓게' 쌓을 수 있었고, 그처럼 광범위하고 다양한 경험이 '대기만성'의 토대가 된 것이다.[4]

가후 역시 젊었을 때 여러 주군을 바꿔가며 섬겼다. 처음에는《삼국지》최대의 악역인 동탁(중영)을 섬기지만 그가 머지않아 쓰러지자 다음으로 장안을 지배한 이각(치연)을 섬긴다. 그러나 곧 이각을 가망 없다고 포기하고 단회 밑으로 들어간다. 단회를 섬기는 것도 오래가지 못하고, 이번엔 장수 밑으로 들어가지만 장수가 조조에게 귀순하자 조조를 섬긴다.

자신이 섬기는 주군이 쓰러질 때마다 주군을 갈아타며 자신만은 계속 살아남는다는 아슬아슬한 재주를 부린 인물이다.

조조는 20년이라는 오랜 세월 동안 섬기는데, 그 조조가 죽고 아들인 조비의 세상이 된 이후에도 그는 중신의 필두(태위)로서 계속 후대를 받는다. 대개 선군을 모신 구신은 새로운 군주의 입장애선 거북한 존재이기 마련이지만 그는 그런 것도 없이 자신의 천수를 다하고 대왕생할 수 있었다.

처음부터 한 주군만을 섬긴 고참이라면 몰라도 가후 문화처럼 주군을 전전하며 바꿔가면서 마지막까지 중용된다는 것은 정말로 드문 일이다.

---

4 물론 '젊었을 때 직업을 전전하면 반드시 대성한다.'고 단정지어 말할 순 없다. 대성하는 사람과 그렇지 못한 사람은 직종에 일관성이 있느냐 없느냐, 또 직업적인 경험을 '다음 직업'에 살릴 수 있느냐 없느냐의 차이가 있다. 단지 돈을 벌기 위해 직업을 전전한다면 전직이 오히려 마이너스가 된다.

'재능을 과시하지 않는다.'는 재능

가후는 세상을 뒤덮을 만한 발군의 재능을 갖춘 사람이다.

예를 들면 장수의 군사였을 때 두 차례나 조조의 대군에게 공격을 받은 적이 있었지만 이를 소수의 군사로 격퇴했다. 한 번은 항복한 것으로 가장하여 조조를 급습, 조앙·전위 같은 측근들을 죽였을 뿐만 아니라 조조마저 죽이기 직전까지 가기도 했다.

그는 정사《삼국지》의 편자인 진수가 "일을 하는 데 있어 실패가 없고, 임기응변으로 대처할 수 있고, 장량·진평[5]을 잇는 인물."이라고 노골적인 찬사를 보낼 정도로 뛰어난 재능을 갖춘 인물이었다.

그러나 그럴수록 동료로부터는 질투의 대상이 되고, 여러 주군을 전전한 과거 때문에 주군으로부터는 의심을 사기 쉬워서 천수를 다하기도 어렵다. 그럼에도 불구하고 그가 천수를 다할 수 있었던 것은 오로지 '자신의 재능을 절대로 과시하지 않았기' 때문이다. 다만 그는 처음부터 이런 처세술을 갖추었던 것이 아니라 자신의 실패로부터 배운 결과였다.

그가 하는 일은 참모로서 주군을 올바른 방향으로 이끄는 것이었다.

이각을 섬겼을 때 자신의 임무를 다하려고 폭주하는 이각에게 몇 번이나 진언하지만, 그로 인해 이각의 신임을 잃게 된다. 그래서 가후는 즉각 이각을 버리고 동향의 단회를 찾아가 그를 섬기게 되었다. 그러나 여기서도 그는 그의 범상치 않은 지모로 인해 단회의 두려움의 대상이 된다.

"그 정도 지모라면 내 자리를 빼앗는 것도 쉽지 않겠는가?"

5　중국에서 뛰어난 정치가가 나타나면 항상 그 본보기로 인용되는 인물.

가후에게 모반의 마음 따위는 전혀 없다 해도 주군의 의심을 사는 존재가 되어버리면 언제 당치도 않은 의심을 사서 처형당할지 누가 알겠는가. 그는 단회도 떠날 수밖에 없었다.

"재능이 있는 매는 발톱을 숨긴다."

참모로서의 그의 재능은 의심의 여지가 없다. 그럼에도 불구하고 가후가 진지하게 자신의 소임을 다하려고 하면 할수록 주군으로부터 의심을 사고, 질투를 받고, 두려움의 대상이 되어 오히려 자신의 목숨이 위험해진다. 윗자리에 있는 사람에게 있어서 100점 만점을 받는 부하는 도움이 되기 때문에 그를 중용하지만, 200점을 받는 부하는 오히려 '위험하다.'고 느끼기 때문이다.

이러한 경험을 몇 차례나 반복하는 동안 그는 '아무리 뛰어난 재능이 있어도 절대로 그것을 과시해서는 안 된다.'는 것을 배웠던 것이다.

외부 영입자라서 해야 했던 배려

마침내 장수가 조조의 군문에 들어가자 조조는 그의 재능에 반해 자신의 참모로 맞아들인다. 그렇다 해도 가후는 조조의 신하들 중에서는 아무런 기반도 없는 '외부 영입자'인 데다, 그가 아직 장수의 참모였을 때 조앙(조조의 아들)과 조안민(조조의 조카)을 죽이는 바람에 신하들 사이에서도 백안시되며 매우 위축될 수밖에 없었다.

이런 상황에서는 다른 사람 같으면 어떻게든 자신의 지위를 확고히 하기 위해 적극적으로 자신을 홍보하며 공을 세우려고 분발하기 마련이지만 가후는 끝까지 소극적이었다. 조조로부터 하문을 받지 않는 한 대답하지 않았고, 대답할 때도 세심한 주의를 기울이며 말을 골랐다. 이러한 세심한 배려가 있었기 때문에 가후는 20년 동안이나 조조를 섬길 수 있었던 것이다.

조조의 막하에는 가후와 대조적인 양수라는 인물이 있었다. 그 또한 재능이 뛰어났지만 그는 자신의 재능을 감추려고 하지 않았다. 어느 날 한중을 공격하다 지친 조조가 전쟁을 계속 끌고 갈지, 철수할지를 놓고 고민하고 있었다. 식사 중에도 고민을 거듭하다가 닭고기를 먹으면서 무심코 혼잣말을 했다.

"계륵[6]인가……."

평소에는 그냥 흘려들을 이 말을 들은 양수는 즉시 "승상께서 철수를 생각하고 계신다."고 부하에게 말하고 서둘러 철수 준비를 시켰다.

부하가 이상하게 생각하고 그 이유를 묻자 그는 이렇게 대답했다.

"계륵은 뼈와 뼈 사이에 아직 고기가 남아 있어서 아깝기도 하지만 먹기에는 양이 적고 먹어봤자 배가 부를 리가 없다. 한중도 이대로 포기하기에는 아까운 마음이 들지만 그렇다고 해서 고생해서 빼앗을 만한 가치가 있는 풍요로운 땅도 아니라고 생각하신 거다."

---

6 닭의 갈빗대라는 뜻으로, 먹기에는 너무 양이 적고 버리기에는 아까워 이러지도 저러지도 못하는 형편.

자신이 아직 철수 명령을 내리기 전부터 이미 철수 준비를 시작했다는 것을 나중에 알게 된 조조는 매우 불쾌해졌다.

"양수란 놈이 내 마음을 속속들이 들여다보고 있구나!"

이런 일이 거듭되자 양수는 조조의 눈 밖에 나게 되었고[7] 결국 처형되기에 이르렀다.

신하들의 의견이 갈린 후계자 문제. 어떻게 대답할까?

여담은 그만하고 조조도 어느덧 노령기에 접어들어 후계자 문제에 골치를 앓고 있을 때의 일이다. 장남인 조비와 삼남인 조식을 두고 조조가 후계자를 좀처럼 정하지 못하자 신하들도 의견이 갈리며[8] 분열상태가 되었지만, 이런 와중에도 가후는 어느 한쪽에도 붙지 않고 침묵으로 일관했다.

결국 생각다 못한 조조가 가후에게 물었다.

"후계자를 조비로 삼아야 할지, 조식으로 삼아야 할지, 그대의 기탄없는 의견을 듣고 싶소."

그러나 그래도 가후는 입을 다문 채 대답하려고 하지 않았다. 거듭 질문을 받은 가후는 결국 무거운 입을 열었다.

"송구하옵니다만 잠시 다른 생각을 하느라……."

"뭐요? 그대는 내 말이 건성으로 들릴 정도로 무슨 생각을 그렇게 했단 말이오?"

"원소와 유표를 생각했습니다."

---

7 일본에서는 구로다 간베에도 자기 재주를 과시하는 바람에 히데요시의 눈 밖에 나게 되었다.
8 조비파 = 사마의, 진군, 주삭, 오질 등. 조식파 = 양수, 정의, 정이 등.

이 두 사람은 모두 장남을 버리는 바람에 나라가 망했다. 하문을 받고도 직접적인 대답은 피하고 말을 골라 대답한 것이었다.

조조는 개운하다는 듯이 크게 웃으며 조비를 후계자로 삼기로 결심했다.

가후, 만인지상의 자리에 오르다

이 소식을 들은 조비는 크게 기뻐하며 즉위하자마자 그의 공에 대한 보답으로 가후를 '태위'의 자리에 앉혔다. 태위는 당시 모든 신하의 우두머리인 최고위의 자리였다.

조비가 제위에 오른 것도 가후의 한마디 덕분이었지만, 황제 또한 가후를 신하로만 대하지 않게 된다. 이제 가후는 무서운 사람이 없는 지위에 올랐던 것이다. 그러나 그래도 여전히 그는 겸허함을 잃지 않았다.

"성공은 모래성, 질투는 쓰나미."

지금으로부터 5000년쯤 전의 일이다. 현재의 이라크를 중심으로 '지구라트'⁹라는 성탑이 몇 개 만들어졌다. 그 성탑이 무엇 때문에 만들어졌는지조차 후세에 전해지는 것은 없지만, 지구라트는 여전히 반쯤 무너진 채 그곳에 방치되어 있다.

그런데 현지인들 사이에 이것을 둘러싼 한 가지 전설이 전해지고 있다.

---

9 계단식 피라미드와 흡사한 건조물.

"응? 저 탑은 뭐지?"

"저건 말이야, 옛날 옛적에 우쭐해진 인간이 자신의 힘을 과시하며 '하늘까지 닿을 만한 높은 탑'을 축조하려고 했던 거야. 하지만 이 사업에 신이 두려움을 느끼고 질투를 하게 된 거지. 결국 분노한 신이 탑을 무너뜨려서 저 모양이 된 거야."

전지전능한 신조차 인간처럼 질투한다. 그리고 거대한 성탑도 질투 앞에서는 금방 무너진다. 비록 전설이지만 이 전설이 상징하듯이 아무리 높은 지위에 올라도, 부를 쌓아도, 아랫사람들의 '질투', 주군의 '두려움' 앞에는 '쓰나미 앞의 모래성'이라는 것을 그는 잘 이해하고 있었다.

그는 어떠한 의심도 받지 않기 위해 사적인 교제를 피하고, 자녀의 결혼상대도 귀족을 고르지 않도록 하고, 무슨 일을 하든 눈에 띄지 않도록 조용히 살았다. 그렇게까지 세심한 주의를 기울였기 때문에 그는 동란의 시대에 살아남을 수 있었던 것이다.

이처럼 가장 경계해야 할 것은 '강대한 적'보다도 '주위의 질투'다.

그는 젊었을 때 저족이라는 이민족에 붙잡힌 적이 있었다. 동행한 자들이 모두 속속 처형되는 가운데 마지막으로 그의 차례가 되었다. 이때 그는 기지를 발휘하여 "나는 단경의 일족이다. 나를 처형한 후 극진하게 장례를 치러주면 반드시 내 일족이 시체를 수습할 것이다."라고 했다. '단경'은 당시 저족에게도 그 이름이 알려진 맹장(당시는 태위)으로 이 말에 놀란 저족은 그를 풀어주었다고 한다.

가후 문화

《삼국지》 최대의 악역 동탁

황건적의 난으로 왕조가 흔들리는 가운데 가후가 처음으로 섬긴 것이 《삼국지》 최대의 악역인 동탁이다.

영제가 죽자 아들인 변과 협 중에서 누구를 차기 황제로 세우느냐는 문제로 하진 장군(변파)과 환관(협파)이 대립한다. 그 결과 장군들이 궁정에 난입하여 궁정 안은 아비규환에 빠진다. 이러한 혼란 속에서 동탁은 운 좋게 변(소제)과 협(진류왕)의 신변을 확보하는 데 성공하였고, 이후 동탁에 의한 폭정이 시작된다.

어떤 경위인지는 모르지만 이 무렵 가후는 동탁을 섬기게 되었다. 그러나 그런 폭정이 언제까지나 지속될 리도 없고, 동탁도 결국 연환계에 걸려 여포에 의해 주살되었다. 동탁의 죽음에 당황한 이각 등의 수하들은 뿔뿔이 흩어져 도망치려고 했지만, 이때 가후가 그들에게 진언한다.

"지금 도망쳐봐야 어차피 붙잡혀서 죽습니다. 그러니 성공하든 실패하든 토벌하러 나가는 것이 어떻겠습니까?"

그의 훈수에 의해 이번엔 이각의 폭정이 시작되었기 때문에 가후에 대한 평가가 크게 떨어지게 된다.

13장

재능이 있는 자에게 맡겨라

남의 위에 서는 자는 우수할 필요가 없다.
우수한 자를 쓸 수 있으면 된다.

❖

인류의 역사가 시작된 이래 수많은 나라와 왕조가 생겼다가 사라지고 다시 생기기를 반복해왔다.

단기 정권도 있는가 하면 장기 정권도 있고, 뛰어난 인물에 의해 세워진 왕조가 있는가 하면 평범한 인물에 의해 건국된 나라도 있는 등 다종다양하다. 언뜻 아무런 법칙성도 없고 제각각인 것처럼 보이지만, 자세히 조사해보면 흥미로운 인과관계를 찾을 수 있다.

우수한 인물에 의해 세워진 왕조는 단기 정권이 많다. 평범한 인물에 의해 세워진 왕조는 장기 정권이 많다. 바꿔 말하면 장기 정권인지 단기 정권인지를 보면 개국시조가 우수한지 평범한지를 추측할 수 있을 정도다. 일본만 놓고 보면 노부나가가 세운 오다 정권도, 히데요시가 세운 도요토미 정권도 그들의 죽음과 함께 곧바로 붕괴되어 안개처럼 사라져버렸다.

하지만 이에야스가 세운 도쿠가와 정권은 300년이라는 오랜 세월 동안 유지되었다. 이것은 노부나가와 히데요시의 비범함과 이에야스의 평범함을 여실히 나타내고 있다.

현재 도쿠가와 이에야스를 '매우 우수한 인물'이라고 믿어 의심치 않는 일본인은 매우 많다. 그러나 이것은 도쿠가와의 막번 체제 아래에서 '신군 이에야스 공'의 부정적인 평가는 일체 금지되고, '이에야스 찬미'의 사상통제가 300년에 걸쳐 철저하게 이루어진 결과 일본인 전체가 세뇌되어버렸기 때문이다.[1]

이처럼 '개국시조의 자질'과 '정권의 수명'이라는 인과관계는 우연히 생긴 것이 아니라 11장에서도 배웠듯이 '조직이라는 것은 창업자의 그릇에 맞춰 만들어지기' 때문에 창업자가 비범하면 비범할수록 후계자가 이를 유지할 수 없기 때문이다.

기업에서도 우수한 사장의 지휘 아래 날아가는 새도 떨어 뜨릴 만한 기세로 발전하던 회사가 후계자에게 상속된 순간 무너지는 것은 그런 이유 때문이다.

일반적으로 '조직의 리더는 뛰어난 재능을 갖추고 있는 것이 좋다.'고 생각하는 경향이 있지만 그렇지도 않다. 주군이 평범할수록 자연스럽게 '신하 일동이 결속하여 조직을 지탱하는' 구조가 되기 때문에 오히려 장기 정권이 되기 쉽다.

그렇다고 해서 개국시조가 무능해도 된다는 것은 아니다. 리더에게는 리더에게 필요한 '재능'이 있다.

이번 장에서는 이것에 대해 알아보도록 하겠다.

---

1 중국에서도 정부의 감시하에 '마오쩌둥 찬미'의 사상통제가 이루어진 결과 지금도 마오쩌둥을 훌륭한 인덕자라고 믿는 중국인이 많다. 이에야스가 높이 평가받고 있는 것도 이와 같은 이치다.

20
유방
247 B.C.~195 B.C.

농민 출신이지만 진 왕조가 붕괴된 후
항우와의 치열한 전쟁을 거쳐 전한과 후한을 합쳐
400년에 이르는 태평한 세상을 연다.

역사를 들여다보면 동서고금을 불문하고 그 나라의 개국시조는 대부분 '명군' '위인' '영웅'으로 추앙받고 있다. 그렇기 때문에 '범인과는 동떨어진 남다른 재능을 발휘하는 걸물이 아니면 나라를 건설한다는 위업도 달성할 수 없는 것이구나.' 하고 생각하기 쉽다.

그러나 앞에서도 말했듯이 실제로는 개국시조가 특별한 재능이 없는 평범한 인물인 경우도 결코 드물지 않고, 특히 장기 정권의 개국시조는 대부분이 그렇다. 그러한 개국시조들에게 노골적인 찬사가 쏟아지고 있는 것은 그 나라의 정부에 의해 사상통제가 이루어지고 있기 때문이고, 또 역사를 '이야기'로 즐길 때 권선징악의 스토리를 선호하기 때문이다.

누구나 '인망과 재능을 겸비한 인물'이 '무능하고 악한 인물'에게 당하는 이야기는 보고 싶어 하지 않는다. 따라서 역사를 소재로 한 소설 등은 사실 같은 것은 뒷전으로 돌리고 스토리상의 재미를 우선하여 주인공을 극단적으로 미화하고 신격화하여 묘사하는 바람에 독자는 이것을 '사실'로 착각하는 경향이 있다.[1]

'병사의 장수로서의 재능'과 '장수의 장수로서의 재능'

시황제가 세운 진나라는 그의 죽음과 함께 붕괴되지만, 그 와중에 항우와 유방이라는 두 인물이 두각을 나타냈다. 이 두 인물을 비교해보면 아래와 같다.

· 항우 - 초나라 장군 가문의 출신으로 뛰어난 체구를 타고났다. 군사학에 정통하며 용맹하고 만부부당의 맹장이다. 부하에게도 자비롭고 한 여자만을 사랑한다.
· 유방 - 본명조차 잘 모르는[2] 농민 출신이다. 무용은 변변찮고, 병법에도 정략에도 정치에도 서툴다. 강한 자에게는 겸손하고 약한 자에게는 오만하며 여자에게 휘둘린다.

이처럼 '재능'이라는 관점에서 보면 아무리 봐도 천하를 쟁취하는 것은 항우 쪽이 타당해 보인다. 그러나 실제로 천하를 쟁취한 것은 유방이다.

왜 이렇게 되었을까?

---

1 일본에서는 야마오카 소하치의 소설 《도쿠가와 이에야스》 등이 전형적인 예다. 중국에서는 《삼국지연의》에서 제갈량을 신격화한 것이 상식을 벗어났다.
2 유방의 '방邦'에는 '형님'이라는 의미가 있기 때문에 이것은 '유형'이라는 호칭에 불과하고 본명이 아니라는 설이 있다. 유방의 아버지의 이름 '태공'은 할아버지, 어머니의 이름 '온'은 할머니, 형의 이름 '백'은 장남이라는 뜻이 있는 것으로 봐서 유씨 일가는 모두 본명이 알려지지 않았고, 이에 난처한 사마천이 적당히 붙인 이름이라고도 한다.

그 답은 한신이 대원수에 취임할 때 유방에게 한 말에서 찾을 수 있다. 그때 그는 항우가 천하를 쟁취할 수 없는 이유를 두 가지 들었다.

그것이 '필부의 용기'와 '아녀자의 인자함'이다.

한신은 이렇게 말했다.

"항왕(항우)은 그 자신이 만부부당의 맹장(장재將才)이지만 그 때문에 뛰어난 장군을 믿고 맡기지는(군재君才) 못합니다. 이것은 그저 '필부의 용기'[3]에 지나지 않습니다."

즉, 항우에게는 '장재는 있지만 군재가 없기 때문에 천하를 쟁취할 만한 그릇이 아니다.'라는 것이다.

"장수로서의 재능과 왕으로서의 재능은 별개의 것이다."

'장재와 군재'에 대해서는 또 다른 이야기가 있다.

어느 날 유방이 "나는 장수로서의 그릇이 얼마나 되는가?"라고 한신에게 물었더니 한신이 이렇게 대답했다.

"글쎄요. 폐하라면 10만은 된다고 생각합니다."

"그럼, 그대는 얼마나 되는가?"

"저는 100만의 병사는 자유자재로 조종할 수 있습니다."

"뭐라고!? 내가 10만이고 그대가 100만이란 말인가? 그렇다면 그대는 왜 내 신하로 만족하고 있는 건가?"

---

3 모든 일을 깊이 생각하지 않고 단순히 혈기만 믿고 함부로 부리는 용기를 말한다.

"저는 병사를 조종하는 데 뛰어난 '병사의 장수'에 지나지 않습니다. 그러나 폐하는 장수를 쓰는 데 뛰어난 '장수의 장수'입니다. 병사의 장수는 장수의 장수에 미칠 수가 없습니다."

다시 말해서 '병사를 다루는 장수로서의 재능(장재)'과 '장수를 다루는 장수로서의 재능(군재)'은 전혀 다른 것이고, 조직의 정점에 서는 자는 부하를 믿고 쓰고, 또 부하로부터 존경을 받으면(군재), 다른 재능(장재)은 없어도 상관없다는 것이다. 아니, 어설픈 장재는 오히려 군재에 방해가 될 정도다.

예를 들면 나폴레옹은 매우 뛰어난 장재를 타고났지만, 그로 인해 무슨 일이든 부하에게 맡기지 못했고, 부하 역시 나폴레옹을 의지했기 때문에 안심하고 맡길 수 있는 부하를 키우기 힘든 환경이 조성되고 말았다.[4]

항우는 범증 · 진평 · 한신이라는 쟁쟁한 인재를 거느리고도 누구 하나 제대로 쓰지 못하는 바람에 하나둘 항우를 떠나게 되었다. 이런 상황에서는 그가 천하를 쟁취할 수 없었던 것도 자연스러운 이치다.

유방과 항우, 무엇이 달랐는가?

이런 일화도 전해지고 있다.

천하를 통일하고 제위에 오른 유방이 신하들과 주연을 하고 있었을 때의 일이다. 그가 일동에게 물었다.

"그대들에게 묻겠소. 나는 이렇게 제위에 올랐는데 항우는 몰락했소.

---

4   다부, 드제, 네이 같은 뛰어난 장군도 있었지만.

그 이유가 무엇이라 생각하오?"

이 물음에 일동은 모두 제각각 의견을 말했지만 그것을 들은 유방은 웃으면서 대답했다.

"그대들은 아무것도 모르오. 들어보시오. 책략을 쓰는 데 있어서 나는 장량에 미치지 못하오. 병참을 지키고 백성을 안정시키는 데 있어서 나는 소하에 미치지 못하오. 군사를 통솔하여 승리를 거두는 데 있어서 나는 한신에 미치지 못하오. 그러나 나는 이 세 영웅을 옳게 쓸 수 있었소. 그에 비해 항우는 범증이라는 훌륭한 군사를 거느리고 있으면서도 그 범증 한 사람조차 제대로 쓰지 못했소. 그것이 내가 천하를 쟁취하고, 항우는 그럴 수 없었던 이유요."

빼앗으면 빼앗을수록 잃는다

그렇다 해도 확실히 항우는 적에게는 냉혹 · 잔인 · 무정하여 공포의 대상이었지만, 그렇지 않은 사람에게는 예의를 갖춰 대하고 자비심이 깊었으며 때로는 다정한 말도 건네고 배려도 보여주었다.

다시 말해서 신하들로부터 존경 받을 만한 요소는 충분히 갖추고 있었던 셈이다. 그럼에도 신하들이 하나둘 항우를 떠난 것은 '군재가 결여되어 있다.'는 이유만으로는 뭔가 충분하지 않다. 실제로 군재는 결여되어 있어도 군주로서 군림할 수 있었던 사람은 얼마든지 있다.

예를 들면 나폴레옹.

그 역시 항우와 마찬가지로 '장재'는 발군이었지만 '군재'는 좀 부족했다. 그래서 탈레랑이나 푸쉐 같은 장량·소하에 필적하는 정치가를 제대로 쓰지 못했다. 그래도 그의 밑으로는 인재가 모여들었다.

거기에 어떤 차이가 있었을까? 항우에게는 치명적인 결점이 또 하나 있었던 것이다. 그것이 한신이 지적한 제2의 결점 '아녀자의 인자함'이다.

한신은 말했다.

"그는 부하에게 다정한 말을 건네며 여성 같은 배려를 보여주기도 하지만, 막상 포상을 내릴 때가 되면 갑자기 사내답지 못하게 망설인다. 이는 '아녀자의 인자함'에 불과하다."

이것이 치명적이라고 할 수 있는 항우의 결점이었다.

"대왕(유방)이 천하를 원하신다면 그와 반대로 하시면 됩니다."

항우의 반대 즉, '신하를 믿고 일을 맡기고 공에 대해서는 아낌없이 은상을 준다.'는 것이다.

"얻은 것은 없어지고, 준 것은 늘어난다."

인간은 자기가 고생해서 손에 넣은 것을 고집스럽게 놓으려고 하지 않기 마련이다. 아무리 재능이 뛰어난 사람이라도 혼자만의 노력으로 얻을 수 있는 성과는 뻔하기 때문에 '노력을 그만큼 했는데도 이 정도의 보상밖에 없는 건가……'라는 생각에 사로잡혀서 한층 더 손에서 놓으려고 하지 않게 되는 것도 무리는 아니다.

그러나 자신의 노력으로 손에 넣은 것은 아무리 놓지 않으려고 매달려봐도 초봄의 눈처럼 줄어들기는 해도 늘어나는 일은 없다. 뿐만 아니라 그렇게 매달리다가는 반드시 주위의 협력자들이 하나둘 떠나가서 정신이 들었을 때는 홀로 남게 되고, 그런 희생까지 치르며 소중히 여기던 것조차 어느새 손 안에서 사라져버린다.

항우는 이 우를 범하여 신세를 망쳤다.[5]

"주어라, 그러면 얻을 것이니."[6]

항우의 전철을 밟지 않는 해결책은 하나.

자신의 품에 넣어두어도 어차피 사라질 것이기 때문에 사라지기 전에 주변 사람들에게 감사를 담아 줘버리는 것이다. 얻은 것은 100% 자기 힘으로만 손에 넣은 것이 아닐 것이다. 반드시 주변 사람의 조력, 원조, 지원이 있었기에 얻은 성과일 것이다. 그렇다면 신세를 진 사람들에게 아낌없이 주어야 한다. 그렇게 함으로써 그것은 반드시 자신에게 몇 배로 되돌아온다. 그리고 남에게 받은 것은 없어지는 일이 없다.

항우와 유방을 예로 들어 말하면 항우는 모든 전투에서 적을 섬멸했을 뿐만 아니라 빼앗은 영토를 공신들에게 나눠주는 것을 망설였다. 그래서 처음에는 항우를 따르던 자들도 하나둘 항우를 떠나 유방의 밑으

---

5 본문에서 '우'라고 표현했지만 이때의 항우는 아직 너무 젊었기 때문에 이런 이치를 이해할 수 없었던 것도 어쩔 수 없는 부분이 있다. 그가 몸을 일으켰을 때가 25세, 홍문지회 때가 26세, 해하 전투 때가 31세.
6 《신약성서》누가복음 제6장 38절의 성경 글귀.

로 가게 된 것이다.

그에 비해 유방은 가능한 한 싸우지 않기로 결심하고, 싸울 수밖에 없게 되었을 때도 가능한 한 적에게 항복을 권했다. 또 항복한 적에게는 소유한 영토를 인정해주었고, 공을 세운 자에게는 얻은 영토를 아낌없이 나눠주었다. 그로 인해 전국에서 뛰어난 인재들이 모여들었고, 각지의 제후들이 충성을 맹세하게 되었으며 나눠준 재물이 몇 배 몇 십 배가 되어 유방에게 돌아왔다.

유방은 확실히 항우에 비해 재능은 뛰어나지 않았을지도 모른다. 그러나 항우는 빼앗으면 빼앗을수록 잃었고, 유방은 주면 줄수록 모여서 결국 천하는 유방에게 굴러들어오게 된 것이다.

"얻은 것은 준다."

이것을 이해할 수 없는 자는 일시적으로 성공한 것처럼 보여도 반드시 실패하게 된다.

"자리自利는 이타利他를 말한다."

조직의 리더는 특별한 재능이 없어도 상관없지만 부하를 믿고 쓰는 도량과 타인의 이익(이타)을 위해 최선을 다하는 것이 결국 자신의 이익(자리)이 된다는 것을 이해하고, 공에 근거하여 아낌없이 주는 것이 중요하다는 것을 두 영웅의 인생에서 배울 수 있다.

조직의 리더로 군림하는 사람은 다른 재능은 없어도 '사람을 보는 눈'은 절대적으로 필요하다. 그 점에서 보면 유방의 사람을 보는 눈은 대단했는데, 그가 임종할 때 남긴 유언이 매우 흥미롭다. "짐이 죽은 뒤에는 정무를 소하에게 맡게 하라. 소하가 죽은 뒤에는 조참에게 맡기고, 그 다음은 왕릉에게 맡기되 진평이 보좌토록 하라. 그러나 마지막에 왕조를 지키는 것은 필히 주발이어야 할 것이다." 그가 죽은 뒤 이 말은 모두 적중하게 된다.

유방

강할수록 약하고, 약할수록 강하다

유명한 '홍문지회' 때 유방은 마흔 살, 항우는 스물여섯 살이었다. 마흔을 먹은 초로의 사내가 스물여섯 살 애송이에게 머리를 땅바닥에 처박고 용서를 구한 것이다. 누가 봐도 이것은 상당한 굴욕.

이처럼 유방은 평생 수많은 좌절을 맛보았지만, 그때마다 명예도 자존심도 내팽개쳐버리고 이를 극복하며 다시 기어 올라왔다.

그런 그의 앞에 '천하 통일'이 기다리고 있었던 것이다.

이에 비해 '연전연승, 천하무적'이었던 항우는 단 한 번의 좌절(해하 전투)을 맛본 것만으로도 의욕을 완전히 잃게 된다. 배를 준비하고 기다리고 있던 항우의 지지자가 이 배로 추격을 따돌리라고 권해도 항우는 "이제 와서 무슨 면목으로 고향에 돌아가겠는가!"라고 한탄하며 죽음을 맞이했다.

실로 강한 자는 약하고, 약한 자는 강하다는 말의 상징과 같은 두 사람이다.

14장

절망 속에 살 길이 있다

궁지에 몰렸을 때 나약한 모습은 금물.
이것을 불식시키기 위해 과감히 적진에 뛰어든다.

✦

인생을 살며 자신이 택할 수 있는 선택지가 하나 사라지고, 두 개 사라지고, 결국엔 모든 선택지가 사라지며 사방이 완전히 막힌 막다른 곳에 몰리는 경우가 있다. 장기로 말하면 '외통수'에 걸린 상태.

이런 때는 어떻게 대처하면 될까? 아니면 이미 대처법 같은 건 없는 것일까?

아니다. 장기와 달리 인생에 '외통수' 따위는 없다. 어떤 역경에 몰려도 반드시 '활로'는 있다. 다만 '모든 방책이 떨어졌다.'며 하늘을 올려다보고 있는 사람에게는 그것이 보이지 않을 뿐이다.

8장에서도 이미 배웠듯이 사태를 타개하기 위한 돌파구는 '상식'이라는 베일에 감춰져 있다. 어떤 상황에서도 활로는 반드시 있다.

그러나 그것은 좀처럼 보이지 않는다. 게다가 물리적이 아니라 심리적으로 감춰져 있는 것이기에 여간 성가신 게 아니다. 활로는 눈앞에 있는데 알아채지 못하는 것이다.

"밀어도 안 되면 당겨보아라."

이러한 심리적 맹점(스코토마)을 벗어나기 위해서는 역전의 발상을 해본다. 또 자신이 '처음에 사라진 선택지' '있을 수 없다고 생각하는 선택지'를 굳이 선택해본다. 실은 이러한 방법이 사태를 타개하기 위한 돌파구가 될 수 있다.

역사를 들여다보면 위인들에게는 '상식에 사로잡히지 않는다.'는 공통점이 있다. 상식에 사로잡히지 않기 때문에 쉽게 심리적 맹점에 빠지지 않고 타개책을 찾기가 쉬운 것이다.

예를 들면 3장에 등장한 한신이 정경을 공격했을 때의 일이다. 그가 '강(면만수)을 등지고' 포진한 것은 너무나 유명한 일화다. 이 포진을 아군의 장수들도 의심스러워했고, 적장(진여 장군)은 실소를 터뜨렸다.

"모두들 한신, 한신 하기에 참으로 대단한 인물인가 싶었더니 강을 등졌다고? 병법의 기본도 모르는 멍청이가 아닌가!"

병법에는 이런 가르침이 있다.

"진을 펼 때는 산이나 언덕을 등지고, 물(강이나 연못 등)이나 늪지대를 앞에 두어라."

그러나 한신은 굳이 이 금기를 깨고 '물을 등지고' 고작 3만 명의 군사로 조나라의 대군 20만 명과 싸워서 승리를 거둔 것은 너무나 유명한 일화다.

이것이 소위 '배수의 진'[1]이다.

장병들은 승리를 기뻐하면서도 병법의 철칙을 깨고도 대승을 거둘 수 있었던 것이 의아해서 한신에게 물었다.

한신은 웃으며 대답했다.

"병법을 통째로 암기해서 그대로 따라 하는 것은 도움이 되지 않는다. 항상 현장의 상황에 맞춰 임기응변으로 대응하지 않으면 안 된다. 이번에 아군 병력은 압도적으로 적었고, 병사들의 훈련 정도나 사기 또한 떨어졌다. 이런 상태에서 정석대로 싸웠다면 패하는 것은 자명할 터. 그래서 적은 병력을 최대한으로 활용하기 위한 병법을 우선한 것뿐이다."

그의 말을 들은 장병들은 모두 탄복했다고 한다.

"현실은 교과서대로 되지 않는다."

교과서라는 것에는 어디까지나 '원칙'과 '일반론'이 쓰여 있는 데 불과하다. 그것을 '만능'이라 믿는 것에 잘못이 있다.

이미 어정쩡한 병법으로는 통하지 않을 정도로 막다른 길에 몰렸을 때는 그 '반대'로 함으로써 오히려 활로가 열리는 경우가 종종 있다.

이번 장에서는 이 점에 대해 배워보고자 한다.

---

1 '배수의 진'은 너무나 유명한 병법이기 때문에 그 출전이 《손자》라고 잘못 알고 있는 사람이 있는데, 출전은 이때의 정경 전투를 그린 《사기》다.

21
사쿠라이 기쿠노조
1848~1912

막부 말기, 시모우사 사쿠라 번의 무사로 태어나
스물네 살 때 해군에 입대, 서남 전쟁에도 종군.
청일전쟁에서는 '히에이'의 함장으로 활약했다.

메이지 세상이 되고 나서 처음으로 일본의 거국적인 전쟁이 바로 청일전쟁이다. 현재 '청일전쟁은 낙승이었다.'고 보는 경향이 있는데, 그것은 전후 메이지 정부가 '일본의 대승리!'라고 대대적으로 선전한 영향이 남아 있는 것에 불과하다.

단순히 결과만 보면 '연전연승'이었지만, 실제로는 그 일전일전이 그야말로 살얼음판을 걷듯 아슬아슬한 승리의 연속이었다. 한 번이라도 버튼을 잘못 눌렀다면 일본이 연전연패해도 이상할 것이 없는 매우 위험한 전투의 연속이었다.

당시의 청나라는 정치도 경제도 군부도 구석구석 부패에 찌들어 있었지만, 썩어도 준치라고 동아시아에 군림하는 대국으로서 '과거의 영광'

을 등에 업고 여전히 '잠자는 사자'[1]로 구미 열강으로부터도 인정받는 존재였다. 그에 비해 일본은 개국한 지 얼마 안 되는 약소빈국. 여전히 국력은 청나라 쪽이 우위에 있었다.

그러나 개전 당시 청나라는 아직 준비 부족으로 전장이 되는 한반도에 파병을 마치지 못한 상태였는데, 일본으로서는 바로 그 점이 노릴 수 있는 상대의 약점이었다.

물자와 병력을 가득 실은 수송선을 바다 위에서 공격하여 물고기 밥으로 만들 수만 있다면 일본의 승리다. 그러나 그러지 못하면 국력에서 앞서는 청나라의 승리다.

청일전쟁의 승패의 행방은 이 해전의 행방에 달려 있다고 해도 과언이 아니었다. 일본 함대는 청나라의 수송함대를 혈안이 되어 찾았다. 그리고 우선은 풍도 앞바다에서 청나라 함대를 발견하고 이를 격파[2]했다.

이어서 대호산 앞바다에서 청나라 함대를 발견했는데, 이것이 바로 청일전쟁의 운명을 가르는 대해전, 황해 해전이 된다.

눈앞으로 다가오는 청나라 함대는 '정원' '진원'이라는 청나라가 자랑하는 거대 전함을 필두로 6척의 장갑함을 포함해서 10척의 순양함인 것에 비해 일본 함대는 전함 0척. 장갑함은 1척뿐,[3] 순양함 8척, 호위함 2척이었다. 함정 수는 물론 배수량, 장갑, 화력 모든 면에서 청나라 함대에 열세였다.

그러나 6장에서도 이미 배웠듯이 전쟁은 병력이 전부가 아니다.

---

1 당시 청나라는 이미 아편전쟁·애로 전쟁 등의 전쟁에서 서구 열강에 철저하게 패했지만, 그래도 오랜 세월 그들 속에 침투해 있던 황화론에 의해 서구 열강은 청나라에 대해 잠재적 공포감을 갖고 있었다.
2 풍도 앞바다 해전.
3 게다가 20년이나 된 노후 함정을 개량한 것도 있었다. 함명은 후소.

"전쟁의 승패는 '병력'보다 '승기'."

가령 '병력'은 열세여도 그 병력을 요소요소로 분해하여 어느 한 점이라도 우세한 곳이 있으면 그 한 점에서 '승기'를 찾으면 된다.

이때 일본 함대가 청나라 함대에 유일하게 앞선 것은 '속력'이었다. 그렇다면 이 해전을 제압하기 위해서는 속력을 활용하여 일본이 가장 유리해지는 거리를 유지하면서 항상 유리한 진형으로 전황을 리드하면 된다. 여기에서 실낱같은 승기를 찾을 수밖에 없다.

따라서 아무래도 '속도를 살린 전술'에 의존할 수밖에 없었지만, 이 전술에도 큰 문제가 있었다. '히에이' 이하 3척의 함정이 일본의 함대 운동을 따라오지 못하고 뒤처지더니 고립된 것이었다. 이를 본 청나라 함대는 '정원' '진원'을 선두로 '히에이'로 쇄도한다.

이때 '히에이'의 함장이 바로 사쿠라이 기쿠노조다.

사지에 몰린 자의 선택

청나라 함대는 '히에이'의 우현 방향으로 쇄도해오고 있었기 때문에 선수를 오른쪽으로 돌리면 적함대의 한가운데로 뛰어들게 되어 이 선택지는 생각할 수 없다. 그렇다면 다가오는 청나라 함대를 앞에 두고 그의 선택지는 사실상 두 개. 이대로 곧장 나아가든가, 선수를 왼쪽으로 돌리든가.

그렇다 하더라도 곧장 나아가면 '정원' '진원'과 정면으로 맞닥뜨리는 타이밍이었기 때문에 상식적으로 생각해서 사쿠라이 함장이 선택할 수 있는 길은 선수를 왼쪽으로 돌리는 방법 한 가지뿐이었다.

그러나 이 방법을 쓰기에도 '히에이'가 느린 것이 문제였다.[4] 히에이의 속도로는 왼쪽으로 선수를 돌려 도망쳐봤자 금방 따라잡혀서 침몰할 것이 뻔했다. 실로 절체절명의 순간이었다.

"사지의 활로는 적의 품속에 있다."

막다른 길에 몰려서 모든 길을 빼앗기고 도망갈 곳을 완전히 잃은 것처럼 보여도 아직 딱 한 군데 활로가 남아 있다. 그것은 바로 지금 자신을 막다른 길에 몰아넣은 적의 품속이다.

궁지에 몰린 쥐는 고양이에게서 활로를 찾아내고, 총구가 겨눠진 새는 사냥꾼의 품속에서 활로를 찾아낸다.[5]

사람 역시 마찬가지다. 궁지로 몬 쪽은 '승리'를 확신하고 긴장을 푼다. 사지에 몰린 쪽에는 그것이 유일하게 노릴 수 있는 약점이다.

물론 그 약점을 공격한다고 반드시 성공한다는 보장은 없다. 오히려 성공확률이 매우 낮은 위험한 도박이다.

그러나 이미 '사지'에 몰려서 무슨 수라도 쓰지 않으면 살 수 있는 가능성이 제로라는 상태에서는 그 일말의 가능성에 도박할 수밖에 없다.

---

4 '히에이'의 최고속도는 고작 13노트. 거대 전함인 '정원' '진원'조차 15노트가 나왔다.
5 "궁지에 몰린 쥐는 고양이를 문다." "궁지에 몰린 새가 품속으로 들어오면 사냥꾼도 죽이지 못한다."

그 한 걸음을 내딛는 용기가 없는 사람은 그냥 앉아서 죽음을 기다릴 뿐이다.

사쿠라이 함장도 시시각각 좁혀오는 청나라 함대를 보며 소리쳤다.

"선수를 오른쪽으로 돌려라!"

이 모습을 본 청나라 함대는 깜짝 놀랐다.

"미, 믿을 수 없다!"

고작 호위함 따위가 거대 전함인 '정원' '진원'을 필두로 하는 적진의 한가운데로 뛰어들었으니 놀라는 것도 당연하다. 이렇게 했다가는 사방팔방, 지근거리에서 집중포화를 당하는 것은 기정사실이다. 적도 아군도 누구나 '히에이의 운명도 이것으로 끝이구나!'라고 생각했다.

그런데…….

"궁하면 즉시 바꾸고, 바꾸면 즉시 통한다."

궁지에 빠졌을 때는 뭔가 변화가 일어나기 마련이다. 변화가 일어나면 또 뭔가 해결책이 생기기 마련이라는 의미이지만 때와 경우에 따라서는 변화가 일어나기를 기다리고 있을 여유가 전혀 없는 경우도 있다.

이때의 '히에이'가 그랬다. 시시각각 좁혀오는 '정원'을 앞에 두고 변화가 일어나기를 기다릴 여유 따위는 전혀 없었다.

그럴 때는 변화가 일어나기를 '기다리는' 것이 아니라 자기가 먼저 움직여서 변화를 '만들어야' 한다. 하지만 상식적인 행동으로는 변화가 일어나기 어렵다.

큰 변화를 일으키기 위해서는 아무도 예상하지 못한 의외성이 있는 행동일수록 좋다. 그래서 이때의 '히에이'는 적진의 품속으로 뛰어든다는 아슬아슬한 재주를 부렸던 것이다.

여기서 변화가 생기면 승기를 찾을 수 있을 것이다!

실제로 '히에이'가 적함의 품속으로 뛰어들자 큰 '변화'가 생겼다. '히에이'가 적진의 한가운데로 뛰어드는 바람에 지근거리에서 청나라 함정끼리 마주보는 진형이 되어 같은 편을 공격하는 것을 꺼린 청나라 함대의 포격이 느슨해진 것이다.

이렇게 '히에이'는 불덩어리가 되면서도 적진 중앙을 돌파하는 데 성공하여 생환할 수 있었다. 말 그대로 '절망 상태에서 활로'를 찾은 것이다.

메이지 초기는 사쓰마 번과 조슈 번 출신이 정부와 군부에서 세력을 확장하던 시기였다. 그는 시모우사 사쿠라 번(지바 현) 출신이었기 때문에 출세가 빠른 편이 아니었지만, 청일전쟁의 황해 해전에서 명성을 높이고 러일전쟁 전에는 후비역(예전에 예비역을 마치고 복무하던 병역)이 되었다. 만약 그가 사쓰마 출신이었다면 거대 함정을 이끌고 역사에 이름을 남기는 전과를 올렸을지도 모른다.

사쿠라이 기쿠노조

해전의 변천

고대 해전은 함수에 충각衝角(램)을 붙이고 이것으로 적함의 옆구리를 들이받아서 침몰시키거나 적함에 올라타 백병전으로 가져가는 전법이 주로 사용되었다.

그러나 근세에 접어들면서 양상이 크게 달라졌다. 대포의 발명에 의해 대포로 적함을 침몰시키는 전법으로 바뀐 것이다. 그렇게 되자 이번엔 대포에도 지지 않는 철갑함이 개발되었고, 다시 그 철갑함을 파괴하는 거포가 실린 전함이 개발되는 등 전함은 점점 대형화하게 된다.

청일·러일전쟁 때가 마침 이 시기에 해당한다.

그러나 이 거함 경쟁에 막을 내린 것이 일본이다. 말레이 해안에서 불침함不侵艦으로 불리던 '프린스 오브 웨일즈'를 제로센(일본 전투기)으로 격침시킨 것이다. 이로 인해 '어떤 불침함도 전투기의 공격으로 간단히 침몰한다.'는 것이 증명되어 전함은 시대의 유물이 되고 항공모함의 시대로 넘어간다.

그럼에도 불구하고 항공모함의 시대를 세계에 증명한 일본만이 그것을 깨닫지 못하고 시대에 뒤떨어진 거대 전함 '야마토'를 건조한 것이었다.

22

시마즈 요시히로

1535~1619

센고쿠 시대부터 에도 시대에 활동한 무장이자 다이묘.
'귀신 시마즈'라 불리며 용맹과 지략을 겸비한 맹장.

사지에서 활로를 찾은 예를 하나 더 든다.

1600년 9월 15일, 세키가하라. 남북이 산악지대인 이곳에 양군을 합쳐 20만 명이나 되는 대군이 집결했다. '천하를 판가름하는 결전'의 막이 오른 것이다.

포진은 분명하게 동군에 불리. 메이지 시대에 군사교관으로 온 클레멘스 빌헬름 멕켈 소령은 세키가하라의 포진도를 보고 일언지하에 "서군의 승리!"라고 단언했다고 한다.[1]

아침 8시 즈음 전투가 시작되어 정오 무렵까지는 균형을 이뤘지만 고바야카와 히데아키의 배신을 경계로 단숨에 균형이 무너지면서 이윽고 서군은 총 붕괴된다. 시마즈 부대는 적의 대군에 세 방면에서 포위되어

---

1   그 후 '동군의 승리'라는 말을 들은 멕켈 소령은 이어서 "배신자가 속출했다."는 말을 듣고 "그럼 납득이 가는군. 전술과 전략은 별개의 이야기야."라고 대답했다고 한다.

그야말로 풍전등화.

이때 시마즈 부대를 이끌고 있던 대장이 시마즈 요시히로다.

속전인가, 철수인가

그는 양자택일의 큰 결단을 내려야 했다.

"속전인가, 철수인가."

전투를 포기하고 철수한다면 동쪽에서 쇄도하는 동군을 뒤로 하고 '서쪽'으로 향하게 된다. 끝까지 죽을 각오로 돌격한다면 '동쪽'으로 향하게 된다. 그러나 이미 대세가 기운 상황에서 죽게 되면 그것이야말로 개죽음이다.

그렇다고 철수를 선택해도 등을 보인 군대만큼 약한 것도 없으니 10만 명의 적군에 추격을 당하면 전멸할 위험성이 매우 높다.

싸우지도 않고 당할 바에야 반격이라도 한 번 해서 '사쓰마 무사'의 의지를 보이고 죽는 것이 낫다는 생각도 들었다.

"밀어도 안 되면 당겨보아라."라는 말도 있지만 이번엔 정말로 '공격해도 전멸, 물러나도 전멸'인 상황이었다.

괴로울 때일수록 '제삼의 선택지'를 모색

이것은 20세기 초, 러시아의 위협을 받고 있는 일본을 방불케 하는 절망적인 상황이었다.

당시 러시아는 일본을 노예 국가로 삼겠다며 일본을 호시탐탐 노리고 있었다. 실로 '뱀 앞의 개구리', 아니 '곰(러시아) 앞의 무희(일본)'였다. 그만큼 당시 러시아와 일본의 국력 차는 컸다.

싸워서 이길 수 있는 상대는 아니지만 싸우지 않으면 확실하게 죽는다.

"싸우지 않고 죽을 바에야 반격이라도 한 번 해보고 죽어야 하지 않겠는가!"

이런 '죽음의 미학'이 팽배할 정도로 일본은 궁지에 몰려 있었다. 일본 내에서도 주전파와 피전파避戰派로 나뉘어 큰 논쟁이 일었다.

"가령 양자택일을 할 수밖에 없어도 '제삼의 선택지'를 모색하라!"

그러나 최종적으로 일본이 찾은 방법은 '싸우고 죽는다.'도 '싸우지 않고 죽는다.'도 아닌 제삼의 선택지 '싸우고 무승부로 가져간다!'였다.

이 책의 2장에서 배운 '역량의 차이가 너무 커서 이길 수 없다면 철저하게 지지 않는 방법'으로 했던 것이다. 이기려고 하는 적을 쓰러뜨리는 것은 비교적 쉽지만, '지지 않겠다.'고 버티는 적을 쓰러뜨리는 것은 쉽지 않다.

이로 인해 일본은 만신창이가 되었지만 곰(러시아)의 이빨을 피할 수 있었다.

이처럼 '양자택일'의 갈림길에 섰지만 어느 쪽을 선택해도 도움이 안될 때는 한 걸음 물러나서 '제삼의 선택지'가 없는지 모색해야 한다.

이때 양자택일의 결난에 내몰린 시마스 요시히로도 '세삼의 신택지'를 찾았다.

그는 일어서며 소리쳤다.

"우리 부대 주위에서 가장 강한 적군의 부대는 어디인가!?"

"물론 동쪽 정면의 이에야스 본진입니다."

"좋다! 그럼 이제부터 우리 부대는 동쪽의 이에야스 본진을 향해 철수한다!"

'서쪽으로 철수'도 '동쪽으로 돌격'도 아니었다. '동쪽으로 철수!'라고 외친 것이다.

"평시에는 적의 약점을 찌르고, 궁지에 몰리면 적의 강점을 공격한다."

지금 적군이 쇄도해오는 '동쪽'을 향해 전멸을 각오하고 돌격하는 것이라면 이해하겠지만 '철수한다'고 하니 제정신으로 하는 말이라고는 생각할 수 없었다.

더구나 이것은 병법에도 어긋나는 것처럼 보였다.

손자병법에서는 다음과 같이 가르치고 있다.

"적이 지킬 수 없는 곳, 혹은 방비가 없는 곳을 공격하라."[2]

그러나 이 또한 앞에서 배웠듯이 '일반론'이다.

아군에 여유가 있을 때는 이것이 정석이지만 궁지에 몰릴 만큼 몰렸을 때는 오히려 적의 가장 강한 곳을 공격함으로써 활로를 찾을 수 있다.

인간은 압도적으로 열세일 때 아무래도 적에게 등을 보이며 도망치고 싶어지지만 등을 보인 순간 무방비 상태가 된 등을 가차 없이 베이게 된다. 오히려 반대가 낫다. 쫓길 때는 적의 중추에 바로 '활로'가 있다.

일반적인 경우라면 자살행위이지만 우열에 압도적인 차이가 있을 때는 적도 방심하고 있다. 그렇게 방심한 틈을 노리면 실낱같은 기회를 잡을 수 있다.

이마가와 요시모토의 2만 대군이 오와리로 밀어닥쳤을 때를 떠올리면 이해하기 쉬울지도 모른다.

그때의 이마가와군도 '이미 이긴 것이나 마찬가지.' '어차피 오다는 기요스에 틀어박혀서 벌벌 떨고 있을 것이다.'라며 얕잡아보고 군기가 느슨해져 있었다. 한편 오다는 '도망친다'는 선택지를 버리고 적진의 중추로 돌격한다는 선택을 함으로써 대담해질 수 있었다.

대담해져서 각오를 하고 냉정해지면 마음이 도망치고 있을 때는 보이지 않던 주위의 정세가 또렷이 보이게 된다. 그 차이가 오케하자마의 '역전승'을 불러왔다. 세키가하라에서도 '승리'를 확신하고 군기가 느슨해지기 시작하던 차에 느닷없이 시마즈 부대가 돌진해오자 동군은 당황하

---

2 요컨대 '적의 약점을 공격하라.'는 의미다.

여 시마즈 부대를 중심으로 정확히 둘로 갈리는 진형이 되었다. 그 약간의 틈을 뚫고 그대로 남동쪽으로 '철수'하는 것이 가능해진 것이었다.

"퇴로는 '앞'에 있다!"

뒤가 아니다. 실제로 뒤(서쪽)로 도망가려고 했던 (사실상의) 총대장 이시다 미쓰나리는 싱겁게 붙잡혀서 처형되었다. 뒤로 도망치는 것은 오히려 '아직 여유가 있을 때'뿐이라는 것을 명심해두어야 한다.

시마즈 요시히로

세키가하라에서 도사로 돌아온 시마즈는 도쿠가와와의 임전태세를 갖추는 것과 동시에 화평교섭에 분주히 움직이는 양면작전을 편다. '120만 석을 보전한다는 약속을 해주면 신하의 예를 갖추겠지만, 감봉·면직이 된다면 일전을 불사하겠다는 의견.' 불같이 화가 난 이에야스는 임전태세에 들어갔지만 사쓰마의 확고한 태도에 결국 이에야스가 굴복하고 소유한 영지를 보전받게 되었다. 시마즈 요시히로의 외교 승리였다.

세키가하라 전투

세키가하라의 포진은 아무리 봐도 서군의 승리였다.

동군의 정면에는 이시다 미쓰나리·시마즈 요시히로·오타니 요시쓰구와 같은 쟁쟁한 면면. 측면(마쓰오야마)에는 지금은 죽은 다이코(도요토미 히데요시)의 양자 고바야카와 히데아키. 배후(난구 산)에는 총대장(모리 데루모토)의 양자 모리 히데모토, 시코쿠의 패자 조소카베 모토치카.

서군은 완전한 포위 체제를 구축했지만 서군에도 약점이 있었다. 사실상의 총대장이었던 이시다 미쓰나리에게는 인망이 없고, 측면의 고바야카와도, 배후의 모리와 조소카베도, 그리고 정면에 배치된 시마즈조차 판세를 관망만 하고 있었기 때문이다.

모리가 움직였다면 틀림없이 서군이 압승했을 테지만 끝내 움직이지 않았고, 고바야카와가 배신하자 단숨에 승패가 결정되었다. 그리고 얄궂게도 이때 끝내 움직이지 않았던 3대 세력, 조슈·사쓰마·도사는 300년의 시간을 두고 부활한다. 도쿠가와 정권을 멸망시킨 유신 세력이 되어.

15 장

활용하지 않는 지식은
아무 쓸모가 없다

지식을 얻은 것으로 만족하는 사람이 많다.
그러나 실천이 따르지 않는 지식은 무의미하다.

❖

    지금까지 선인들의 성공과 실패로부터 다양한 '인생의 성공법칙'에 대해 배웠다. 그러나 여기에 큰 함정이 있다. 그것은 지식을 얻은 것으로 이미 이해했다고 생각한다는 것이다.

"'안다'와 '이해한다'는 하늘과 땅 차이."

    지식을 '알고 있다.'는 것과 '이해하고 있다.'는 것은 전혀 다르다. 이 것에 대해서는 동서를 불문하고 옛 사람들도 거듭 경계하고 있다.

    공자 말하길, "배우고 생각하지 않으면 곧 어둡다."

    노자 말하길, "많이 들으면 자꾸 궁해진다."

    지식의 축적(인풋)은 어디까지나 '출발선에 선 것'에 지나지 않는다. 그 것을 어떻게 실천(아웃풋)에 옮겨서 시행착오 속에서 말로 얻은 지식의 '진정한 의미'를 체감하고, 피와 살로 삼느냐에 성공 여부가 달려 있다.[1]

    인풋은 하지만 그것을 아웃풋하려고 하지 않는 것은 자전거의 앞바퀴

---

[1]   지식이 많으면 성공한다는 것이라면 학자는 모두 성공한 사람이 되어야 하지만 실제로는 그렇지 않다.

만 끼우고 뒷바퀴는 달지 않은 채 페달을 밟는 것과 같다. 결코 앞으로 나아갈 수 없다. 그럼에도 불구하고 지식의 축적만으로도 만족하는 사람이 매우 많다.

종종 "1년에 수백 권의 책을 읽는다."고 자랑스럽게 말하는 사람이 있는데 그런 사람이 이것의 전형이라고 해도 될 것이다.

아무리 방대한 지식을 축적했다 해도 이런 사람이 대성한 예는 없다. 인풋(지식)한 것은 아웃풋(실천)해야 비로소 살아난다.

마지막 장인 이번 장에서는 지식을 활용하는 것의 중요성에 대해 배워보도록 하겠다.

23

손무

c.6c. B.C.

수천 년이 흐른 지금까지도 전혀 빛이 바래지 않는
위대한 병법서를 남긴 병법의 대가.
그러나 그의 인생은 수수께끼에 싸여 있다.

《손자》13편 전문, 고작 육천수백 자 이내에 병법의 진수를 응축시킨 병법의 대가로 일반적으로는 '손자'[1]라는 이름으로 알려진, 모르는 사람이 없는 위인이다. 그러나 유명세에 비해 그의 생몰년은 물론 출신도 경력도, 그에 관한 정보로 확실한 것은 거의 없다.

《사기》의 손자 열전에 오왕 합려[2]를 모신 기록이 남아 있기 때문에 합려(재위 514 B.C.~496 B.C.)와 동시대 인물일 것이라고 유추할 수 있을 뿐이다.

그 자字조차 불명하고 이름인 '무'도 너무 많기 때문에 "후세에 '손자'로만 전해지는 바람에 사가史家가 편의상 붙인 이름이 아닌가."라고 의심하는 사람도 있고, 한때는 그가 실존한 인물인지조차 부정된 적도 있

---

1 이름 뒤에 붙는 '자子'라는 것은 '선생'이라는 의미의 존칭이다.
2 '와신상담'의 고사로 유명한 춘추시대의 오나라 왕.

는 인물[3]이다.

그런 수수께끼에 싸인 그의 거의 유일한 일화가 아래의 이야기다.

손자, 여군을 지휘하다

춘추시대, 오왕 합려에게는 오자서[4]라는 뛰어난 측근이 있었는데, 그에게 발탁된 인물이 손무였다. 손무는 뛰어난 재능을 지니고 있었지만 그때까지 좀처럼 빛을 보지 못하고 초야에 묻혀 있었다. 그러다 손무의 재능에 반한 오자서가 손무를 오왕에게 추천한다.

처음에는 흥미를 보이지 않던 오왕도 거듭되는 오자서의 추천과 헌상된 《손자》를 읽고 감명을 받아 손무를 궁중으로 불러 만나보기로 했다.

"선생이 쓰신 13편을 모두 읽어보았소. 책의 내용은 매우 훌륭하오만, 어떻겠소? 선생이 직접 지휘하는 모습을 여기서 보여줄 수 있겠소?"

말만 앞서는 인물일지도 모른다. 다른 사람도 아니고 오자서의 추천이 있었다고는 해도 어디 출신인지도 모르는 자를 갑자기 장군에 임명하는 것에는 오왕도 불안을 느꼈던 것이리라.

이른바 '채용시험'을 치르려고 한 것이다.

"좋습니다."

그러나 궁중에서는 바로 군사를 모을 수가 없어서 오왕은 궁중에서 일하는 궁녀들을 모아 군사 대용으로 삼았다.

손무는 즉각 모든 궁녀에게 창을 들게 하고 그들을 90명씩 두 개 부대

---

3 현재는 '실존 인물'로 인정받는 추세다.
4 '죽은 평왕에게 채찍질하기.' '날은 저무는데 갈 길이 멀다.' 등의 고사로 유명한 인물.

로 나눈 뒤 각각의 대장으로 오왕이 총애하는 궁녀 두 명을 앉히고 지휘하기 시작했다.

"잘 들어라 내가 '오른쪽'이라고 명령하면 오른쪽, '왼쪽'이라고 명령하면 왼쪽으로 고개를 돌리도록. 호령에 따르지 않는 자는 군법에 따라 처리할 것이니 명심하라. 그럼 시작한다! 오른쪽!"

그러나 군사 경험이 전혀 없고 의욕도 없는 궁녀들은 이 명령에 따르지 않는 것은 물론 낄낄 웃기까지 했다. 오왕도 이렇게 될 줄 알고 굳이 궁녀를 지휘하게 한 것이리라.

이처럼 전혀 의욕이 없는 궁녀들을 어떻게 지휘할까?

그것을 보고자 했던 것이다. 손무는 냉정하게 지휘를 이어갔다.

"호령에 따르지 않는 것이 명령이 분명치 못한 것에 있다면 그것은 장수인 나의 책임이다."

그래서 손무는 다시 한 번 명령을 분명하게 이해시키고 나서 다시 호령을 붙였다.

"왼쪽!"

그러나 결과는 마찬가지. 궁녀들은 낄낄 웃을 뿐이었다.

"명령이 분명치 않았을 때는 장수의 책임이지만 분명하게 명령을 내렸음에도 이에 따르지 않는 것은 병사의 책임이다. 이미 말한 대로 군법에 따라 부대장의 목을 베겠다!"

놀이쯤으로 생각하고 진지하게 임하지 않던 궁녀들은 아비규환. 이 모습을 보고 있던 오왕(합려)도 놀라서 손무를 제지했다.

"잠깐 멈추시오, 손무 선생. 선생의 실력은 충분히 알겠소. 연습은 이만하고 그 두 사람을 용서해주시오. 두 사람은 과인이 총애하는 궁녀들이오. 그녀들을 잃는다면 과인은 밥을 먹어도 목구멍으로 넘길 수 없을 것이오."

그러나 손무는 이 말에 따르지 않았다.

"왕명도 받들지 않는 경우가 있다."

상사에게 명령을 받은 부하가 막상 현장에 가서 보니 그 명령이 잘못된 경우가 있다. 그것은 상층부의 무능·무지에 의한 애초에 잘못된 명령이거나 혹은 회의실에서 결의되었을 때는 올바른 판단이었어도 현장은 시시각각 상황이 바뀌기 때문에 그 명령을 실행에 옮기는 단계가 되었을 때는 잘못된 명령이 되어버리는 경우도 있다.

이런 경우에 대해 손무는 자신의 책에 "현장의 판단으로 상사의 명령을 거역하는 것도 허락한다."고 썼다.

"폐하께서는 제가 쓴 병법서를 제대로 읽긴 하신 겁니까? 장수가 군에 있을 때는 왕명이라도 받들지 않는 경우가 있습니다. 한번 장수에 임명된 이상, 왕명이라 해서 다 따라서는 안 됩니다! 베어라!"

이렇게 논쟁의 여지도 없이 참수된 두 궁녀를 본 다른 궁녀들은 이후

공포에 질려서 손무의 명령에 정연하게 움직이게 되었다.

"폐하. 연병練兵은 끝났습니다. 이제 이 병사들은 왕의 명령이라면 가령 그것이 불속이든 물속이든 뛰어들 것입니다. 친히 열병해보십시오."

그러나 오왕은 불쾌하기 그지없었다. 망연자실하여 대답한다.

"아니, 그럴 필요는 없소. 그대도 숙소로 돌아가시오."

이 말에 다시 손무가 대답한다.

"아무래도 폐하는 병법의 이론은 알고 계시지만 실천에는 서툰 듯하옵니다."

아무리 지식을 갖추어도 그것이 실천으로 나타나지 않으면 의미가 없는 것을 비꼰 말이었다.

"이해한 것은 반드시 행동으로 나타난다."

'지행합일'이라는 말이 있다. 이 말은 명나라의 유학자 왕양명이 한 말이다. '이해한 것은 반드시 행동으로 나타나고, 행동으로 나타나지 않는다는 것은 그 사람이 지식은 있어도 아무것도 이해하지 못했다는 증거.'라는 의미다.

수험생을 둔 어머니가 자식을 호되게 야단친다.

"아직도 게임만 하고 있니? 좀 더 확실하게 공부하지 않으면 좋은 대학에 못 가!"

그러자 자식이 하는 대답은 언제나 똑같다.

"그건 나도 알아요!"

아니, 모른다. 행동(공부)으로 나타나지 않기 때문이다.

옛 사람의 찌꺼기

그런데 오왕 합려의 시대에서 150년쯤 거슬러 올라가면 당시 오나라 북쪽에 있던 제나라의 환공이 패권을 장악하고 있었다.

환공이 서재에서 독서를 하고 있었을 때의 일이다.

뜰 저편에서 윤편이라는 노인이 수레바퀴를 만들고 있었는데 조용히 독서를 하는 환공에게 허둥지둥 다가와서 물었다.

"송구스럽습니다만 폐하께선 아까부터 아주 열심히 책을 읽고 계시던데, 어떤 내용의 책입니까?"

"너는 말해도 모른다. 성인의 감사한 가르침이 적혀 있는 책이니라."

"네. 그럼 그 성인이란 분은 아직 살아 계십니까?"

"아니, 아주 오래 전에 돌아가셨다."

"하하하. 그럼 이건 성인의 '찌꺼기' 같은 것이군요!"[5]

이 말에 환공은 격노했다.

"똥이라고 했느냐! 네놈 주제에 과인의 독서에 트집을 잡을 생각이냐? 그렇게 말한 연유를 설명해보거라. 만약 그렇지 못할 시엔 네놈의 목을 칠 것이니 그리 알고 대답해라!"

---

5 원문에서는 조박精粕. 직역하면 짜고 남은 찌꺼기. 인간의 찌꺼기란 다시 말해서 똥을 말한다.

이 말에 윤편이 대답한다.

"네, 쇤네는 수레바퀴를 만들며 먹고살고 있으니 수레바퀴를 만드는 일에 빗대 말씀 올리겠습니다. 이 수레바퀴를 만드는 데는 요령이 있습니다. 구멍이 너무 작으면 굴대가 들어가지 않고, 너무 크면 헐거워서 쓸모가 없어집니다. 헐겁지도 않고 작지도 않게 딱 맞는 구멍을 만드는 요령은 오랜 경험을 통해 비로소 터득할 수 있는 것이지 말로 설명할 수 있는 것이 아닙니다. 쇤네에게는 자식 놈이 하나 있는데 이 요령을 가르치려고 수없이 설명해주었지만 아직도 그놈은 배우지 못했습니다. 성인이 터득한 경지라면 수레바퀴를 만드는 요령 따위와는 비교도 안 될 정도로 숭고한 것이겠지요. 그런 숭고한 것을 말로는 나타낼 수 없을 것입니다. 그러니 '똥 같은 것'이라고 말한 것입니다."

"말은 달을 가리키는 손가락이지 달 자체가 아니다."

달을 설명할 때 달을 가리켰다고 해서 그 손가락이 달 자체라는 것은 아니다. 말도 이와 마찬가지로 옛날 성인이 터득한 경지를 설명한 말은 말이 된 시점에서 그 '형상'에 지나지 않고 경지 자체는 아니다.

달마 대사도 말씀하셨다.

"불립문자不立文字."[6]라고.

따라서 가르침을 해설한 말은 어디까지나 '찌꺼기'에 지나지 않고 그

---

6 진리라는 것은 결코 글로 나타낼 수 있는 것이 아니라는 의미.

것을 알았다고 가르침을 이해한 것으로 생각해서는 안 된다. 그것을 기반으로 해서 얼마나 실천에 옮기고 시행착오를 거듭하여 말의 진의를 이해하느냐가 중요하다.

이 책을 읽은 후 그대로 책장에서 먼지를 뒤집어쓰게 놔두면 '수박 겉 핥기'가 되는 것은 기정사실이다. 이 책의 지식이 활용되는 일은 결코 없을 것이다.

거듭 말하지만 지식은 쌓기만 해서는 아무 쓸모가 없다. 이 책에서 얻은 지식도 실생활 속에서 활용할 수 있어야 한다. 그것이 가능한 사람만이 진정으로 '역사를 양식으로 성공법칙을 터득'할 수 있다.

그가 남긴 병법의 보편성, 다양성, 유용성은 절대적이라는 평가를 받으며 현재에 이르기까지 다방면에 걸쳐 요긴하게 쓰이고 있지만 그의 인생에 대해서는 거의 알려진 바가 없다. 한때는 그 존재 자체조차 의심받을 정도였다. 일설에는 그의 재능을 질투한 사람들의 중상모략에 의해 실각했다고도 하고, 또 주살되었다고도 한다. 만약 그것이 사실이라면 '병법'을 저술한 그 자신조차 질투로부터 도망치는 방법은 없었다는 것이 아닐까?

손무

와신상담

손무가 모신 오왕 합려는 '와신상담'의 고사로 유명한 왕이다.

합려는 손무라는 뛰어난 군사를 둔 덕에 패권을 잡게 되었다. 그러나 그와도 이내 헤어지고 그 후 월을 공격하다 패한 것이 원인이 되어 얼마 후 죽는다.

합려가 "아버지의 원수를 갚아달라."고 유언하자 다음 왕 부차는 충신들의 간언에 귀를 기울이며 매일 밤 땔나무 위에 누워(와신) 아버지의 유언을 마음에 새겼다. 그리고 마침내 월나라의 구천을 굴복시키는 데 성공했지만 목표를 달성한 순간 부차는 타락하여 충신인 오자서를 멀리하고, 간신(백비)을 총애하는 전형적인 우왕愚王으로 변모한다.

결국 부차가 오자서에게 자살하라며 보검을 내리자 오자서는 이 보검을 받고 주위 사람에게 "내가 죽은 뒤 눈알을 파내 문에 걸어주게. 오나라의 멸망을 보고 싶군."이라고 유언을 남기고 자결했다.

한편 패한 구천은 매일 짐승의 쓸개를 핥으며(상담) 복수의 칼을 간다. 결국 부차는 구천에게 패해 역시 자결로 생을 마감했다.

부차가 남긴 마지막 말은 "오자서를 볼 면목이 없구나."였다.

나
오
며

　이 책의 앞머리에서 "역사에서 교훈을 배우지 못하는 사람은 과거만 되풀이하다 죽는다."는 윈스턴 처칠의 말을 인용했다. 그는 전시 중에는 A. 히틀러의 진의를 간파하고, 전후에는 I. 스탈린의 의도를 간파한 혜안을 가진 유일한 사람이었다. 그가 없었다면 20세기의 역사는 지금과는 상상할 수 없을 정도로 크게 달라졌을 것이다.

　이처럼 '혜안의 처칠'이 남긴 말은 한마디 한마디가 다 무게를 갖지만, 그는 앞머리의 말과 대조되는 다른 말도 남겼다.

　"인간이 역사에서 배운 유일한 것은 인간은 역사에서 아무것도 배우지 않는다는 것이다."

　옳은 말이다.

역사에서 배우는 중요성, 유효성은 많은 선인들이 끊임없이 강조했지만 사람들은 역사에서 전혀 배우려고 하지 않는다.

예를 들면 빈 회의(1814~1815년)의 대국전횡주의의 과오가 돌고 돌아 100년 후 제1차 세계대전(1914~1918년)을 야기하게 되었다. 인류가 경험한 적이 없는 전쟁이라는 대참화에 "두 번 다시 이런 전쟁을 일으키지 않도록 하자!"는 여론이 유럽 전역에서 들끓었다.

그러나 그런 목소리가 소용돌이치는 가운데 전후 처리를 하기 위해 파리에 모인 미 · 영 · 불 3개국은 그 강화회의에서 빈 회의와 똑같은 '대국전횡주의'의 과오를 범한다.

연합국 총사령관이었던 F. 포슈조차 이를 두고 탄식했다.

"이것은 강화라고 부를 수 있는 것이 아니다. 단지 20년간의 휴전에 불과하다."

그리고 그로부터 20년 후. 제1차 세계대전과는 비교가 되지 않는 대참화를 빚은 제2차 세계대전(1939~1945년)이 발발하게 된다.

처칠의 말대로 사람들은 역사로부터 아무것도 배우지 않는다. 처음부터 '역사에서 배운다.'는 태도를 갖지 않는 어리석은 자(비스마르크의 말)는 논외로 치고 가령 역사를 배워서 그 지식이 있는 자라도 진정으로 '이해'하고 '체득'하지 않는 탓에 그것을 '인생의 비료'로 삼을 수 없다.

이렇게 말하는 필자조차 이 책을 쓰면서 새삼 '지식은 있어도 실천할 수 없는' 나 자신을 재확인하며 탄식하고 있는 중이다.

"말하기는 쉽고, 행동하기는 어렵다."(《염철론鹽鐵論》)

그런 의미에서 이 책의 '열다섯 가지 성공법칙' 중에서도 마지막 장에서 다룬 '배운 것은 행동으로 옮긴나.'를 실천하는 것이 가장 어려울지도 모르겠다. 그러나 그렇기 때문에 이를 실천할 수 있는 사람은 확실히 '큰 성공'을 이루어 이름을 남기고, '역사에서 배우는 중요성'을 호소하는 명언·격언을 남기는 것이 반복되는 것이리라.

역사만큼 피를 끓게 하고 가슴을 뛰게 하고 재미도 있는 데다 인생에 도움이 되는 살아 있는 학문도 없다. 그러나 동시에 이것을 익히는 것이 그리 쉬운 일은 아니다. 그렇기 때문에 평생 배우기에 충분한 학문이라고도 할 수 있다.

이 책이 역사를 배우는 의의와 기쁨을 아는 실마리가 되고, '다음'으로 나아가는 발판이 되어준다면 필자로서도 더할 나위 없이 기쁠 것이다.

진노 마사후미

세계사
수업

한국어판 ⓒ 도서출판 잇북 2017

1판 1쇄 인쇄 2017년 11월 13일
1판 1쇄 발행 2017년 11월 17일

지은이 진노 마사후미
옮긴이 김대환
펴낸이 김대환
펴낸곳 도서출판 잇북

편집 김랑
디자인 한나영

주소 (10893) 경기도 파주시 와석순환로 347, 212-1003
전화 031)948-4284
팩스 031)947-4285
이메일 itbook1@gmail.com
블로그 http://blog.naver.com/ousama99
등록 2008. 2. 26 제406-2008-000012호

ISBN 979-11-85370-09-5 03320

이 도서의 국립중앙도서관 출판예정도서목록(CIP)은 서지정보유통지원시스템 홈페이지(http://seoji.nl.go.kr)와
국가자료공동목록시스템(http://www.nl.go.kr/kolisnet)에서 이용하실 수 있습니다.(CIP제어번호: CIP2017027614)

※ 값은 뒤표지에 있습니다. 잘못 만든 책은 교환해드립니다.